지아장커,
세계의 그늘을 비추는 거울

賈樟柯

샤오우에서 천주정까지
지아장커 영화의 리얼리즘

지아장커, 세계의 그늘을 비추는 거울: 샤오우에서 천주정까지 지아장커 영화의 리얼리즘

발행일 초판1쇄 2018년 5월 31일 | **지은이** 유세종
펴낸곳 봄날의박씨 | **펴낸이** 김현경 | **주소** 서울시 종로구 사직로8길 24 1221호(내수동, 경희궁의아침
2단지) | **전화** 02-739-9918 | **이메일** bombak@naver.com

ISBN 979-11-86851-79-1 93680 이 도서의 국립중앙도서관 출판예정도서목록(CIP)은 서지정보
유통지원시스템 홈페이지(http://seoji.nl.go.kr)와 국가자료공동목록시스템(http://www.nl.go.kr/
kolisnet)에서 이용하실 수 있습니다.(CIP제어번호: CIP2018015027)

인문 교양이 싹트는 출판사, 봄날의박씨 blog.naver.com/bombak

이 저서는 2014년 정부(교육부)의 재원으로 한국연구재단의 지원을 받아 수행된 연구임.
(NRF — 2014S1A6A4026182)

지아장커, 세계의 그늘을 비추는 거울

샤오우에서 천주정까지 지아장커 영화의 리얼리즘

지은이 유세종

봄날의
봄날의박씨

머리말

세계 속에 던져진 존재로서 자신에게 주어진 삶을 살아가야 하는
인간은 오감을 통해 세계를 인지한다. 오감 가운데서도 아무런 방
해나 간섭받는 것 없이 그대로 세계를 인지하게 되는 첫번째 신체
기관은 눈일 것이다. 눈을 통해 들어온 세계의 이미지는 우리 눈 저
깊숙이 어두운 곳에 자리한 망막에 그대로 하나의 축소된 상으로
'찍히고', 시신경은 이를 감지하여 뇌로 전달, 이것이 무엇인지 판단
하게끔 하는 복잡한 인지 과정을 거친다. 우리가 눈을 감고 있지 않
는 이상 이 감각의 시스템은 죽는 날까지 지속된다. 렌즈의 원리가
우리 몸 안에 태생적으로 내장되어 있는 것이다. 그대로 찍히는 세
계의 상. 물론 이 상만으로 세계를 제대로 인식할 수는 없다. 여기에
청각과 후각, 촉각, 미각까지 종합적으로 작동되어야 그 세계상이
'온전한' 복합의 상으로 그려지게 됨은 자명한 이치다. 그러나 일차
적인 세계상의 즉자적 '재현'은 렌즈인 눈과 스크린인 망막을 통해
이뤄진다.

영화가 처음 공개 상영된 것은 1895년 12월 28일이다. 프레드릭 제임슨Fredric Jameson은 "인간의 본성이 1895년 12월 28일경부터 바뀌었는가?"라고 도발적인 질문을 한다. 그리고 그는 다시 이어서 묻길 "아니면 인간의 현실에서 영화적 차원은 선사 시대의 삶부터 있었으나 어느 정도 고도의 기술 문명에 이르러 비로소 현실화되었던 것일까?"라고 한다. 그러니까 제임슨은 선사 시대의 삶, 인류 발생과 더불어 영화적 차원이 있어 왔음을 막연하게 감지하고 이를 묻고 있는 것이다. 영화적 원리와 신체적 원리의 유사함에 대한 인식에서 나온 질문 아닌 질문이라 하겠다.

자기 망막에 비친 물소나 말을 어두운 동굴 벽에 그려 넣은 인류 조상들의 세계 '재현'은 인간 본성의 어떤 측면이었고 인간 역사와 함께 오랫동안 같이해 왔다. 그러므로 리얼리즘의 기본 정신은 선사 시대로 거슬러 올라가기 마련이다. 이러한 리얼리즘의 원시성은 21세기 여기 우리 삶에서도 그 근본적인 정신과 원리에 있어 크게 달라진 것이 없다. 인류는 참으로 긴 역사와 문명을 만들면서 힘겹고 고단하게 살아왔고 이에 대해 스스로 얼마간의 자부와 의미를 부여하기도 하지만, 잠시 근본 정신과 근본 원리로 돌아가 생각해 보면 그 역사와 문명의 시간이 길지 않음(수유성須臾性, 잠시성暫時性)에 잠시 숙연, 겸손해지게 된다. 내 몸은 지금 이 순간에도 찰각찰각 세계를 찍고 있는 중이다.

세상에 필연 아닌 것이 없지만 필자가 지아장커賈樟柯를 만난 것 역시 필연이었다. 동료 연구자들과 중국 근현대문학사 사료 연구 모임을 조직하고 공부를 하다가 조금 '쉬어 가자'는 기분으로 중국

영화나 몇 편 감상하자고 한 것이 발단이었다. 영화를 보고 모여 평이한 감상 토론을 했다. 토론이 미진해지자 연구논문들을 뒤지기 시작했고, 그 감독의 다른 영화를 더 봐야 하는 것 아닌가 합의하게 되었고 깊은 논의를 위한 자료조사도 하게 되었다. 이렇게 조금씩 늪으로 들어가듯 우리들은 본래의 길을 '잃고' 중국영화를 본격적으로 보고 토론하게 되었다. 그런데 영화 모임을 거듭할수록 그것은 '늪'이 아니라 새로운 깨달음을 주는 미지의 신천지였음을 알게 되었다. 적어도 필자에겐 신세계였다. 그 이전에 몸으로 기억했었던, 그러나 까맣게 잊어버렸던 유년 시기의 몇몇 영화들과 청년기에 몰래 보았던 영화관의 영화들, 그리고 주말극장의 영화들이 먼 기억의 밑바닥에서 표층으로 올라와 반짝거렸고 급기야 나를 키워온 이 영화들의 '생로병사'를 반추하게 되었다. 나는 지금까지 보아온 영화들을 계속 재부팅하고 있었다.

그러나 여전히 문학과 문자에 '함몰'된 상태였던 필자의 공부 관성은 루쉰魯迅을 놓지 못했고 루쉰과 한용운이 마주했던 세계성과 그들이 고민했던 문제의식에서 벗어나지 못했으며 그즈음엔 또 나쓰메 소세키夏目漱石도 불러들여 세 사람을 마주해 비춰 가며 근대라는 괴물, 지식인이라는 이율배반적인 존재, 동쪽의 아시아라는 비애를 둘러싸고 이리저리 동심원을 그리며 고민하고 있었다. 그것을 지탱해 주고 있었던 버팀목 같은 것이 있었다면 루쉰의 정신이었다. 저임금 노동자와 날품팔이, 수천 년 남성폭력에 짓눌린 여성과 딸들의 운명, 억울하게 죽어 간 사람들과 복수를 해야 하기에 남아 있는 사람들. 루쉰은 그들의 편에서 그들을 대신하여 말하고 그들을 대신하여 싸우고 있었다. 그들의 해방과 자유를 위해 그리고 그들의 해원을 위해 싸웠다. 루쉰과 한용운은 죽을 때까지 그렇게 했다. 약자들을 적나라하게 재현하는 일에 있어서는 조용하고 나지막한 목소리지만 우레와 같은 파괴력을 가진 작품으로 드러내기도 했고, 실제 삶에 있어서는 그들 편에서 싸우다가 수배당하고 피신하고 감옥에 가고 대학을 그만두고 글을 써 먹고살아야 하는 '고단한' 국외자의 길을 걷기도 했다. 문학가로서 그들의 공통성은 세계의 그늘을 비추는 일이었다. 주류에서 밀려난 자, 밀려나 주변의 주변으로 전락한 사람들, 더디고 어눌한 사람, 하층 타자로서 자기 설명을 하지 못하는 사람들……. 루쉰의 글쓰기는 그들을 대신하여 발언하는 글쓰기였고 그들 존재를 드러내기 위한 글쓰기였다. 그의 글쓰기는 적을 향해 던지는 투창이었고 자신과 자기 민족을 해부하는 비수였다.

물론 지아장커에게 있어 그의 영화가 투창과 비수라고 말하려하는 것은 결코 아니다. 그는 아주 냉정한 어조로 자신의 영화가 낙후된 것을 바꿀 수 있다거나 무언가를 전복시킬 수 있다고 생각한 적이 없다고 분명하게 말하고 있다. 그런데, 필자는 지아장커의 〈샤오우〉를 처음 보았을 때 온몸으로 느꼈던 불편함을 지금도 새록새록 기억하고 있다. 매캐한 먼지 속에 꼬질꼬질한 차림새, 소매치기를 하며 겨우 존재하는 소년, 남루한 일상과 그에 반비례하는 소년의 높은 자존심의 불편한 부조화. 그것은 모종의 '루쉰적 동질성'으로 내게 충격처럼 다가왔음을 부인할 수 없다. 그것은 「아Q정전」을 읽었을 때 느낀 불편함과 비애였다. 비장하고 숭고한 비애와는 거리가 먼, 외롭고 쓸쓸하고 어두운 비애. 그러한 감정이 와 닿는 순간 필자는 〈샤오우〉를 단숨에 볼 수가 없음을 알아차렸다. 무언가 준비를 해야 했던 것이다. 다가올 불편함과 고통, 분노, 비애를 받아들일 수 있는 마음의 준비 같은 것이 필요했던 것이다. 그 이후 지아장커는 내게 '영화계의 루쉰'이라는 범주에서 거의 벗어나 있지 않았음을 고백한다. 이것이 이 지아장커론의 핵심이자 한계라고 할 수 있다. 최근 그의 변화가 여러모로 논의되고 있고 한편으로 비판도 받고 있지만 필자는 여전히 그가 루쉰 정신의 범주에서 크게 벗어나 있지 않다고 생각한다. 위에서 말한 재현의 근본 정신과 근본 원리에서 있어서 더욱 그러하다. 그러므로 필자가 지아장커를 만난 것은 어떤 면에서 루쉰 연구의 연장선이었던 셈이고 이 책은 그것의 작은 결과라고 할 수 있다. 영화전공자가 아닌 사람의 영화 읽기이기에 한계와 문제점이 많을 것이다. 그럼에도 주변의 격려에 힘입어 감히 세상에 내놓는다.

* * *

초기에 중국 근현대문학사 사료 연구 모임에 함께하였던 임춘성·김양수·조혜영·조영현 선생님이 이 책의 앞부분에 함께 계셨다. 나중에 이 모임을 호기롭게 '중국영화포럼'으로 개칭하여 지금까지 잘 이끌어 가고 있는 임대근 선생님을 비롯, 김영미·신동순·강내영·진성희 선생님도 이 책의 많은 부분에 함께 호흡하고 조언을 주었던 분들이다. 모두에게 깊은 우정과 고마운 인사를 전한다. 잘 팔리지도 않을 책을 선뜻 출판하겠다고 나서 주신 '봄날의박씨' 대장부 김현경 선생님과 원고교정에서 출처 확인까지 세세히 살펴주신 봄날

의박씨 편집부에게도 깊은 감사 인사를 드린다. 많이 부족한 책이
지만 더 나은 지아장커론, 더 활기 있는 중국영화론을 위한 한 톨 박
씨가 될 수 있기를 간절히 바란다.

2018년 5월 봄

지은이

차례

일러두기

1 이 책에 나오는 영화의 제목은 국내에서 출시된 제목을 원칙으로 했으나, 저자의 의도에 따라 원제를 따른 경우도 있습니다. 예를 들어 〈상해전기〉는 원제인 〈해상전기〉(海上傳奇)로 표기했습니다.

2 외래어는 국립국어연구원 「외래어표기법」에 따랐습니다. 다만 '지아장커'(賈樟柯)의 경우 표기법에 따르면 '자장커'이지만 이 책에서는 기존 출판시장에서 폭넓게 사용되어 익숙해진 '지아장커'로 썼습니다.

3 국내에 출간되지 않은 중국의 논문, 잡지 등에서 인용한 부분의 번역은 저자의 것입니다.

4 단행본, 잡지는 『 』, 논문명은 「 」, 영화 제목은 〈 〉, 노래 제목은 ' '로 표기하였습니다.

5 각 장은 기존에 발표한 아래 글들을 수정·보완했습니다.

　　2장 : 「'웨이장'(未莊)에서 '펀양'(汾陽)까지―지아장커(賈樟柯)의 '고향삼부곡'론」, 『중어중문학』 제38집, 2006.
　　3장 : 「현 중국 사회를 읽는 하나의 거울―지아장커(賈樟柯)의 〈세계〉, 〈스틸 라이프〉론」, 『중국연구』 제42권, 2008.
　　4장 : 「지아장커 〈무용〉(無用)의 숨은 구조―노동, 예술, 일상의 '황토리얼리즘'」, 『중국현대문학』 제56호, 2011.
　　5장 : 「소문자 '역사들'의 복원을 위하여―지아장커(賈樟柯)의 〈24시티〉론」, 『중국현대문학』 제51호, 2009.
　　6장 : 「도시를 인터(inter) 뷰(view)하다―지아장커(賈樟柯) 〈해상전기〉(海上傳奇)론」, 『중국현대문학』 제59호, 2011.
　　　　　「도시를 인터(inter) 뷰(view)하다―지아장커(賈樟柯) 〈해상전기〉(海上傳奇)론」, 『아시아』 제25호, 2012.

1장

들어가는 말

　　　　　　　　　　　1895년 인류가 처음 움직이는 영상
을 발견한 이후 동영상/영화는, 문자와 소리에만 의지해 자신을 표
현하고 기록해 왔던 수천 년 동안의 인간역사를 다시 쓰게 만들었
다. 동영상/영화는 티브이와 핸드폰이란 매개체를 만나 그 소재와
형식, 내용과 미학에 있어 끝없는 진화를 거듭하고 있는 중이다. 이
제 영화/영상이 없는 인간 삶의 일상과 문화는 생각할 수 없게 되었
다. 그것은 우리 삶의 곳곳에 깊이 침투해 현 인류의 문화 세포로 작
동하고 있다. 영화 한 컷 한 컷에서의 풍경과 대화가, 그것이 주는
정보가 강력한 울림이 되어 인간 무의식의 바다에 침전 유영하기도
하고 우리들의 표층 삶을 좌지우지하기도 한다.

　　문자로 된 공부만 하고 있던 필자에게 1990년대 이후 자주 접
하게 된 비디오 플레이어는 원하는 영화를 비디오 대여점에서 수시
빌려 내가 원하는 시간에 그것을 감상하고 즐길 수가 있는, 꿈같은
놀이기구이자 공부였다. 나에게 그것은 분명 공부이기도 했다. 내가
모르는 세상, 내가 알지 못했던 정보를 얻는 소중한 공부. 한 편의
영화(《필라델피아》)로 동성애에 대한 오랜 편견을 깰 수 있었고, 오
랫동안 젖어 있던 정상과 비정상의 사고 회로에도 금이 가기 시작
했다. 이른바 얼음을 깨는 도끼로서의 영화였던 셈이다. 영화는 소
설로만 읽고 상상했던 러시아 혁명사와 그들의 삶을 전면적으로 다
시 생각하게 했고, 거기에 등장하는 구체적인 사회 모습과 그곳 사
람들의 일상 모습은 막연히 상상해 왔던 어떤 틀을 수정해 주기도
하고 보충해 주기도 했다. 분명 그랬다. 소설 『닥터 지바고』와 영화
〈닥터 지바고〉는 같았지만 너무도 달랐고, 소설 『전쟁과 평화』와 러
시아가 제작한 대하드라마 〈전쟁과 평화〉는 거의 다른 세계였다고

할 수 있었다. 그래서 영상을 통한 공부는 문자를 통한 공부와 더불어 빼놓을 수 없는 내 인생의 '자료'가 되었고 중국을 공부하는 데에 있어서도 마찬가지가 되어 갔다.

중국 관련 영화를 많이 접했지만 가장 강렬하게, 그리고 처음으로, 나의 뇌리에 각인되다시피 한 영화는 1987년의 〈붉은 수수밭〉이다. 모옌莫言의 소설을 영화화한 이 작품은 우리에게 당시 '죽竹의 장막'으로 불리던 음울한 이미지의 중국에 대한 기존 관념을 완전히 파괴했다. 1950년도에 태어나 1960년대와 1970년대에 중고등학교와 대학을 다닌 필자는 '반공국시'反共國是의 이데올로기 아래 중국을 중공中共이라고 불렀으며(당시 '중국'은 자유 '대만'을 지칭하는 용어였음), 중공은 우리들에게 무언가 어둡고 음습한 무서운 세계로 암시되었다. 지금도 기억하는, 고무줄놀이를 하면서 부르곤 했던 "무찌르자 공산당, 몇 천만이냐", "전우의 시체를 넘고 넘어"와 같은 제법 '씩씩한' 노래들은 한국 현대사를 가로지르는 전쟁의 상흔과 그로 인한 중공군에 대한 혐오의 기억으로 자리했다. 반공을 축으로 한 교과과정에 의해 길러진 필자 같은 세대들에게 중국이란 그 이미지의 배경에 어른거리는 요령부득의 무엇으로 자리했다. 이런 나의 '레드 콤플렉스'를 깨는 데도 영화가 그 역할을 했다. 당시 〈붉은 수수밭〉은 죽의 장막 저 안에서도 우리와 똑같은 인간들이 살아가고 있었음을, 붉은 술과 사랑이 있었고, 아름다운 노을과 거대한 수수밭의 풍경이 있으며, 적의 외침 앞에 목숨을 걸고 저항하는 애국 민중이 있고, 감동의 높은 정신이 있음을 알려주는 아름다운 영상의 충격으로 다가왔다. 그리고 그것은 한국뿐만 아니라 세계를 향해 던진—중국에 대해 다시 생각할 것을 요구하는—커다란 문화충격의 신호탄이기도 했다. 감독 장이머우張藝謀를 일약 세계 무대에 등장하게 하였고 원저자인 모옌까지도 주목하게 했다. 이후 중국 독해에 있어 영화가 갖는 중요성은, 피해 갈 수 없는 지점이 되어 갔다.

이 책은 현재 국제 무대에서 활동 중인 중국 영화감독 지아장커賈樟柯*의 영상작품을 분석해 봄으로써 거대 중국의 잘 알려지지 않은 뒷모습裏面에 다가가고자 한다. 한 사회의 내면을 들여다보는 독법의 틀로 영화를 그 통로로 사용함과 동시에 영화 장르와 문화연구의 관계라든가 영화 이외 예술장르와 영화의 상보·길항의 관계, 그것들의 융복합 관계를 살핌으로써 위기와 위태함에 몰린 현 중국 사회 개인들의 '21세기적 삶'을 조명하고자 한다. 특히 '낡은 이론'이라고도 할 수 있는 리얼리즘을 재론해 봄으로써 영화예술의 궁극적 가치라고 할 수 있는 '영상 윤리'는 무엇이고 그것과 리얼리즘의 관계는 어떠하며 영상으로 구현하는 휴머니즘과 리얼리즘의 연관성은 어떠한 것인지도 짚어 보고자 한다.

이 연구는 큰 범주에서 문화연구에 속한다. 문화연구로 간주되는 이론과 실천은 우리를 대신해 인류의 어떤 현실 문제를 해결해 주지는 못한다. 그러나 이러한 이론과 실천에 내재되어 있는 정신과 지향, 가치판단 그리고 그것의 기본적인 방법론들은 우리가 직면한 현실을 본질적으로 혹은 비판적으로 드러내주는 것을 가능하

---

* '賈樟柯'는 국립국어원의 외래어표기법에 따르면 '자장커'로 옮기는 것이 맞다. 그러나 이 책에서는 기존 출판시장에 폭넓게 사용되어 익숙해진 '지아장커'를 그대로 쓰기로 한다.

게 할 뿐만 아니라 우리가 노력해야 하는 어떤 방향—— 학술이 지향하는 방향까지를 포함하여—— 에 대해 유용한 지표를 제시해 준다. 이러한 문제의식에서 출발하여 지아장커에 주목하는 것은 다음 두 가지다.

첫째는 중국을 읽는 독법 측면이다. 대국굴기大國崛起로 일어서고 있는 중국은 정치·경제·사회적인 각종 지표, 외교 정책과 당 지도자론, 정강정책의 방향, 물류의 성격과 흐름, 소비 성향의 분석, 도농 간의 제 문제 등등 이른바 광각 렌즈만으로는 포착이 되지 않는 거대한 세계다. 미시적이고 섬세한 현미 렌즈를 통해 거대 중국의 다수를 차지하고 있는 민중에 대한 연구를 한다고 할 때 가장 유용하고도 효과적인 텍스트는 문학·예술 등의 문화텍스트이고 그 한 가운데에 지아장커의 영화가 자리하고 있다. 그의 영상이 드러내고 있는 냉정하고도 철저한 리얼리즘 정신과 따뜻하고도 도저한 영상 윤리의 정신은 중국 독법의 주요한 경로로 이미 평가받고 있으며 우리들의 주목이 요구되는 곳이다. 지아장커 영화는 현 중국을 읽는 유효하고 진실한 '창'이자 '거울'로서 기능하고 있기 때문이라 생각한다.

둘째는 그의 영화가 운용하고 있는 예술 장르 파괴의 창의성과 독창성이다. 기존 담론 및 이론들이 만들어 온 장르 구분과 정의가 구획지은 바의 다양한 예술의 '경계'를, 그는 자유자재로 넘나든다. 그러한 경계를 허물고 있다. 그의 영화는 '트랜스 장르'로 인해 가능해진 엄청난 효과의 창의성과 예술성이 돋보이며 그 안에서 풍부한 다성악多聲樂이 변주되고 있다. 이러한 다성악으로 인해 그의 영화가 발화하는 내용은 풍부한 독법과 독해의 장이 되고 있다. 파괴와 창조는 동전의 양면이다. 양면이 공존 가능한 지아장커 영화가 이후 21세기 미디어를 중심으로 한 매체혁명에 어떻게 기여할 수 있을지 이를 가늠해 보는 것도 의미 있는 작업이다.

이 책은 크게 위의 두 가지 문제의식에서 출발하여 중국을 중심으로 개인(소문자 역사)과 국가(대문자 역사), 기억과 서사, 도시와 '비非도시', 영상언어와 문자언어, 회화繪畵언어와 음성언어가 어떻게 재배치되고 선택되고 실험되고 있는지를 장르 실험의 각도에서도 살펴보고자 한다.

지아장커는 영화 〈샤오우〉小武(1997)로 국제 영화 무대에 등장한 이래 20년간 작품 출시 때마다 언론과 비평가들의 주목 대상이 되어 왔다. 작은 신문 단평에서 시작하여 수많은 평론, 인터뷰 자료 등이 쏟아져 나왔고 최근에는 학위논문들도 나오고 있다. 그 가운데 가장 주목할 것으로는 지아장커가 쓴 『지아의 생각 1996~2008—지아장커 영화수기』賈想 1996~2008—賈樟柯電影手記, 北京: 北京大學出版社, 2009와 거페이格非와 지아장커 등이 공저자로 참여한 『한 사람의 영화』—個人的電影, 北京:中信出版社, 2008가 있다. 앞의 책에는 객관적 거리를 유지한 연구보다는 영화에 참여한 감독의 생각과 계획, 촬영 과정에서 발생한 여러 가지 사건들, 그것을 처리하는 과정에서 하게 된 선택의 이유와 사유의 경로 등이 담겨 있다. 지아장커 개인의 영화철학이 들어 있고 음악, 촬영, 작가, 배우들에 대한 제작 과정에서의 일들을 정리한 1차적인 자료의 성격이다. 물론 이 안에는 대담과 인터뷰 등에 참여한 사람들의 비평과 평론도 들어 있어 연구논문집의 성격을 띠고 있기도 하다. 1차적인 자료이다 보니 본

연구에 매우 중요한 기여를 했다.

『한 사람의 영화』는 지아장커 영화에 대한 14편의 비평논문이 실린 책이다. 이 책을 쓰는 데 있어 길잡이와 같은 도움을 준 자료 다. 그러나 매 편의 논문이 지아장커의 영화 한두 편을 상대로 논하 다 보니 나무만 보고 전체적인 숲의 성격을 논하는 데는 미흡할 수 밖에 없었다. 단편논문집으로서의 한계를 갖고 있다. 국내에서 출간 된 『지아장커, 중국 영화의 미래』장기철 기획, 이병원 자료정리, 현실문화연구 회편집부 편집, 서울:현실문화연구, 2002는 영화를 제작하는 한국의 작가들이 지아장커와 함께한 영화 제작 워크숍 과정에 대한 기록이다. 여기 에는 지아장커 감독에 대한 평가와 자료들이 상세하게 기록되어 있 다. 하지만 이 역시 주로 제작과 관련한 것들이고, 2003년 이전의 이 른바 '고향삼부곡'〈샤오우〉, 〈플랫폼〉, 〈임소요〉에만 한정되어 있어서 지아 장커 초기 자료로서의 한계를 갖는다고 할 수 있다.

지아장커 영화 관련 국내 논문은 백여 편이 검색되고 있다. 거 의 모두 한두 편의 영화에 대한 논문들로 본 연구의 2차 자료로 많 은 도움을 주었다. 그러나 리얼리즘의 전체적인 조망은 아직 없는 것으로 보인다. 중국에서 나온 지아장커 영화에 대한 학위논문 중 석사논문들은 「지아장커 영화의 다큐적 미학 특징 연구」, 「소인물 小人物의 생존 곤경과 '영상텍스트'의 미학 풍격」, 「지아장커 영화의 예술성과 상업성 사이에서의 동요」, 「지아장커 영화의 시적 표현론 에 대해」 등, 제목에서 보이는 것처럼 주로 하층인물의 생존 곤경과 영상 표현의 미학적 특성 및 시적 특성에 집중되어 있는 편이다. 박 사논문은 2006년 화둥華東사범대학에서 나온 「90년대 중국영화에 서의 작가 표현」이 있다. 그러나 90년대 여타 작가와 함께 지아장커를 거론한 것으로 본격적인 지아장커론이라고 볼 수는 없다. 대체적으로 대부분의 논문이 지아장커의 영화 한두 편을 연구 대상으로 하고 있다. 특히 국내의 대부분 자료 역시 영화연구의 관점에서 접근하다 보니 서구 영화이론에 기대어 지아장커 영화의 영상 기법적 특성, 현 중국에서의 영화사 및 영화산업사에서 갖는 위치와 성격 분석 등을 수행하고 있는 데 한정하고 있다. 이들 자료 역시 영화 미학적 특성에 대한 접근과 영화산업과의 관계 등에서 이 연구의 2차 자료로서, 리얼리즘론에 대한 전반적인 논의에 도움을 주었다.

연구방법론은 주로 영화 텍스트 분석에 기댔다. 다만 접근의 경로에서 지아장커 영화를 가로지르는 몇 개의 단위개념Unit concept을 중심으로 설명하고자 했다. 단위개념은 상위 단위개념과 하위 단위개념으로 나누었다. 상위 단위개념을 '기록과 서사', '리얼리즘', '대문자 역사History와 소문자 역사history'로 나누고, 하위 단위개념으로는 내용적 측면에서 '기억', '일상', '장소place, '노동', '몸', '이주', '예술', '국가', '개인', '주체의 무욕망(무위)', '폭력' 등이 거론될 예정이다. 장르 및 형식 측면에서는 '리얼리즘의 외부성', '영상언어', '회화繪畵언어', '문자언어', '음악언어', '빛과 어둠', '정지와 응시', '몸의 미학', '폭력 미학', '느린 미학' 등을 중심으로 논지를 전개해 보고자 한다.

상위 단위개념은 지아장커 영화의 전반적인 성격과 특성을 규정짓는 것들로서 영화의 텍스트와 콘텍스트의 관계에 조응하는 개념이다. 이를테면 '기록과 서사'는 지아장커 영화가 태생적으로 갖는 사회적 콘텍스트와 지아장커 고유의 방법실험이 갖는 전반적 성격을 포괄하는 개념이다. 슈테판 크라머Stefan Kramer에 의해 '도시 리얼리즘'Urban realism으로 명명된, 지아장커를 포함한 중국의 6세대 감독들은 강한 개인주의 성향을 지니고 있고, 중국 역사와 사회에 일정한 거리를 유지하면서도 사회에 대한 비판적 시각과 폭로의 미학을 유지하는, 형식상으로는 다분히 다큐적 기법에 익숙한 감독들이다. 비판적이되 소리 없는 '조용한' 비판을 지향하고, 부조리를 폭로하되 '냉정'하고도 '단순하게' 드러내는 리얼리즘이다. 이 '도시 리얼리즘'의 심층에 지아장커 영화가 있다. 그는 본인의 부정에도 불구하고 1990년대 중국의 신다큐운동의 흐름 속에서 태어났으며 그들 예술양식의 영향하에 놓여 있다. 제이슨 맥그레이스Jason Mcgrath는 이와 관련하여 지아장커 작품이 갖는 리얼리즘의 두 가지 연원으로 중국의 1990년대 신다큐운동과 '포스트사회주의 리얼리즘'post-socialistic realism, 그리고 당시 국제영화계에서 유행하였던 1990년대 후반의 '미학화된 롱테이크 리얼리즘'aestheticized long-take realism을 든 바 있다.

중국은 기록에 매우 강한 나라다. 수천 년 역사의 기록과 광대무변한 개인사의 기록물과 그 집적이 그러하고, 한대漢代 이후 관방 주도하에 진행된 체계적인 기록 보존의 공공 집적 역사물들이 그러하며, 20세기 들어와 사회주의 혁명사의 과정에서 혁명의 실천 과정과 긴밀하게 연관되어 일어났던, 현장 조사調査문학이라 할 수 있는 '르포문학'報告文學의 역사가 그러하며, 지금도 지속되고 있는 수많은 개인 자서전의 기록들이 그러하다. 신다큐운동은 이러한 중국민의 고유한 기록 전통에 젖줄을 댄 것으로서 인류학적 가치와 성격을 갖는다. 문제는 지아장커가 자신을 6세대로 분류하는 것도, 그의 작품이 신다큐운동의 한 측면으로 거론되는 것도 부정하고 있는 것처럼, 그의 영화들이 다큐적 '기록'물인 듯한 동시에 다큐적인 '기록'을 벗어나는, 여러 가지의 예술적 '서사' 실험을 운용하고 있다는 점이다. 감독의 이야기를 듣지 않으면 이 영화의 몇 퍼센트가 사실-기록이고 몇 퍼센트가 허구적 재구성인가를 분간하기 힘들다. 바로 이 지점이 지아장커 영화의 장르 실험과 장르 파괴가 일어나는 창조적인 공간이기도 하다. 그는 그러한 창조적 공간에서 중국 사회의 진정한 '사실'Reality을 다양한 화법으로 드러내고 있는 것이다. 그는 "사실, 진실이 저절로 드러날 때까지 렌즈가 기다려야 한다"고 말하기까지 한 바 있다. 그러므로 이 책에서 논하고자 하는 바의 '기록과 서사'는 위에서 거론한 하위 단위개념들을 포괄하면서 전체 지아장커 영화를 아우르는 상위 개념이 된다.

상위 단위개념 '리얼리즘' 역시 마찬가지이다. 한 비평가는 지아장커의 리얼리즘을 거론하면서 '리얼리즘의 진화', '리얼리즘의 외부성'을 거론한 바 있다. 한우충동, 호여연해浩如煙海와 같은 리얼리즘 이론을 재론한다는 것은 마치 낡은 창고에서 '낡은 도구(이론)'를 다시 가져오는 것처럼 '위험하다'. 그러나 본 연구에서는 리얼리즘을 지아장커 영화와 중국 사회를 읽는 틀로서, 가장 높은 상위 개념으로 놓지 않을 수 없었다. '리얼리즘 재론再論'을 피해 갈 생각이 전혀 없다. 위에서 거론한 하위 단위개념들은 모두 '리얼리즘' 아래에서 재론되고 재구성될 것이다. 다만, 여기서 거론될 리얼리즘은 기존 논의에서의 소위, '정신, 태도로서의 리얼리즘', '기법으로서의 리얼리즘' 등을 아우르되, 궁극의 예술 경지가 총섭總攝하는 어떤 총체적 예술효과로서의 '미학적 리얼리즘'과 그 특성 분석에 보다 더 집중해 보고자 한다. 리얼리즘 앞에 '황토', '허무' 등 몇 개의 생경한 수식어를 첨가하여 지아장커 영화가 갖는 리얼리즘의 궁극적 미학 특성을 선명하게 드러내 보고자 하는 일이 이 책의 중요한 지향점이기도 하다.

상위 단위개념 '대문자 역사와 소문자 역사' 역시 위에서 거론한 하위 단위개념을 통솔하는 개념으로서 그 아래에서 이른바 '하층 서사'下層敍事로 논의되고 있는 지아장커 영화가 국가와 개인, 도시와 향촌, 노동자와 몸, 이주와 분산, 폭력과 소외 등의 여러 문제를 어떻게 진실하게 드러내고 있는가에 그 초점을 모으고 있다. 이러한 분석과 분절을 통해 지아장커 고유의 예술적 주선율로 기능하는 '미시서사'와 그것에 복무하는 예술적 장치들 즉, '영상언어', '회화언어', '문자언어', '빛과 어둠', '정지와 응시' 등이 어떻게 숨은 구조들 속에서 절합切合하고 교차하면서 중국 현실을 사실적으로realitic 진실하게 표현하는 데 운용되고 있는지, 감독이 발언하고자 하는 바를 어떻게 다층적multiple으로 표현하고 있는지, 어떤 궁극의 미학적 성취에 이르고자 하고 있는지 등에 주목하고자 한다.

2장

산시성 '고향삼부곡'

리얼리즘

지아장커賈樟柯는 중국영화계의 떠오르는 별로서, 그의 작품 〈샤오우〉小武(1997)와 함께 한국에 소개되었다. 영화의 새로운 문법에 적응하지 못하였던 필자는 〈샤오우〉를 보는 내내 지루하고 불편하였다. 그러나 영화가 이런 역할을 할 수도 있구나 하는 생각에 작은 충격 같은 것을 경험하였다. 그후 몇 년이 지나 그 영화를 다시 보았다. 처음 보았을 때 가슴에 남았던 그 작은 충격의 실체가 무엇인지를 되새김하고 싶어서였다. 비포장도로에 먼지가 풀풀 나는 중국의 변방의 변방, 작은 읍의 한 젊은이의 지리멸렬한 삶과 비굴한 일상이, 그의 절망적인 삶이 여과 없이 죽 '나열'되고 있는 낯섦이 몇 년 전 나를 불편하게 만들었던 것의 정체였고, 그것에 대한 감독의 집요하고도 애정 어린 시선이 충격의 근원지였다. 그것은 마치 아주 오래전, 루쉰魯迅의 「아Q정전」을 처음 보았을 때의 재미없음과 불편한 느낌, 몇 차례 다시 보고 나서야 비로소 느끼게 된 한 인간의 하찮은 삶과 참담한 비극성, 그로 인해 가슴이 아련하게 아파 왔던 기억과 유사한, 그런 동질의 느낌이었다. 그것은 또한 루쉰과 지아장커가 보여 주는 '사실의 준열峻烈'함과 그것에 반사되는 독자 혹은 관객으로서의 필자의 존재가 지닌 안일과 허위가 일으킨 내면의 갈등이기도 했다. 그리고 그것에서 오는 정서적인 거부이기도 했다.

지아장커는 5세대 영화감독들에 대한 불만을 토로하는 자리에서 "현실에 대한 무관심과 현실을 보고도 묵과하는 태도에 우리는 실망하기 시작했고, 불만이 쌓이기 시작했다"장기철, 『지아장커, 중국 영화의 미래』, 26~27쪽.고 말하고 있다. 5세대 감독들이 지닌 중국 당대 현실에 대한 무관심과 영화 제작의 상업화에 대한 불만이 지아장커 영화의 출발점이었다고 말하는 것이다. 그는 그가 "찍고자 하는 것은 중국과 중국 사람들이 살아가는 방식"이며, 또 그 "자신이 살아가는 모습을 찍는 것"이 곧 "중국의 현실"장기철, 앞의 책, 145쪽.이라고 고백한 바 있다.

이 장에서는 중국영화사에서 지아장커의 초기 영화로 거론되곤 하는 '고향삼부곡'에 속하는 작품 〈플랫폼〉站臺, 〈샤오우〉, 〈임소요〉任逍遙*를 중심으로, 이 영화들의 이야기 배경의 시간대 순으로 20세기 후반기 중국 당시의 '어떤' 현실에 대해 이야기하고자 한다. 이는 영상매체를 통해 현재의 중국 현실에 대한 어떤 '인식의 지도 그리기'프레드릭 제임슨, 『보이는 것의 날인』, 남인영 옮김, 서울:한나래, 2003, 10~12쪽.가 가능할 것이라는 소박한 믿음에서 출발하는 일이기도 하다. 1절과 2절에서는 주로 〈플랫폼〉과 〈샤오우〉를 중심으로 살펴보고 3절에서는 〈임소요〉를 중심으로 논하되 '고향삼부곡' 전체의 공통된 어떤 특성에 대해 섞어 논하기로 하겠다.

---

* 한국어로 번역하면 '마음대로 소요하다', '소요하고 싶다' 정도가 된다. 영어 제목은 'Unknown Pleasures'이다. 여기서는 그냥 '임소요'로 쓰겠다.

1. 문화대혁명과 출로

문화대혁명(이후 '문혁'으로 약칭)에서 막 빠져나온 1979년을 시간대로 설정하고 있는 〈플랫폼〉站臺에서부터 1997년을 시대 배경으로 하고 있는 〈샤오우〉小武, 2001년을 배경으로 한 〈임소요〉任逍遙에 이르기까지 이 영화들은 모두 산시성山西省 변방 지역의 일상적인 생활상을 훑으며, 다분히 인류학적이고 민족지ethnography적인 기법에 의지하여 최하층의 인물들에 초점을 맞추어 서사하고 있다. '플랫폼'은 누군가를 기다리는 곳이다. 이 영화의 주 공간 배경이 플랫폼이기도 하지만 이 제목은 어딘가에서 와서 어딘가를 향해 가는 기차역의 기다리는 공간이란 점에서 그 상징적인 의미를 지닌다. 그것은 문화대혁명이라고 하는 10년 프로젝트의 거대한 혁명의 용광로에서 걸어 나온, 혹은 떠밀려 나온 중국인들이 어디로 가야 할지를 알 수 없는 상태에서 무언가를 기다리고 있는 곳, 가야 할 방향이 잠시 유예된 공간으로 은유된다.

〈플랫폼〉은 산시성 펀양현汾陽縣의 농촌문화대 이야기다. 1976년 문혁은 끝났지만 1979년 현재 그들은 아직 대중 앞에서 혁명가를 노래하고 공연한다. "기차는 사오산韶山을 향해 달려간다. 사오산은 우리들의 위대한 지도자 마오毛 주석의 고향." 그들의 의식을 지배하는 것은 여전히 혁명적 도덕과 가치다. 순회 공연차에 늦게 올라 탄 주인공 추이밍량崔明亮을 야단치는 문화대 단장의 말은, "집체주의 정신이 조금도 없다"이다. 엄마가 수선해 준 나팔바지를 입은 추이를 보고 아버지는 땅에 쪼그려 앉아 보라고 한다. 노동자, 농민이 일할 때 앉기에 편한가를 알기 위해서이다. 아들은 반항한다. "나는 문예 공작자다. 앉을 일 없다." 이제 막 자유가 좀 주어졌다고 해서 금방 부르주아 계급투의 짓거리를 하는 거냐고 비난하는 아버지. 적어도 이들은 아직 문화대혁명의 의식과 정서 안에 갇혀 있다. 망명시인 베이다오北島의 시에서처럼 "양떼는 초록 늪지 너머로 사라졌지만 목동은 단조로운 피리를" 여전히 불고 있다.베이다오, 「태양도시의 메모들」, 『베이다오의 시와 시론』, 정우광 엮음, 서울:고려원, 1995, 32쪽.

허물어져 가는 담벼락과 창고의 벽, 마을 건물들 곳곳에 아직도 선명하게 남아 있는 혁명의 선전 구호들과 마오쩌둥毛澤東(이후 '마오'로 약칭)의 초상. 그들은 거대한 이념의 철감방鐵監房으로부터 벗어났으나 그 이후 걸어가야 할 출로는 아직 보이지 않는다. 그래서인지 지아장커 '고향삼부곡'의 주인공들은 모두 '펀양*'의 밖을 꿈꾼다.

* 〈샤오우〉와 〈플랫폼〉은 펀양현을 배경으로 하고 있고, 〈임소요〉는 다퉁시(大同市)를 배경으로 하고 있다. 다퉁이 펀양보다 큰 도시이긴 하지만 도시 규모의 크고 작음은 이 영화 주인공들에게 큰 의미가 없다. 둘 다 모두 베이징이 자리한 허베이성(河北省)의 서쪽 타이항(太行)산맥을 경계로 하여 허베이성과 갈라지는, 산맥 너머 산시성의 작은 도시에 불과하다. 여기서는 이 두 지역을 아우르는 동질적인 공간을 지칭하는 용어로서 '펀양'을 쓰겠다.

2장 산시성 '고향삼부곡' 리얼리즘

'펀양' 밖을 향한 꿈

〈플랫폼〉에는 주인공의 친구 장쥔張軍의 초라한 방이 나온다. 어지러운 선반 위에는 책 몇 권과 도자기로 된 마오 주석의 조각상이 있다. 라디오에서는 덩리쥔鄧麗君의 노래가 흘러나오고* 딱히 할 일거리도, 놀거리도 없는 소년들의 아주 심심한 대화가 이어진다. 울란바토르가 어디니? 외몽골 수도. 외몽골은 어딘데? 북쪽으로 똑바로 가다가 내몽골을 지나면 있어. 거기서 계속 북쪽으로 가면? 소비에드지. 거기서 더 북쪽으로 가면? 바다가 있겠지? 바다에서 더 북으로 가면? 니에미 너, 온종일 물어봐라. …… 더 북쪽으로 가면 여기가 되겠지, 그래 펀양! 여기 장쥔의 집이지! 우리 모두 바다 북쪽에 살고 있는 거야. 예사롭지 않은 이 대화는 이 영화의 마지막을 암시한다. 펀양현 문화대는 마침내 시대 변화에 발맞추어 혁명가극에서 경음악으로 공연 내용을 바꾼다. 경쾌한 음악과 스페인풍의 플라멩코도 공연한다. 1984년 건국 35주년을 맞아 베이징 천안문에서는 덩샤오핑鄧小平이 열병식을 거행하고 있는데, 이들은 생계를 위해 청부 공연으로의 전환을 고민하게 되고 결국 극단은 펀양을 떠나 이곳저곳을 유랑하며 공연을 단행한다. 전기가 처음 들어온 것을 기

---

* 한국에서 개최된 모 국제학술대회에 참석했던 중국의 루쉰 연구자 고 왕푸런(故 王富仁, 산터우대학)은 문혁이 종료된 후 덩리쥔의 노래를 듣고, "아, 세상에는 이런 노래도 있었구나" 하는 것을 처음 알았다고 했다. 타이완 출신의 국제적인 홍콩 가수 덩리쥔의 노래는 문혁의 종료와 더불어 대륙에 상륙하여 불려졌고 갑자기 개방된 자유 세계의 분위기를 상징했다. 그러나 1980년대 개혁개방 이후 중국 사회의 각종 문제점이 노정되면서 덩리쥔 음악은 오염된 자본주의 문화의 상징이라 하여 금지되기도 했다. 한때 "중국의 낮은 '늙은 덩'(덩샤오핑)이, 밤은 '젊은 덩'(덩리쥔)이 지배한다"는 말이 유행했다.

넘하기 위한 작은 마을에서의 공연, 광부를 위로하기 위한 광산에서의 공연 등등. 관객들은 어수선하고 자기들끼리 웃고 떠들 뿐, 그들의 공연은 관객을 사로잡지 못한다. 길가에 지나가는 행인을 상대로 길거리 공연을 해보지만 아무도 관심을 보내지 않는다. 그나마 관객이 있을 때조차 관객들은 무대를 향해 깡통과 휴지를 던지며 야유한다. 이들은 결국 펀양으로 다시 돌아온다. 마치 지구를 한 바퀴 돌아 다시 원위치로 돌아온 장쿼과 친구들의 대화처럼. 펀양을 떠날 때와 똑같은 거리의 풍경을, 카메라 렌즈는 같은 각도로 정면에서 오랫동안 고집스럽게 비춘다. 마치 그들이 힘겹게 빠져나온 긴 터널로 다시 들어가는 듯한 암울하고 답답한, '미래 없음'의 느낌을 관객에게 던진다.

이들은 펀양을 벗어나고 싶지만 벗어날 수가 없다. 고모가 있는 대도시로 가라는 엄마의 말에 쿼쿼軍軍이 하는 말, "방법이 없다. 방법이 있다면 누가 여기서 멍청하게 지내길 원하겠는가?"는 이들의 욕망과 현실의 격차를 말해 준다.** '펀양'을 벗어나는 길은 두 가지밖에 없다. 군대에 가거나 대학에 들어가는 것이 그것이다.*** 이들은

** 욕망과 현실의 격차라는 관점에서, 그리고 대중문화에 대한 섭렵과 그것의 전복적인 재해석과 재구성이라는 관점에서 감독이 어떻게 중국 현실을 해석, 재구축하였는가를 분석한 글로는 유경철의 「지아장커의 〈샤오우〉 읽기—현실과 욕망의 '격차'에 관하여」(『중국학보』 52권, 한국중국학회, 2005.)가 있다. 감독을 민간 영화노동자(電影民工)의 관점에서 분석하며 고향삼부곡을 포함한 초기작인 〈샤오산의 귀가〉(小山回家)와 〈세계〉(世界)까지를 상세하게 논한 글로는 조혜영의 「사실(寫實)의 시인, 영화의 "민공"(民工) 지아장커가 그린 중국의 현대화—〈小山回家〉, 〈小武〉, 〈站臺〉, 〈任逍遙〉, 〈世界〉에 대한 작가론적 고찰」(『중국학연구』 36호, 중국학연구회, 2006.)이 있다.
*** 지아장커가 인터뷰에서 한 말. "당시 작은 시골에서 큰 도시로 가고 싶다면, 방법은 두 가지밖에 없었다. 군대에 입대하거나 대학에 들어가는 것." 지아장커는 펀양 출신이고 그곳에서 청년 시기를 보냈다. 고향에 남은 친구들은 건달, 술집 주인이 되거나 감옥에 가고 사형을 당하기도 했다고 회고했다.(장기철, 『지아장커, 중국 영화의 미래』, 15, 21~22쪽.)

대학에 갈 여건이 못 된다. "학교를 가야 한다. 학교를 가지 않으면 할 일이 없다"(추이밍량)는 것을 그들은 안다. 그러나 그들에게 "먹는 것은 그나마 해결이 되지만, 책값과 학비는 너무 비싸다."(싼밍三明 엄마의 말) 나머지는 군대에 가는 방법인데 그조차 쉽지 않다. B형 간염으로 신체 불합격 판정을 받은 궈빈빈郭斌斌처럼 그들에게는 군대 가는 것조차 "영화 보는 것처럼 쉽질 않다".(《임소요》) 자유를 꿈꾸는 그들의 욕망을 대변해 주고 있는 상징물 가운데 하나가 기차다. 그들은 기차역 플랫폼에서 놀고 그 주변에서 연애하고 그 주변을 서성인다. 그러나 기차를 타고 어딘가로 떠나지는 못한다. 1979년의 풍경이다. 기차는 다른 세계를 향해 달리는 통로다. 그들은 놀다가 기차소리를 들으면 "와, 기차다"하며 미친 듯이 뛰어가 구경하고 손을 흔든다. 이것이 이들이 사는 공간의 궁벽함을 말해 준다(《플랫폼》). 이 마을은 이들 소년소녀에게 벗어나야 할 곳으로서의 감옥 같은 공간이다.

　　무쇠로 된 철감방(구 전통사회의 은유) 속의 오랜 잠에서 깨어났지만, 방을 빠져나갈 출로가 없다는 것, 그것이 전기前期: 1881~1918 루쉰의 중국 사회 전반에 대한 절망이었다.* 그는 꿈에서 깨어났으나 출로가 보이지 않는 것이 인생에서 가장 고통스러운 일이라고 말했다.루쉰, 「노라는 집을 나간 후 어떻게 되었는가」, 『무덤』(루쉰전집 제1권), 홍석표 옮김, 서

* 루쉰의 인생을 4분기로 나눌 때는 출생에서 유학 생활을 마치고 귀국할 때까지의 초기(初期, 1881~1909), 신해혁명 이후 10여년간의 '침묵' 생활을 했던 전기(前期, 1909~1918), 「광인일기」를 발표한 후 본격 작가로 활동하기 시작한 중기(中期, 1918~1927), 사회운동에 투신한 이후 사망할 때까지를 후기(後期, 1927~1936)로 분기할 수 있고, 이를 3분기로 다시 나눌 경우는 초기와 전기를 합쳐서 전기(1881~1918)로 셈하기도 한다.

울:그린비, 2010, 242~253쪽. 긴 혁명의 터널에서 막 벗어난 '펀양'의 추이 밍량들, 그들에게는 출로가 없다. 혁명과 인민대중의 유일가치가 무소불위의 권력을 행사하였던 강고한 국가 이데올로기가 작동한 사회주의 사회에서 잠을 깨고 나왔는데, 그들에게는 아직 출로가 없는 것으로 보인다. 그래서 중국이 사회주의 인민혁명의 사회에서 자본주의 시민경제의 사회로 들어가기 전단계인, 1979년의 '펀양'은 아직 '플랫폼'인 것이다. 이런 상황은 1997년을 배경으로 하고 있는 〈샤오우〉에서도 여전히 진행되고 있다. 펀양 읍내 곳곳은 재개발, 철거 중에 있다. "헌 것은 사라지지 않고 새 것은 아직 오지 않고. 근심해서 뭘 하겠어? 헌 건 철거되는 거야. 근데 새 것은 지금 어디 있는 거지?" 이사를 가는 약방 친구 징청이 샤오우에게 건네는 말이다. 이 말은 궁벽한 지역 '펀양'의 시간과 공간의 성격을 비유적으로 암시하고 있다.

'펀양'의 시간과 공간

펀양과 다퉁이 자리한 산시성은 전형적인 황토고원**이다.후자오량,『중국의 문화지리를 읽는다』, 김태성 옮김, 서울:휴머니스트, 2005, 320, 375쪽. 산시는 타이항산맥의 서쪽이란 뜻이며, 성의 서쪽은 뤼량呂梁산맥을 거쳐 대황허黃河로 이어진다. 산시성은 산의 나라山國이다. 타이위안太原 분

** 명대 산시성에서 발달했던 진상(晋商)의 역사 배경과 경제 규모, 철, 석탄, 소금 등 천연자원과의 관계에 대해서는 후자오량, 앞의 책, 367~378쪽. 참조.

2장 산시성 '고향삼부곡' 리얼리즘

지와 편수이汾水를 따라 남북으로 이어지는 가늘고 긴 평야 부분을 제외하고는 생산성이 매우 낮은 준 사막지대이다. 〈임소요〉의 배경이 된 다퉁과 〈플랫폼〉, 〈샤오우〉의 배경이자 감독 지아장커의 고향인 펀양은 타이위안을 중심으로 하여 남쪽, 다퉁은 북쪽으로, 기차가 지나가는 일직선 철로 구간에 위치하고 있다. 산시성은 황토고원이고 황허의 지류에 해당하는 편수이 역시 수량水量이 빈약한 강이다. "황진黃塵: 누런 흙먼지 속을 여행해 온 편수이는 공업화의 영향 때문인지 수량이 현저하게 감소"하는 강이다. 물과 강우량이 넉넉한 기름진 농업지역이 아니다. 산시성은 '석탄과 철광석'의 지방으로 불리기도 한다.오가타 이사무, 『중국역사기행』, 이유영 옮김, 서울:시아출판사, 2002, 156~157, 165쪽. 영화에서 보이는 다퉁과 펀양의 먼지 뿌연 읍내 거리와 첩첩이 이어지는 황량한 산과 구릉들, 키 작은 나무들을 본다면 이 지역의 지리적 성격을 대강 짐작할 수 있다. 농촌과 탄광, 산간과 사막의 중간 지역대에 해당한다.

펀양의 시간은 농경사회의 시간에서 완전히 벗어나 있지 않다. 혹은 목가적 전통의 시간에 아직 머물러 있는 것으로 보인다. "시간의 흐름은 자연의 흐름이 결정하지만, 그것은 시간을 재는 척도에 의해 상이하게" 달라지며, 그 척도는 "사회적 제도에 의해 규정"된다. 시간은 사회적 변화가 사람들의 삶에 스며들고 영향을 미치는 중요한 축의 하나다.이진경, 『근대적 시·공간의 탄생』, 서울:푸른숲, 2002, 28, 42쪽. '고향삼부곡'의 시간은 신구가 교체되지 않은 과도기적 시간이며 근대화 이전의 시간에 머문 듯하다. 바삐 움직이는 차량 행렬도 있고 근대의 상징적 문화와 문물이 번잡하게 들어와 혼재하면서 사방이 시끄럽게 무언가 빠르게 변화되어 가고 있는 듯하지만, 시선의 초점을 주인공 인물들에 맞추면 시간은 거의 흐르고 있지 않다.

흐르고 있는 시간은 '외계'의 시간뿐이다. 방송을 통해 전달되는 베이징의 세계와 그들에게 별천지처럼 인식된 광저우廣州의 시간들이다.* 그곳에서는 WTO의 가입과 건국 35주년 기념식의 군대 사열과 2008년 베이징 올림픽 유치의 기쁨을 비롯한 각종의 사건이 전개되는 흘러가는 시간이 있지만, '편양'의 추이밍량과 샤오우, 다퉁의 빈빈, 샤오지小濟, 차오차오巧巧에게는 느리고 느리게 움직이는 시간만 있을 뿐이다. 그것은 거의 정지된 듯한 시간이다. 도시의 시간이 아니다. 근대 이전의 농경적 시간이라고 할 수도 없는 무망無몙의 시간이다. 헐렁한 옷과 수척한 몸의 공통된 외모를 가진, 할 일 없는 가난한 소년들(영화 속 표현 '가난뱅이'窮鬼)을 시간은 곳곳에서 망연하게 붙잡아 놓고 있다. 하릴없이 벽에 기대 무료하게 시간을 죽이고 있는 소년, 망연히 한곳을 바라보고 서 있는 사람, 오토바이 수리점 앞에 오랜 시간을 서 있는 샤오우의 모습 등은 이러한 느린 시간을 보여 주는 가장 전형적인 장면이다화보 사진 1(97쪽). 수리점 앞 샤오우는 부동 자세로 도로변을 내려보다가, 지나가는 자전거와 행인을 힐끗힐끗 쳐다보다가, 지나가는 과일상의 수레에서 사과 하나를 장난처럼 슬쩍 훔치다가……. 화면은 아주 길게 샤오우의 이 정지된 시간을 잡는다. 그리고 아무 일도 일어나지 않는다. 시나리오의 S#.35에서는 이 장면이 '영화관 앞'으로 되어 있지만장기철, 『지아장

---

* 1989년 덩샤오핑의 남순강화(南巡講話) 이후, 광둥성 선전시(深圳市)가 경제특구로 지정되었고. 선전을 중심으로 한 주장(珠江) 일대의 도시인, 주하이(珠海), 둥관(東莞), 광저우 등은 다른 지역보다 빨리 자본주의화되면서 중국 경제 발전의 견인차 역할을 했다.

2장 산시성 '고향삼부곡' 리얼리즘

커, 중국 영화의 미래』, 261쪽. 이 책이 텍스트로 삼은 판본은 오토바이 수리점 앞이다. 이 롱테이크 장면은 카메라의 각도, 롱테이크의 시간 등에 의해 보는 이에게 수많은, 복잡한 감정을 불러일으키게 하는 명장면으로 회자된다.

영화 속 '펀양'의 공간은 사막도 아닌 곳, 녹색과 살림과 생명력이 넘치는 농촌도 아닌 곳, 생기발랄하게 변화되어 가고 있는 도시도 아닌 곳, 교통의 교차지역도 아닌 곳, 변방의 변방으로서의 공간인 이름 없는 작은 읍에 불과하다. 다른 지역과의 원활한 소통이 이루어지고 있지 않는 듯한 공간. 무언가 변화와 역동성이 가득 찬 곳인 듯하면서도, 그곳의 가장 하층에 자리한 샤오우들에게는 절망만이 실재하는 공간이다. 시간과 공간이 개념화되어 인간의 인지세계로 들어오고 그것이 정교하게 인간의 사유를 지배하기 시작한 때는 근대와 근대 과학의 시대가 시작된 이후의 일이다. 중국에서 도시라는 공간이 새로운 사유의 형식으로 보편화되기 시작한 것 역시 1980년대 중반 이후의 일이다.吳冠平,「當代中國電影創作述評」,『二十一世紀』, 香港中文大學中國文化硏究所, 2005, 140쪽. '펀양'의 샤오우들에게 도시는 아직 아득한 꿈과 이상으로만 존재한다. 2001년을 배경으로 하고 있는 〈임소요〉는 다퉁을 공간 배경으로 하고 있는데, 다퉁은 베이징에서 기차로 2~3시간 거리에 있고 장자커우張家口에서는 고속도로로 1시간 거리에 있다. 대도시에서 결코 멀지 않은 거리에 있는 셈이다. 그러나 영화 속에서 보여지듯, 어디서부터인가 시작되었을 2차선 고속도로는 다퉁의 외곽까지 달려와서는 흙무더기 앞에서 뚝 끊긴다. 마치 멀리서 달려온 도로가 땅속으로 사라져 버린 듯한 형국이다. 끊긴 도로의 주변은 허허벌판의 모래흙더미와 멀리 보이는 첩첩의 민둥산들뿐. 이것이 2008년 올림픽 개최지가 베이징으로 발표되는 시각의 다퉁이라는 공간의 모습이다. 이곳의 시간은 아직 '어슬렁거릴' 수밖에 없는 시간이며 공간은 그 시간에 맞는 적당한 양의 가게들이 형성된 거리市街일 뿐이며 자전거와 트랙터, 털털거리는 버스가 운행되는 거리인 것이다. '고향삼부곡' 중에서 가장 최근(2001년)을 시대 배경으로 하고 있는 〈임소요〉의 마지막 장면에서, 이 영화의 주인공인 19세의 빈빈은 은행 강도 미수죄로 심문을 받고 있다. 그때, "우리 성의 제7고속도로가 베이다먼北大門까지 연결되었습니다"라는 지방방송의 뉴스가 경찰서 안의 작은 텔레비전을 통해 보도된다. 그 고속도로는 이후 빈빈의 삶에 어떻게 연결될 수 있을 것인가? 빈빈은 과연 그 고속도로를 타고 '펀양'의 밖으로 나갈 수 있을 것인가?*

---

* 이와 연관하여, 조혜영은 이들에게 가해지는 공간의 옥죔과 이들 미래의 절망에 대해 이렇게 분석한다. 지아장커의 영화는 "펀양을 무대로 하는 〈샤오우〉와 〈플랫폼〉 그리고 펀양보다 조금 더 큰 도시인 타이위안이 주 무대인 〈임소요〉 그리고 이들 펀양 출신 젊은이들이 꿈꿔 온 수도 베이징을 담아낸 〈세계〉로 이어지면서 공간상의 점진적인 이동을 보인다. 그런데 〈플랫폼〉이나 〈샤오우〉에선 느슨하게 헤쳐져 보이던 것이 〈임소요〉에 들어서면 죄어 오기 시작하다가 〈세계〉에 도달하면 그 옥죔임이 턱턱 숨이 막혀 버릴 정도에 달한다".(조혜영, 「사실(寫實)의 시인, 영화의 "민공"(民工) 지아장커가 그린 중국의 현대화」의 '5장 텅 빈 영혼, 그리고 닫힌 공간 — 사회주의 그림자' 참조)

2. 국가이데올로기와 그 복사들

국가이데올로기와 그 복사들

1979년을 배경으로 한 〈플랫폼〉의 주인공 추이밍량은 영화 초반부에서 비록 대단하지는 않지만 농촌문화대의 일원으로서 정신노동을 하고 있다는 자부심을 가지고 있다. 하지만 영화 후반부로 가면 문화대는 거의 유명무실해지고 그는 무직의 상태로 들어간다. 그 추이밍량을 만약, 1997년을 배경으로 한 〈샤오우〉의 샤오우, 혹은 2001년을 배경으로 한 〈임소요〉의 궈빈빈의 전신으로 본다면* 지아장커가 고향삼부곡에서 보여 주고자 한 '펀양'의 하층 소년들의 삶의 실체가 무엇이었는지가 보다 극명하게 드러난다. 여기서 필자

---

* 〈플랫폼〉의 추이밍량을 〈샤오우〉의 샤오우 전신으로 보는 것은 줄거리의 시간대 및 공간 배경상에서 타당한 측면이 없지 않지만 샤오우를 〈임소요〉 빈빈의 전신으로 보는 것은 시간대의 차이 및 문혁 이후의 탄생 세대라는 성격상의 차이가 있어 다소 무리가 있긴 하다.('중국영화포럼' 토론, 숭실대, 2006. 3. 10.) 그러나 이 글에서는 1979년 〈플랫폼〉에서 2001년 〈임소요〉까지의 결코 짧지 않은 시간의 추이에도 불구하고 크게 달라지지 않은 하층 소년들의 삶 조건과 그 성격이란 측면에서, 즉 균질적인 '펀양'의 시간과 공간이란 측면에서 그들이 연계선상에 있다고 보았다. 〈임소요〉에서의 샤오지가 범법자의 신분으로 펀양에서 도망치는 것이 이 영화의 마지막인데, 그를 〈세계〉(2004)의 주인공 타이성(太生) 전신으로 볼 수 있다는 견해도 있다.(조혜영, 「사실(寫實)의 시인, 영화의 "민공"(民工) 지아장커가 그린 중국의 현대화」, 5장.)

는 90년이라는 긴 시간을 건너뛰어 하나의 상상과 가정을 하지 않을 수 없게 된다. 1911년 신해혁명기, 성실하지만 어리석기 그지없는 날품팔이 농부인 웨이장未莊 마을의 '아Q'에서, 20세기 말 소매치기로 전락한 샤오우까지를 가로질러 잇는 위험한 연상과 상상이 그것이다. 근대국가의 미미한 나팔을 울린 1911년 신해혁명기의 외진 시골 '웨이쫭'으로부터, 1세기를 건너와 개혁·개방이 실행되었고, 4개 현대화가 시행되고도 이미 20년이 지난 시점에서의 작은 산간 지방의 '펀양'이라는 공간을 잇는 연상이다. 여기에는 소설의 픽션 공간과 영화 속 실제 공간의 연속성과 유사성, 그리고 상징과 비유의 놀라운 상관의미들이 갖는 유사성이 있다. 루쉰과 지아장커는 우리에게 '중국현대사에서 국가는 이들 하층민에게 어떤 의미를 지니는가'라고 하는, 무겁지만 피해갈 수 없는 질문을 던지고 있다.

거대한 사회주의국가 프로젝트(문혁)로부터 빠져나온 그들이지만 그들의 의식은 국가로부터 자유롭지 못하다. 의식의 감옥, 그것은 〈플랫폼〉의 모든 줄거리와 구체적인 삶의 일상을 지배하고 있다. 비록 낡고 흐릿하게 지워졌지만 곳곳에 페인팅된 혁명 구호와 선전들, 영화 속 인물들의 언행에 드러나는 혁명적 어투와 가치관. 물론 이런 문혁의 그림자는 〈샤오우〉와 〈임소요〉에 오면 많이 사라진다. 그러나 흰 고양이든 검은 고양이든(좌우이데올로기) 쥐(빈곤)만 잡으면 된다는, 덩샤오핑식 경제발전 이데올로기를 지상 과업으로 하고 있는 국가의 그림자가 그 자리를 대체한다. 영화 속에서 국가권력은 경찰, 방송, 가두선전대 등을 통해 대리 행사된다. '펀양'에서 방송은 국가의 정책을 가장 충실하게 전달하는 수단이자 매체다. 또한 성省정부, 경찰, 문화대 단장, 아버지는 그 국가권력이 수미

일관 관철되는 통로이자 국가권력의 복제들이다. "국가 장치란 정부, 내각, 군대, 경찰, 재판소, 감옥 등 우리가 이후 억압적 국가 장치라고 부르게 될 것을" 말하며 문제의 국가 장치는 "최소한 궁극적으로……폭력에 의해 기능한다는 것을" 전제한다. 루이 알튀세르, 『아미엥에서의 주장』, 김동수 옮김, 서울:솔, 1991, 89쪽.

〈플랫폼〉에서 국가 시책을 줄줄이 훈시하는 단장과 훈계를 받고 있는 추이밍량의 대화를 들어 보자. "앞으로 20년 지나면 몇 년이지?" "2000년요." "2000년이 되면 우리나라는 무슨 목표를 이루어야 하나?" "농업, 공업, 국방, 기술, 4개 현대화요." "그럼 넌 무슨 목표를 가지고 있니?" "……." 국가는 분명한 삶의 목표가 있는데 추이밍량에게는 목표가 없다. 아니 그들은 삶의 지향을 가질 수가 없다. 그들은 너무 열악한 출발지점에 서 있을 뿐이다. 이러한 소년들에게 부모는 또 다른 국가권력의 복제이며 강압의 기제들이다. 〈플랫폼〉에서의 추이밍량의 아버지들은 감시와 훈계와 폭언을 서슴지 않는다. 혁명의 폭력성과 남성성이 그대로 그들에게서 재연되고 있고 그것은 샤오우들을 압박한다. 〈샤오우〉에서 오랜만에 고향집에 돌아온 아들을 막대기를 들고 쫓아내는 아버지나, 〈임소요〉에서 멀건 죽을 먹고 있는 초라한 식탁의 빈빈에게 왜 출근 안 하냐고 호되게 몰아세우는, 돈을 벌어오지 못하면 차라리 군대나 가라고 고래고래 소리 지르는 어머니. 이들은 모두 국가권력이 지닌 폭력성 및 강제성의 복제들이다.* "좀 기다려 줘. 날 무시하지 말라고!" 가련하

* "모든 국가 장치는 그것이 억압적이든 이데올로기적이든 폭력과 동시에 이데올로기에 의해 '기능'"한다.(루이 알튀세르, 앞의 책, 91쪽.)

게 마른 몸집의 빈빈이 엄마에게 하는 말은 보는 이의 마음을 아프게 한다. 그의 말은 차라리 비탄조에 가깝다. '고향삼부곡' 곳곳에서 부모들은 소년들의 자유를 억압하는 장치로 작동한다. 당연히 샤오우들은 부모들의 권력이 없는 곳으로 가고 싶어 한다. "(〈손오공〉의 세계에는― 인용자) 아빠, 엄마도 없대. 간섭하는 사람도 없고 얼마나 자유로우냐."(빈빈), "간섭하는 사람 없고 좋다. (펀양으로― 인용자) 돌아가지 않겠다."(펀양을 떠나 공연 중이던 장쥔과 중핑의 대화―〈플랫폼〉) 그들은 노래한다. "바람 따라 표표히 천지를 소요하고 싶어"(노래 제목은 '푸른 하늘이 미워'恨蒼天― 〈임소요〉)라고.

국가의 선전이 작은 도시 곳곳에서 확성기를 통해 전달되고 있으며 말단 경찰의 손에 의해 준엄한 법 집행이 이뤄진다. 샤오우와 빈빈은 마침내 그 그물에 범법자로 걸려들어 묶이게 된다. 그들을 보면서 필자는 다시, 근대국가의 시작을 알리는 신해혁명과 루쉰의 손에 의해 그려진 그 혁명의 희극성과 반민중성(「아Q정전」), 그 속에서 어리석게 부화뇌동하다 혁명군에 의해 억울하게 처단되는 아Q를, 그들이 처했던 시간과 공간의 유사성을 발견하고 전율하였다. 문혁을 막 빠져나온 베이다오가 그의 시에서, "생활은 그물"이라고 노래했는데,베이다오, 「태양도시의 메모들」, 『베이다오의 시와 시론』, 33쪽. 혹시 그 그물은 촘촘하고 정교하게 잘 짜인 국가이데올로기는 아니었는지? 그리고 그물에 걸려 넘어지거나 생을 마감하는 것은 잘나가는 상층 인간이 아니라, 최하층에 자리한 힘없는 '아Q'와 '샤오우'들만은 아니었는지?

루쉰의 아Q와 지아장커의 샤오우

'현실'로부터 도피하지 않고 '현실'로부터 모든 예술적 영감과 기법을 길어 올린 리얼리스트로서의 루쉰과 지아장커[*]. 사회 가장 하층에 존재하는 하찮은 민중에 주목하고 그들을 세상에 드러내되 당시의 주류적인 문법이 아닌 다른 문법으로 드러내는 일. 소수자에 대한 집요한 관심에서 출발하여, 그들에게 연민과 사랑을 보내면서도 그들 존재가 지닌 희화성戲畵性과 비굴함과 처참함을 드러내, 보는 이들을 분노하게 하고 슬프고 불편하게 만드는 리얼리스트로서의 루쉰과 지아장커. 그런 의미에서 지아장커는 분명 평자들이 거론한 것처럼, 문혁 이후의 대중문화나 홍콩 느와르에서만 배운 것이 아니라 분명 루쉰에게서도 한 수 배운 바가 있는 것으로 보인다.

전통의 철감방 속에서 죽어 간 아Q들과 문혁과 영웅의 시대에서 걸어 나온 하찮은 젊은이들. 작은 농촌 웨이좡의 날품팔이 일꾼 아Q와 펀양의 최하층 소매치기 샤오우, 이들은 분명 거지는 아니다. 광인도 아니다. 살려고 몸부림치는 평범한 사람들일 뿐이다. 그들을 누르는 어마어마한 중압감은, 아Q에게는 전통과 인습의 무게이며 계층 간의 먹이사슬 구조이며, 샤오우에게는 개방사회이긴 하나 여전히 돈 없고 출로의 기회 없음이 누르는 무게다.[**] 전통 농업사

---

[*] 지아장커의 말. "영화의 언어적 측면, 스타일 측면도 이런 과정 속에서 만들어지고 다듬어지는 것 같다." 여기의 '이런 과정'이란 다름 아닌 중국의 현실, 중국인들이 살아가는 방식을 찍는 과정을 말한다. 즉 현실로부터 현실을 충실하게 재현하고자 하는 과정에서 지아장커 영화의 문법이 생성된 것이란 점을 감독 스스로 고백하고 있는데 이는 매우 주목되는 지점이다.(장기철, 『지아장커, 중국 영화의 미래』, 145쪽.)

[**] 샤오우의 여동생은 샤오우에게 "오빠도 제대로 된 일을 좀 봐"라고 하지만 그런 기회가 샤오

회에서 최하층에 자리했던 날품팔이 머슴이었던 아Q와 삼대째 빈농에서 벗어나지 못한 농민의 아들 샤오우[***]의 살아가려는 절절한 몸짓과 저항, 그리고 처절한 실패로 마감되는 종결의 형식으로써 「아Q정전」도 〈샤오우〉도 독자와 관객에게 그들을 향한 섣부른 희망을 허락하지 않는다. 그들이 처했던 열악하고 절망적인 생존 조건을 냉정하고 준엄하게 드러내 보여 줄 뿐이다.

그러므로 이들의 생존전략으로 서사되는 아Q의 '정신승리법'이나 '눈 흘겨보기주의', 샤오우의 콤플렉스에서 오는 지나친 자존심과 의리, 그리고 가식과 순수와 분노가 혼재되어 있는 샤오우의 조화롭지 못한 코스튬(양복, 안경, 구두…), 으쓱대는 어깨 폼과 턱 내밀기, 목 비틀어 사물 바라보기… 등은 보는 이에게 한없는 비애를 안겨 준다(화보 사진 2(97쪽). 그들은 하나같이 노래할 줄 모른다. 노래 부른다는 것이 어쩐지 그들의 인생과 어울리지 않는 듯하다.[****] 피날레終場에서 아Q와 샤오우의 같은 점과 다른 점이 있다면, 나포되어 만인의 구경거리가 된 점이 같고, 아Q는 처형당하지만 샤오우는 수갑에 채워져 끌려가는 것이 다르다면 다르다 할 수 있다.

우에게는 거의 불가능해 보인다. 갈 데도 없고 하고 싶은 것이 무엇인지도 모른다. 메이메이가 샤오우에게 던지는 질문과 샤오우의 대답. "어디 갈 데 없어요?" "없어." "도대체 뭘 하고 싶은데요?" "……."(장기철, 앞의 책, 259~260, 268쪽.)
[***] 샤오우의 아버지의 말. "우리 집은 삼대가 빈농이라서 금과 구리도 구별을 못 한다니까."(장기철, 앞의 책, 268쪽.)
[****] 잠시 동안 친구였던 메이메이가 샤오우에게 노래를 부르자고 여러 차례 채근하지만 그는 끝내 부르지 못한다. 샤오우는 단 한 번, 아무도 없는 공중목욕탕에서 혼자 노래를 불러 보긴 한다. 음정도 박자도 잘 맞지 않는 노래를 부른다. 그것은 마치 아Q가 죽기 직전에 한 번 노래를 부르려고 시도하는 것처럼 그들에게 노래가 얼마나 어울리지 않는 것임을, 평소에 노래가 그들과는 무연한 것이었음을 역설적으로 보여 주고 있다.

2장 산시성 '고향삼부곡' 리얼리즘

샤오우를 호송하던 경찰이 잠시 자신의 일을 보러 가기 위해 수
갑 채운 샤오우를 길가 전봇대의 버팀 쇠막대에 개처럼 묶어 둔다화
보 사진 3(98쪽). 샤오우는 다른 사람들의 시선을 의식하며 몹시 궁색
하게 쪼그려 앉는다. 점점 모여드는 구경꾼들, 그리고 영화는 끝난
다. 샤오우의 쪼그려 앉은 마지막 자세에 대해 어떤 이는 "쪼그려 앉
는다는 것은 언제든" 일어설 "움직임을 준비하는 전조"라고 하는
매우 긍정적이고 희망적인 해석을 내리고 있기도 하지만,유경철, 「지아
장커의 〈샤오우〉 읽기―현실과 욕망의 '격차'에 관하여」, 219쪽. 그를 둘러싼 암담
한 현실은 어디에도 희망이 보이지 않는다. 적어도 영상 속 현실은
섣부른 희망을 갖지 못하도록 철저하고 냉정하게 묘사된다. 범법자
와의 전면 전쟁을 선포하고 나선 국가의 권력은 이 작은 읍에도 서
슬 퍼렇게 집행되고 있고, 소위 이러한 '사회정화운동'도 잘 이해하
지 못하고 있는 샨투와 같은 제2의 샤오우들은 여전히 소매치기를
할 것으로 보인다. 4년 만에 다시 법망에 걸려든 샤오우에게는 아마
도 긴 수형 생활이 기다릴 것으로 예상된다. 영화는 곳곳에서 총살
의 소식을 전한다. 〈플랫폼〉에서는 인혈을 먹는 사람의 이야기도 나
온다. "바이주白豬라는 사람이 남문에서 총살을 당했는데……구경
꾼들이 엄청나게 많았나 봐……근데 아직도 뇌수를 찍어 먹는 사
람이 있더래."(장루이쥐안張瑞娟) "토할 것 같아. 말하지 마."(중펑) 이
런 음산한 풍경은 루쉰의 단편소설 「약」藥에 나오는, 사형당한 사람
의 피에 만두를 적셔 먹던 우매한 민중이 100년을 가로질러 이 〈플
랫폼〉에서 두 소녀의 대화로 재등장하는 듯한 환각을 일으킨다. 지
아장커의 '고향삼부곡' 곳곳에는 루쉰 문학세계가 일구어 놓은 정
신 가치와 미학의 형식이 때로는 인물들의 실루엣으로, 때로는 서

사 줄거리의 배경으로 어른거린다. 아Q가 그러했듯 샤오우 역시 살아갈 길이 없다.

〈임소요〉는 〈플랫폼〉보다 시대 배경이 20여 년을 지나 시작하고 있지만 크게 달라진 것이 없는 듯하다. 주인공 중 하나인 1982년생 샤오지小濟의 꿈은 은행을 터는 것이지만 그 목적은 소박하다 못해 서글프다. "미국은 천지가 돈이래. 내가 미국에 태어났다면 돈을 훔쳐 VCD도 보고 미국영화도 보고 식당에서 밥도 먹을 수 있을 텐데"가 고작이다. 샤오지와 빈빈의 어설프기 그지없는 은행털이는 불발로 끝나고 빈빈은 잡히고 샤오지는 도망을 친다. 이들의 소박한 꿈과 범법 행위, 비극적인 결말은 보는 이에게 아무런 미학적 카타르시스를 주지 못한다. 샤오우, 빈빈, 샤오지의 비극은 숭고한 비극도 아니며, 처절한 비극도 아니다. 이러한 표현이 가능하다면 그것은 아주 '불편한 비극'이다. 순수하나 무능하고 무지한, 그러나 그 무지와 무능이 그의 책임이랄 수는 없는, 그러한 주인공이 겪을 수밖에 없는 비극 아닌 비극. 그래서 그들을 취조하는 경찰의 진지함은 코믹하다. 시대를 앞서가는 위대한 인격이 시대의 압박을 받아 무너져 내릴 때 오는 거대한 양의 슬픈 감정과 숭고한 정서가 고전적 비극의 그것이라고 한다면, 지아장커가 만들어 내는 이 비극은 바닥 모를 '허무함'을 동반하는 불편한 비극이다.

3. 사실의 준열성과 로컬 리얼리티

사실의 준열성(峻烈性)

리얼리즘 서사에서 가장 중요한 요건은 일관된 서사와 그 서사의 중심에 선 전형典型 인물이라 하겠다. 전형 인물이 얼마나 리얼한 전형성을 획득하느냐에 그 작품의 성패가 달려 있기 때문에 전형성을 성취하기 위한 치밀한 서사 전략이 동원된다. 그 가운데 하나가 디테일이다. 인간의 삶 자체가 '세부'의 집적이고 촘촘한 '세부'가 없는 예술적 형상이란 곧바로 개념 언저리나 이념의 외피로 전락하기 십상이다.

영화 〈임소요〉는 실직한 19세 청년 궈빈빈과 그의 친구인 샤오지의 이야기다. 빈빈은 실직하여 어머니에게 시달리고 샤오지 역시 학교도 다니지 못하고, 할 수 있는 일이라고는 아무것도 없다. 그야말로 돈 없는 '가난뱅이'窮鬼(빈빈의 친구인 샤오지의 말)들이다. 영화의 첫 장면, 빈빈이 깨끗한 와이셔츠 차림에 모터사이클을 타고 시내를 가로지르며 기세 좋게 달려간다. 그러나 그가 간 곳은 기차역 대합실. 할 일 없는 그 또래 아이들이 모여들어 지저분한 당구대 위에 올라앉아 포커를 치거나 당구를 치고 하염없이 벽에 기대어 먼

곳을 바라보고 서 있다. 수많은 제2, 제3의 빈빈과 샤오지가 그곳에 모여 있는 것이다. 기차역을 나온 샤오지 역시 하염없이 서 있다. 그들은 마땅하게 갈 곳이 없다. 땅바닥에 쪼그리고 앉아 카드게임을 하는 빈빈과 샤오지의 군상들. 그 곁으로 사복 경찰관과 정복 경찰관 두 명이 공중전화기(아니면 동전교환기?)에서 돈을 훔친 것으로 보이는 소년을 현장에서 체포하여 화면을 가로질러 지나간다. 또 다른 좀도둑 제2의 '샤오우'가 잡혀가는 것이다. 그것을 물끄러미 바라보는 소년들. 그들 모두는 무언가에 목말라 있다. 돈도 필요하고, 일도 필요하고, 학교를 다닐 수 있으면 더더욱 좋겠다. 표정 없는 그들 얼굴 위로 긴 시간이 지나간다. 그래서 영화는 '지루하다'. 빈빈은 군대라도 가길 원하는 어머니의 말을 따라 입대 지원을 해보지만 (영양 결핍 때문인지) B형 간염 판정을 받는다. B형 간염은 전염성이 크기 때문에 입대 불가 판정을 받는다. 군대 들어가는 것이 영화 보는 것처럼 쉽지 않다고 말하는 빈빈 친구의 말은 이들 소년의 암담한 현실을 암시한다.

지아장커 영화가 보여 주는 디테일의 성공은 흔히 평자들이 말하듯 다큐멘터리적인 기법만의 것은 아니다.[*] 그것은 아닌 듯하면서도 주도면밀하게 편집되고 이어지는 의도된 디테일이다. 그대로 드러내 전시하듯 이어지는 지루한 디테일은, 동작과 심리가 진행되는 데 소요되는 실제의 시간까지 그대로 옮겨 놓고 있다. 이른바 롱테

---

[*] 중국 현대문학에서 보고(報告)문학의 전통과 연관시켜, 기존 보고문학의 다큐적 기법과 지아장커 영화의 다큐 기법이 지닌 차이를 소재와 당시성 각도에서 논한 조혜영, 「사실의 시인, 영화의 "민공" 지아장커가 그린 중국의 현대화」의 '2장 사실적 기법과 시적 영감의 결합'을 참조.

이크. 걸어가는 동작의 연속 시간, 바라보거나 서 있는 동작의 연속 시간은 실제의 시간처럼 영화를 보는 사람에게 그대로 볼 것이 요구된다. 관객은 '지루하게' 바라만 봐야 한다. 대단한 서사 없이 흘러가는 시간, 그것을 참아야 하는 관객, 영화의 지루함은 여기에서 나온다. 이 지루함은 감독이 보여 주고자 하는 그들 삶의 실제이고 사실(리얼리티)이다. 지아장커는 실제 삶의 진정성을 그대로 재현한다. 집약이 아닌 나열로 재현하고 있다. '사실의 준열함' 앞에 감독은 겸손하다. "문학의 준열성은 문학이 보여 주는 사실의 준열성이며, 괴로움을 무릅쓰고 보여 주는 작가적 태도의 준열성이다."[*] 삶의 복잡성과 사실의 준열함을 통찰한 예술가는 함부로 희망의 가능성을 말하지 않는다. 쓴 커피에 약간의 설탕을 가미하는 일 같은 것을 결코 하지 않는다. 그런 면에서 이 감독은 영상 제작의 기법에 있어서 얼마나 진지하고 또 얼마나 잔인한지, 그러나 그 내밀하게 목적하는 바에 있어서는 또 얼마나 따뜻한 사람인지를 느끼게 만든다.

빈빈과 샤오지는 〈플랫폼〉의 추이밍량, 〈샤오우〉의 샤오우와 함께, 사실의 준열함과 엄정하게 요구되는 영상의 시간성에 의해 도달한 또 하나의 전형 인물이다. 그것은 한 지역, 한 집단, 한 계층의 전형성을 드러낸다는 점에 있어서 결코 간과할 수 없는 소중한 리얼리티를 획득하고 있다. 지아장커의 이러한 영화문법은 루쉰의

---

[*] "고전은 …… 우리가 지금까지 깨닫지 못하고 있던 것, 보고 싶어 하지 않았던 것, 무서운 것, 피하고 싶은 것에다 우리의 시선을 잡아끄는 마력이 있는 것이다. 그런 의미에서 문학은 일종의 준열성(峻烈性)을 띤다. …… 작가에 따라 이 '보여 줌'의 준열성이 강하기도 하고 부드럽기도 하다. …… 문학의 준열성은 문학이 보여 주는 사실의 준열성이며, 괴로움을 무릅쓰고 보여 주는 작가적 태도의 준열성이다."(이상섭, 「사실의 준열함과 문학」, 『말의 질서』, 서울:민음사, 1976, 19~20쪽.)

문학창작방법이 도달한 모종의 리얼리즘 정신을 미학적 동질선상에서 연상케 만든다. 이에 대해서는 7장 5절과 8장에서 다시 논하기로 한다.

로컬 리얼리티

2005년 여름, 필자는 간쑤성甘肅省 란저우蘭州를 거쳐 둔황敦煌으로, 둔황에서 다시 기차를 타고 투루판吐魯番, 우루무치烏魯木齊로의 긴 여행을 했다. 그 과정에서 영화 속에서 본 산시성의 작은 도시 펀양 혹은 다퉁과 같은 소도시의 황량함을 여러 곳에서 목도했다. 란저우는 펀양에서 직선으로 서쪽에 위치해 있고 간쑤성의 성도이며 교통의 중심지이다. 둔황으로 가려면 이곳에서 비행기를 갈아타야만 한다. 끝없이 이어지는 첩첩의 민둥산, 거대한 바위산, 풀 한 포기 없는 사막과 같은 들판을 달리다가 그 한가운데 듬성듬성 나무 몇 그루가 나타나기 시작하면 그런 곳에는 영락없이 작은 마을, 작은 시가지가 형성되어 있었다. 란저우에서 태어나 그곳에서 학교를 다니고 거기서 공장을 다니다가 월급 택시운전사를 하고 있는 리우시린劉西林의 말로는, 기차가 다녀도 기차를 타 보거나 다른 도시로 여행을 하지 않은 사람이 거의 대부분이라고 했다. 〈플랫폼〉에서 기차를 향해 뛰어가는 젊은이들을 우리는 이미 앞에서 보았다. 란저우에는 하루에도 몇 차례씩 비행기가 뜨고 내리지만 자기 역시 평생 비행기를 타 본 적이 없다고 했다. 그는 가정을 가진 50세 전후의 중년 남성이다. 신자유주의의 주변부의 주변부, 그리고 다시 그것의 주변인 로컬 공간과 그곳에 사는 사람들. 그들의 의사와 무관하게 들어와 있는 자본주의적인 삶의 방식은, 〈임소요〉에서 보이는 것처럼 아직 이들에게 아득한 다른 세계의 일인 것이다.

필자는 당시 그곳들을 지나가면서 계속, 중심과 주변, 주변의 주변, 그리고 그곳에 사는 사람들의 열악한 생존 환경, 그 불평등의 이유를 설명해 낼 수 없는 데서 오는 미묘한 감정의 일렁임과 불편함을 느꼈다. 그 불편함은 주변에서 주변부를 바라보는, 오래전 '사회 총체성' 인식을 무망함으로 받아들인 한 문학 연구자로서의 필자가, 명료하게 분석되지 않고 설명할 수도 없는 거대한 텍스트 앞에서 느끼는 답답함과 같은 것이었다. 거대한 텍스트로서의 중국과 13억 인구, 그 다양한 삶의 결들과 격차를 어떻게 인식해 들어갈 수 있는가 하는 데서 오는 무력감 같은 것이었다. 그런데 지아장커 작품이 보여 준 디테일의 진실성은 중국이라는 거대한 텍스트의 숨겨진 이면의 진실성을 오롯하게 보여 주고 있는 것이다.

〈임소요〉(시대 배경 2001년)의 여자 주인공 자오차오차오趙巧巧(1980년생)는 빈빈, 샤오지(1982년생)보다 형편이 좀 나은 듯 보이지만 사실은 그렇지 못하다. 그녀는 극단 '몽고왕주공장'蒙古王酒廠에 소속된 배우 겸 댄서다. 이름이 좋아 극단이지 기실은 '몽고왕주' 술 공장의 이동식 판촉 광고단이다. 이 극단의 중요한 정신이 고작 '몽고왕주를 마시는 것'이란 점이 그것을 보여 준다. 이동식 간이 무대 위에 올라가 춤을 추고 좁은 차량 속에서 대기해야만 한다. 차오차오는 임금도 제대로 받지 못하는 싸구려 무희로, 극단주인 차오싼喬三의 손아귀 안에서 벗어나지 못하고 있다. 그래서 그녀는 끊임없이 담배를 피우며 초조한 모습으로 등장한다. 빈빈의 데이트 상대는 고등학교 여학생이다. 그들이 만나는 장소는 작은 TV와 소파가 있는 비디오방이다. 그녀는 빈빈에게 중국의 WTO 가입을 이야기하고 국제무역을 공부하러 베이징에 갈 예정이라고 말한다. 둘은 만나도 많은 말을 하지 않는다. 무뚝뚝하게 손을 잡고 노래를 따라 부르거나 멀거니 영화를 본다. 빈빈은 WTO 같은 거 신경 쓸 필요가 없다, 〈손오공〉을 보는 것이 더 좋다, 손오공은 엄마 아빠도 없고, 간섭하는 사람도 없으니 얼마나 자유로운가, 라고 말한다. 추이밍량, 샤오우처럼 아버지로부터의 자유를 꿈꾸지만 그에게도 아직은 출로가 없다. 입대조차 무망하자 친구로부터 돈을 빌려 길가에서 복제된 영화 DVD 판매를 시작한다. 장사는 시원치 않다. 약간의 돈을 마련한 그는 베이징으로 갈 여자 친구에게 모토롤라 핸드폰을 선물한다. 한편 마침내 차오차오와 사귀게 된 샤오지는 차오차오가 그려 준 나비를 가슴에 붙이고 있다. 장자莊子의 '소요유'逍遙遊를 꿈꾸는 샤오지와 차오차오. 그들의 출구 없는 일상을 보여 주면서 지아장커는 먼지 날리는 다퉁의 갖가지 모습과 시골 읍내 풍경의 물질성을 렌즈로 훑고 지나간다.

어수선한 극단 내부의 모습, 야외무대 주변의 밋밋한 풍광, 부서진 벽돌 더미가 길가에 가득 방치된 폐허 같은 거리, 공동으로 티브이를 관람하는 마을 공터와 천막 안의 간이 당구대, 좁은 이발관과 안마하는 밀실, 폭발 사고와 병원 응급실, 은행 창구, 농지 한가운데 들어선 아파트, 주거 지역보다 높게 건설된 도로와 황량한 주변 풍광, 경찰서 내부의 정경, 송전 전신주와 건설 중인 2차선 고속도로, 모래벌판에 뚝 끊겨 있는 도로의 모습 등등은 다퉁의 주변성과 이곳이 벽지임을 암시하는 갖가지 정경들이다. 이런 공간의 디테일은 티브이 뉴스를 통해 전달되는 외지의 소식과 함께 대조적인 시간성과 공간성을 획득한다. 톈안먼天安門 광장에서 분신자살하는 파룬궁法輪功 신도의 참상, 미국 비행기의 중국 대사관 침공, 2008년 올림픽 개최지로 베이징이 선정됐음을 발표하는 사마란치 IOC 위원장. 먼 세계의 뉴스들은 열악한 다퉁의 지방성을 도드라지게 드러내는 사진과 배경음으로 처리된다. '올림픽 개최지는 베이징'이라는 뉴스에 환호하는 다퉁 사람들과는 무연하게 아무 느낌 없이 그것을 바라보고 있는 빈빈과 샤오지. 영화는 WTO, 톈안먼 광장, 올림픽 개최 등 그들 삶에서 아득히 멀리 떨어져 있는 '외계'의 사건을 병치시킴으로써 지방에 위치한 펀양이란 공간의 어떤 진실성을 도드라지게 드러낸다. 마치 "감독은 중국의 개혁·개방 정책이 이끈 근대화가 이런 지역에서 실패했음을 보여 주려고 한" 것으로 보인다.'중국영화포럼', 숭실대, 2006. 3. 10. 토론.

지아장커는 치밀한 미시서사와 장면 배치를 통해 국가권력, 시장경제, 번영 신화가 지닌 허구성과 주변부로서의 지역의 열악한 생존 환경을 대조적으로 드러내고 있다. 그런 점에서 그의 영화는 건강한 리얼리즘이 기도하는 반영의 미덕 아래 있다. 로컬적 진실성, 부분적 진실성에 대한 인식 없는 '사회 총체성' 인식은 거짓이거나 허상이다. 신자본주의의 주변부, 그 주변부의 주변부 인생살이의 고충과 고단함은 지아장커 영화의 로컬적 진실성을 통해 중심을 향해 발언하고 있다. 그 무언의 발언이 암시하고자 하는 강력한 메시지는 리얼리즘 정신의 궁극과 잇닿아 있었다.

4. 허무 리얼리즘

1980년대 한국 사회 논단에서 리얼리즘을 이야기할 때는 그것이 창작방법론으로서의 리얼리즘인가, 아니면 정신·세계관으로서의 리얼리즘인가, 라고 하는 고전적인 논쟁을 하곤 했으며 그 둘을 아우르는 이념형으로서의 미학적 테제를 지칭하는 것으로 확장하여 논하기도 했다. 이 해묵은 논쟁으로 리얼리즘이라는 기표^{記表, Signifiant,} _{Signifier}가 수없이 확산되는 기의^{記意, Signifie, Signifield}를 향해 한없이 확장 혹은 미끄러져 갔고 그 과정에서 리얼리즘은 낭만주의와도 만나고 상징주의와도 교차하며 모더니즘과도 포옹했다. 그러나 종적을 잡기 어려웠던 기의를 좇아가는 모든 과정은 언제나 '사회 총체성'에 대한 인식을 지향하는 궁극적·철학적 묵계를 그 전제로 하고 있었다. 미국식 삶의 패턴이 전 지구적으로 관철된 목하의 우리 세계는 소위 '포스트 모던'의 시대이며 '포스트 식민주의'의 시대이다. 모던과 식민의 시대를 극복의 대상으로 비판하고 반성하고 있으며, 근대 비판과 더불어 '총체성 신화'에 대한 비판과 리얼리즘 유일원칙에 대한 비판 역시 '어느 정도' 충분하게 이루어진 것으로 보인다. 인간 이성의 무한한 인식 능력과 과학의 무한한 발전에 대한 믿음에 뿌리를 둔 '사회 총체성' 인식은 근대적 이성주의에 대한 비판,

과학 만능주의에 대한 비판, 발전사관에 대한 비판과 더불어 더욱
더 복잡다단해지는 21세기적 삶과 함께 이제는 거론하는 것조차 의
혹의 눈길을 받기 십상이다.

그런데 중국의 6세대 영화들을 보고 있노라면 그 기표와 기의
에 대한 어지러움과 아득함이 다시 살아난다. 영화비평 논자들은
그들이, 그들 선배인 5세대 감독들이 고수했던 민족우언民族寓言의
거대서사에서 개인의 삶에 대한 미시서사로 이주해 갔고, 그 가운
데서도 특히 도시민의 일상서사로 옮아갔다고 말한다. 또 파편화되
고 고립된 현대 인간의 삶과 그 내면을 포스트 모던한 기법으로 효
과적으로 포착하고 있다고 평가하기도 한다. 왜소한 인물이 현실에
서 겪는 고뇌와 억압, 좌절을 그리고 있다고 평하기도 한다. 그런 평
가가 정말 그러한지, 그것만이 다인지 하는 의문이 들기도 하고, 거
대서사와 미시서사는 서로 건널 수 없는 강을 사이에 둔, 서로 다른
영역의 일인가, 총체성을 배경으로 한 리얼리즘론은 이제 거론조차
불순한 의도를 드러내는, 시대에 역행하는 '정치경제학적' 테제인
가 하는 생각이 든다. 지아장커의 영화를 보면서 내내 드는 생각이
다. 그는 왜 저렇게 재미없는 이야기를 마땅히(?) 재밌어야 할 영화
장르를 통해, 저리도 지루하게 보여 주려 애쓰는 것일까? 이 장에서
는 지아장커의 '고향삼부곡'을 보면서 든 이런 생각을 〈임소요〉를
중심으로 리얼리즘과 연관해 생각해 보고자 한다.

우리는 그간 리얼리즘 앞에 많은 수식어를 붙여 왔다. 비판적
리얼리즘, 혁명적 리얼리즘, 사회주의 리얼리즘에서부터 마술적 리
얼리즘에 이르기까지. 지아장커가 〈샤오우〉, 〈플랫폼〉, 〈임소요〉를
통해 보여 주는 영상세계를 리얼리즘의 범주에서 논한다고 할 때,

그 앞에 붙일 수 있는 수식어는 무엇이 될 수 있을까? 그것은 지아장커 영화가 도달한 궁극의 예술 경지를 총섭하는 것일 수도 있고 궁극에 도달하는 서사 경로와 서사 장치의 성격과 관계하는 미적 장치일 수도 있다. 필자는 그것을 잠정적으로 '허무'로 부르고 싶다. 허무란, 무상하게 변화하고 있는 세계의 어떤 진실이기도 하지만 인간 감성 영역의 한 범주이기도 하다. 허무는 도처에 편재하되 허무에 마음을 내어주지 않는다면 어디에도 부재한다. 허무는 궁극의 의미일 수도 있으되 동시에 무위無爲를 향한 출발 지점이기도 하다. 세계와 존재의 '허무'에 대해 철저하게 '공부'해야만, 혹은 철저하게 깨달아야만 우리는 변화무쌍한 무상無常의 세계에서 진리의 세계인 유상有常의 세계로 건너갈 수가 있다. 그러한 길을 제시하고자 하고 있는 것이 불교적 가르침이기도 하다. 지아장커 영화의 인물들은 모두 허망함에 갇혀 있다. 타는 듯한 갈증과 욕망이 있되 잘 드러나 보이질 않는다. 감독은 드러냄에 추호의 과장도 기교도 불허한다. 위에서 말한바 그것은 그의 리얼리즘 전략이다. 갈증은 있되 해갈의 방법은 보이지 않고 욕망은 저 아래서 비등한데 해소의 출로는 막혀 있다. 영상이 보여 주는 그 도저한 무기력함의 간극 곳곳에서 허무가 자란다.

발성법도 틀리고 음치인 듯한 소년이, 가곡의 아리아를 정열적으로 모창한다. 보는 이도 듣는 이도 하나 없다. 그가 노래하는 곳은 허름하기 그지없는 공공장소다. 욕망과 실제의 무기력한 간극. 차라리 군대나 가라고, 나에게서 멀리멀리 가 버리라고 악쓰듯 말하는 엄마와 힘없이 서 있는 실업자 아들, 서로 반대방향으로 걸어가는 모자의 등 뒤로 쏟아지는 정오의 뙤약볕, 그 망망한 마을의 공터, 계속 벌어지는 모자의 아득한 간극화보 사진 4(98쪽). 그 간극에서 보이는 허무함. DVD도 보고 미국영화도 보고 레스토랑에서 식사도 하고 싶은, 그래서 은행을 털고 싶은 샤오지의 순진한 욕망과 왜소하다 못해 거의 뼈만 남은 앙상한 몸매, 순수한 그 소년의 욕망과 몸의 어설픔이 주는 간극. 베이징으로 떠나기 전, 키스해 달라는 소녀의 마지막 부끄러운 요청에도 불구하고 남루한 대합실 의자에 바보처럼 가만히 앉아 있어야만 했던 빈빈. 빈빈은 자신의 폐병이 소녀에게 옮을까 봐 자제하고 있었던 것이다. 사랑의 욕망과 순수하고도 슬픈 자세의 간극. 무력하게 앉아 있는 빈빈의 주위를 말없이 자전거로 몇 차례 빙빙 돌다 사라지는 소녀와 그 소녀의 뒤를 좇던 빈빈의 다급한 시선이 머무는 곳에 쏟아져 내리던 찬란한 대낮의 태양빛. 그들의 아득한 간극. 소녀와 헤어진 빈빈이 허름한 안마소를 찾아가 안마사의 무릎을 베고 자신의 몸을 쪼그려 눕히고는 눈을 감는다. 안마사가 묻는다. "편안하니?" 빈빈의 답. "편안하다." 편안하다는 언표와 편치 않을 빈빈의 속내를 보아 버린 관객의 곤혹감. 그 수많은 간극에서 피어오르는 허무의 감정화보 사진 5(99쪽).

수없이 샤오지를 핍박하였던 차오싼(차오차오의 애인)이 교통사고로 사망했다는 소식을 듣고 빈빈과 샤오지가 나누는 대화. "그 사람 아마 서른여섯 일곱 살이었을 거야. 악비岳飛는 서른넷에 죽었대. 많이 살면 뭐해." "……." 죽은 이에 대한 미움과 죽음에 대한 보편 감정으로서의 애도에서 보이는, 어린 소년들의 순정과 뒤틀림의 모순적 간극. 빈빈과 샤오지가 은행털이를 결심하고 사제 폭탄을 줄줄이 목에 걸어 헐렁한 웃옷 속에 감추고는 서로 상대방을 점검하는 장면화보 사진 6(99쪽). 은행털이범으로서 폭탄은 그럴듯한데 사람은 그럴듯하지 않다고 서로 말하는 그들. 서양 갱영화를 모방·복제한 순진성과 아득한 성공 가능성의 괴리감. 비극적이라기보다는 희극적인 괴리감 혹은 희극적이라기보다는 너무나 슬픈 비애가 주는 간극. 마침내 수갑을 찬 빈빈은 부동 자세로 경찰서 구석에 서서 심문을 받는다. 그리고 수사를 맡은 경찰의 강압에 못 이겨 그는 노래를 해야 한다. 그에게 노래나 한 곡 뽑으라고 명령하는 경찰에게 그는 인격도 없고 무시해도 되는 동네 좀도둑일 뿐. 그런데도 그의 얼굴에는 분노도 비애도 없다. 그저 도저하게 선량하고도 순한 눈매와 입매를 가진 청년일 뿐. 수갑 차고 노래하는 순간에도 그는 세속의 때라고는 묻지 않은 듯한 '보드라운' 표정이다. 그 노래는 여자 친구와 비디오방에서 같이 불렀던 것이다. 그가 부른 노래 '푸른 하늘이 미워'의 가사는 이렇다. "슬퍼도 괜찮아. 후회해도 괜찮아. 힘들어도 괜찮아. 피곤해도 괜찮아. 영웅은 빈천한 출신을 부끄러워하지 않네. …… 바람 따라 표표히 천지를 소요하고파. …… 슬퍼도 괜찮아. 후회해도 괜찮아. 힘들어도 괜찮아. 피곤해도 괜찮아." 괜찮고자 애써 노력하는 소년의 불행과 결코 괜찮지 않은 현실의 간극. 슬프고 피곤하고 힘겨운 현실과 애처로운 의지의 아득한 간극. 그 도저한 무기력함의 간극에서 허무가 무럭무럭 피어오른다.

경찰서에서 빈빈이 부른 마지막 노래는 처량함과 비애를 넘어 무언가 그 양을 측정할 수 없는 짙은 허무를 안겨 준다. 그 허무는 발 아래로 무너져 내리는 허무가 아니라, 그를 둘러싸고 있는 어떤 조건들에 대한 방향 없는 분노, 안개 같은 분노를 동반한다. 허무함과 무상함에 대한 절절한 감정은 절절한 깨달음으로 연결될 수 있고, 그것은 삶과 실천으로의 강한 복귀 의지로 전환되기도 한다. 20

세기 초 위대한 계몽주의자들인 중국 루쉰이 그러했고 조선의 한용운이 그러했으며, 사르트르가 그러했고 카뮈가 그러했다. 그것을 우리가 '허무의 힘'이라고 부를 수 있다면, 〈임소요〉의 빈빈과 샤오지는 물론, 〈플랫폼〉과 〈샤오우〉의 추이밍량과 샤오우들은 이 허무의 힘으로 언젠가 과연 늪과 같은 '편양'적 현실에서 일어설 수 있을 것인가? 그러나 혹시, 그들을 찍는 감독과 그들을 읽고 있는 필자나 관객은 허무를 느끼고 있는데, 수갑을 찬 채 노래하고 있는 그 빈빈은 허무를 느끼기 이전의 상태, 너무나 순진무구해서 바보스럽기까지 한 미몽의 세계에 아직도 놓여 있는 것은 아닌가? 마치 100년 전의 아Q처럼. '편양'적인 공간에서 이제 순수함은 미덕이 아니라 불행의 원천인 것을 그들은 아직 깨닫지도 못하고 있는 것은 아닌가 하는 생각이 드는 것은 어쩔 수 없다.

필자가 보기에 지아장커의 '고향삼부곡'이 보여 준 영화 창작 방법은 주도면밀하게 짜인 것으로서 리얼리즘의 원리에 충실하면서도 그 최종적 정취에 있어서는 '허무'의 미학에 도달하고 있는 것이다. 혹은 '허무'의 미학에 갇혀 있다고 말할 수도 있겠다. 그것은 감독이 의도한 것이든 의도한 것이 아니든 관계가 없다. 리얼리즘의 숭고한 정신에, 현실 재현에 충실한 그의 독특한 영상 기법이 만들어 낸 예술적 성취다.

"문학의 준열성을 참아 낼 수 있는 시대에는 위대한 작가 못지 않은 위대한 독자층이" 있었다.이상섭, 『말의 질서』, 22쪽. 마찬가지로, 불편한 영화가 보여 주는 준열하고도 엄연한 '사실'은 그것을 참아 낼 수 있는 위대한 관객을 기다리고 있는지도 모른다. 이름 없는 한 인간의 비애와 허무, 그 삶의 지리멸렬함에 다가가기 위한 독법의 요건으로서 관객의 인내와 함께 '재미가 주는 쾌락'의 반납이 요구된다. 우리들은 너무 오랫동안 쾌락과 즐거움에 길들여져 왔다. 그것이 감동을 주는 한 비통과 고통 역시 쾌락의 한 원천이었다. 지아장커는 우리에게 불편함과 인내와 집요한 시선을 요구한다. 그리고 서서히 우리가 살고 있는 이 세계, 국가와 권력, 발전 이데올로기와 시장경제라는, 누구도 의심치 않는, 혹은 일단 의심을 하였더라도 필요악이라고 쉬이 인정해 버렸던, 그러한 이데올로기 속에 던져진 현대인의 삶과 그것이 지닌 비인간적 실상을 여지없이 드러내 보여준다. 이 주류의 대열에서 뒤처져 저 뒤에 낙오된 '샤오우'들을 통해서 말이다.

지아장커가 비록, '나는 영화를 통해 낙후된 것으로 보이는 것을 바꾼다든가 혹은 전복시킨다는 생각을 한 적이 없다, 나는 무엇을 반대하면 무엇이 될 수 있다는 생각을 계속 경계해 왔다, 우리가 어떻다는 것을 증명하기 위해 영화를 찍는 것이 아니며, 단지 관심 있는 것을 찾아 찍으면 그만이다'장기철, 『지아장커, 중국 영화의 미래』, 79쪽라고 말하고 있지만, 그의 의도와 상관없이 그에게 있어서 영화는 삶의 진실을 폭로하는 무기이자 예술이 되었다. 그것은 사실의 준열함 앞에 겸허한 작가적 정신과 그 준열함을 회피하지 않고 응시하려는 용감한 정신, 숨기지 않고 그대로 드러내려는 영상문법에 의해 가능한 것이다. 보다 더 근본적으로는 그러한 소재가 있는 곳을 찾아가 그 소재를 발굴하고 그 소재를 정직하게 대면하고 조심스럽게 취사선택하여 렌즈라는 프레임 안에 조심스럽게 담으려는 감독의 윤리적 태도가 이루어 낸 '리얼리즘의 승리'라고 볼 수 있다. 거대 중국의 이면에 가려진 민중의 삶을 적나라하게 드러내고 있다.

그런 의미에서 "오늘날의 영화가 특수한 경우에는 사회적 상황, 심지어는 소유 질서에 대한 혁명적인 비판을 촉진할 수 있다는 것을 부인하지 않는다"고 한 발터 벤야민의 말은 여전히 강력하게 시사하는 바가 있다.신기섭, 「'영화'도 아닌 것의 운명」, 『한겨레』(2006. 4. 26.)에서 재인용.

3장

세계, 수몰 지구의

리얼리즘

오래전 중국 공영방송 CCTV에서 제작하여 방영한 '대국굴기'大國崛起 시리즈물은 근세 500년간 세계를 지배했던 서양 강대국 아홉 개 나라에 대해, 그들이 걸었던 강국으로의 길과 국가 경영의 방법을 역사·문화적으로 정리하여 집중 조명하였다. 한국 EBS에서 재방영된 것을 보았는데 실로 '감동적'이었다. 거친 삶의 조건을 극복하기 위해 허술한 지도와 배를 만들어 산을 넘고 바다로 나아간 사람들, 귀족과 황제 중심의 무질서한 사회 질서를 바로잡기 위해 새로운 법과 제도를 창안하고 사회 시스템을 만들어 간 사람들, 편안한 잠과 자유로운 삶, 그리고 보국과 보종保種을 위해 피 흘리며 싸우고 죽어간 수많은 사람들이 거기에 있었다. 그것은 처절한 인류 발전의 역사이기도 했다. 인간 승리의 그 무엇이 감동으로 다가왔고, 쾌적하고 편리한 현 인류의 삶을 가능하게 해준, 세계 각 지역에서 시도된 각종 지혜와 기술의 발전을 생각하니, 우리가 그들에게 많은 빛을 지고 있다는 생각이 들었다.

그런데, 한편으로는 대국이 굴기하는 과정의 말발굽 아래 스러져 간 '약소' 국가와 '약소' 민족, '약소'한 인간들과 대국이 되는 길에 존재하였던 엄청난 폭력과 비인간적인 만행들은 대국굴기라는 빙산을 떠받치고 있는 보이지 않는 비극의 무게로 남아 필자에게 침중하게 다가왔다. 거기에는 국가와 민족만 있고 개인은 없었으며, 발전과 확장, 성장만 있되 그늘과 소외는 전혀 고려되지 못했다. 그 도도한 발전 메커니즘과 성공과 업적, 그것에만 초점을 맞춘 제작자들의 철학과 인식의 편협함이 참으로 놀랍고 불쾌하기조차 했다. 미국이 침략과 약탈에 기반했던 자신들의 건국 역사와 선조들의 과거사를 반성할 줄 모르듯, 중국은 민족주의와 국가주의, 중화대국주

의에 대해 좀처럼 반성할 줄 모른다.사카모토 히로코,『중국 민족주의의 신화』,
양일모 외 옮김, 서울:지식의풍경, 2006, 16쪽. 자국의 역사를 대상화한 경험이
없는 나라가 지구의 저편에서 20세기 세계를 좌지우지하였으며, 국
가와 민족을 대상화하여 반성과 성찰을 한 바 없는 중국이 근거리
에서 대국으로의 굴기를 준비하고 있는 중이다. 중국은 목하 '조화
사회론'和諧社會論을 말하고 있지만 그것은 경제 성장 상승 국면에 나
온 정치이데올로기이거나 고도의 외교술에 불과한 것처럼 보일 뿐
이다.

　　이러한 중국의 '대국굴기' 욕망 다른 한편에 지아장커 영화감
독이 자리하고 있다. 그는 집요하게 개인의 삶과 애환, 그들의 상처
에 주목하고 있다. 그 개인도 화려하고 잘나가는 개인이 아니라 가
난하고 천대받는 외로운 개인이다. 하층에 자리한Sub, 사회로부터
소외받고 있는altern 하층 타자Subaltern들이다. 그들은 자기 몸 하나에
의지하여 세상을 살아가야 하기 때문에 위태롭고 고독하고 불안하
다. 힘든 노동으로 몸의 일부가 잘려 나가거나 사고로 죽거나 아니
면 자살하기에 이른다. 혹은 조금 더 주는 빵을 찾아 유랑의 길에 올
라야만 한다. 그들은 개인으로서 '굴기'하기는커녕 최소한의 인간
다운 삶을 사는 일조차 버겁다. 중국 하층에 폭넓게 자리한 이들 삶
의 현장을 찾아가서 한 개인의 곤고한 어깨에 카메라를 대는 영화
감독 지아장커와 그의 영화 윤리는 필자에게, '대국굴기'의 얼굴을
한 중국의 반대편에서 무겁고도 힘겨운 저울추의 균형자 노릇을 하
려 하고 있는 듯 보였다. 이제 지아장커의 영화는 중국을 이해할 수
있는 "특수한 방식과 특수한 길"이 되었다.李陀·崔衛平·賈樟柯·西川·歐陽江
河·王暉 대담자료.「〈三峽好人〉:故里, 變遷與賈樟柯的現實主義」,『讀書』, 北京:三聯書店,

2007, 2월호, 9쪽.(이하 이 논문 인용시 『讀書』로 약칭함.) 현 중국의 현실을 이해하고 관찰하고 논하는 과정에서 그의 영화는 이제 하나의 정직한 거울이 되고 있다. 지아장커는 산시의 작은 도시를 주무대로 삼았던 초기 영화 '고향삼부곡' 이후, 〈세계〉와 〈스틸 라이프〉*를 통해 새로운 세계상과 새로운 삶의 현장을 우리에게 보여 주고 있다. 3장에서는 〈세계〉와 〈스틸 라이프〉를 통해 지아장커 영화의 리얼리즘이 도달한 하층 인민의 삶과 영상 윤리, 그 미학적 성취를 분석해 보고자 한다. 1절에서는 주로 영화 〈세계〉를 중심으로 열악한 도시 노동의 현장과 하층노동자의 삶에 대해 살펴보고 2, 3, 4절에서는 〈스틸 라이프〉를 중심으로, 쌴샤 수몰 지구의 유랑하는 노동자의 삶과 일상의 의미를 분석하고자 한다. 5절에서는 두 편의 영화를 통해 지아장커 영화가 도달한 노동미학의 예술적 성취 가운데 몇 가지 특성에 대해 정리해 보고자 한다.

---

* 중국어 제목은 '三峽好人'(삼협호인)이고 영문제목은 'Still Life'이다. 이 책에서는 한국에서 개봉된 제목인 '스틸 라이프'로 표기한다. '三峽好人'은 번역하면 '쌴샤의 착한 사람', '쌴샤의 호인'이다. 진정한 의미에서의 '호인'(好人)은 무엇을 의미하는가에 대한 상세한 논의는 『讀書』, 28쪽을 참고.

1. '로컬 외부'와 노동자의 죽음

필자는 몇 개의 글에서 제목의 부제로 '~에서 ~으로'를 종종 쓰곤 하였다. 베이징 도시 연구에서는 '사막에서 모래도시로', 상하이 도시 연구에서는 '식민지 시대에서 탈식민지의 시대로', 그리고 지아장커의 고향삼부곡에 대한 글에서는 '웨이좡末莊에서 펀양으로' 등이 그것이다.** 도시에서의 인간 삶 혹은 지아장커의 인물을 현실의 변화 추이 속에서 고찰하고자 했기 때문이다. 모든 것은 변하고 있고 우리의 삶 역시 그 변화 속에 함께 흐르고 있다. 세상의 모든 변화를 동시에 읽을 수 없는 것이니만큼 어디에 초점을 맞추어 그것을 읽을 것인가 하는 문제가, 혹은 변화의 중심에 '누가' 존재하는가의 문제가 중요하다. 이는 관점에 따라 논자에 따라 다를 것이다. 지아장커가 세상의 변화를 읽어 내는 중심에는 늘 하층 젊은이와 하

** 「베이징의 근대화와 기층민의 삶―'사막'에서 '모래도시'로」, 『중국 대도시의 발전과 도시인의 삶: 베이징의 사례』, 오산:한신대학교출판부, 2004./「식민지 상하이에서 탈식민지 상하이로 : 비주류, 여성」, 『현대도시 상하이의 발전과 상하이인의 삶』, 오산:한신대학교출판부, 2006./「웨이좡에서 펀양까지(從'末莊'到'汾陽')―論賈樟柯的'故鄕三部曲'」(『杭州師範大學學報社會科學版』, 杭州:杭州師範大學, 2007, 제29권 제1기)에서 지아장커의 영화 '고향삼부곡'에 등장하는 시골 하층 젊은이들과 그들이 살고 있는 '펀양' 공간의 사회적 의미에 대해, 루쉰의 소설 「아Q정전」에 등장하는 아Q와 아Q가 살았던 마을인 웨이좡과 비교·분석하였다.

3장 세계, 수물 지구의 리얼리즘

층노동자가 자리하고 있다.[*] '고향삼부곡'에 등장하는 소매치기, 방랑가극단, 어린 실직자들과 그것의 후속작인 〈세계〉의 시골 출신 청소년 노동자들, 〈스틸 라이프〉의 떠도는 하층노동자들이 그러하다.

지아장커 영화 속 인물들을 시간대 순으로 나열해 본다면, 1979년을 배경으로 한 〈플랫폼〉의 추이밍량, 장쥔, 한싼밍, 원잉과 1997년을 배경으로 한 〈샤오우〉의 샤오우와 그 친구들, 2001년의 〈임소요〉의 궈빈빈, 샤오지, 차오차오 등은 모두 산시성 다퉁과 펀양의 하층 젊은이들이며, 2004년 〈세계〉의 타이성과 타오는 베이징 도심 속에 있는, '세계'라고 하는 가상공간에서 일하고 있는, 시골에서 올라온 하층노동자들이다. 이들이 지아장커 영화의 주인공들이다. 2006년 〈스틸 라이프〉의 주인공 한싼밍은 산시에서 온 노동자이고, 선훙은 싼샤三峽에 일하러 온 어떤 노동자의 아내인데 영화는 그들을 중심으로, 댐 건설이 진행되고 있는 창장長江 싼샤 수몰 지구와 그곳의 노동자 대오를 보여 주고 있다. 이것을 다시 요약한다면, 산시성을 중심으로 하는 '고향삼부곡'과 싼샤를 중심으로 하는 〈스틸 라이프〉가 커다란 변화의 축이고 〈세계〉는 그 사이에 존재한다. 그리고 그것을 다시 '~에서 ~으로'의 화법으로 말한다면 그들의 공간 이동이 '산시에서 싼샤로' 혹은 '산시에서 베이징으로, 산시에서 싼샤로'가 될 것이다. 이것은 그들이 옮아간 지리적 공간을 말하는 것이며 동시에 감독이 하층노동자의 삶을 좇아 옮아간 촬영 장

---

[*] 왕후이(汪暉)는 지아장커 영화의 주요 주제 가운데 하나로 현 중국 사회의 '변화'를 거론하고 있다. "지아장커 영화의 주연은 변화다. 대규모적이고 집단적인 성격의 변천이다. 그 속에서 부침하고 있는 개인의 운명은 대규모적이고 집단적인 변천의 일부분일 뿐이다."(『讀書』, 20쪽.)

소의 공간 변화이기도 하다. 이것을 다시 그들 삶과 존재의 형식으로 압축하여 말한다고 하면, '정착에서 유랑으로' 혹은 '나비의 꿈에서 유랑으로'** 라고 말할 수도 있을 것이다. 영화 속 인물들을 변화 속에서 인식하고 있다는 감독의 발언을 직접 들어보자. "나는 〈임소요〉까지 사회적인 관계, 사회 안의 관계에 대해서 관심을 가졌어요. 그 사람이 사회 안에서 무엇이냐는 것이었지요. 이를테면 소매치기(〈샤오우〉), 방랑가극단(〈플랫폼〉), 어린 실직자들(〈임소요〉). 그런데 〈임소요〉를 찍던 도중에 문득 그것만으로는 충분하지 않다는 것을 깨달았어요. 무엇보다도 그 누가 아니라 현대 중국 안에서 살아가는 다양한 삶을 보여 주고 싶었습니다. …… 〈세계〉는 그러므로 변해야 했습니다. 그 변화는 중국의 변화에 대한 나의 변화입니다."*** 정성일·정우열, 「間 — 지아장커와의 대화」, 『언젠가 세상은 영화가 될 것이다』, 서울:바다출판사, 2010, 154쪽.

〈플랫폼〉의 장쥔과 추이밍량은 편양 밖으로 탈출하고 싶어 한다. 그들은 편양에서의 지리멸렬한 삶을 바꿀 수 있는 가능성이 편양을 벗어나는 것 외에는 없다고 생각한다. 잠시 광저우를 다녀온 장쥔의 편양 밖에 대한 묘사가 그러하며("번화한 세계가 정말 좋아"花

** 여기서 말하는 '나비의 꿈'은 장자의 회의론적 상대주의를 상징하고 있는 '나비의 꿈'이 아니라, 좁은 세상을 벗어나 넓은 세상으로 마음껏 날아가고 싶은 자유를 상징하는 의미로 사용되었다. '고향삼부곡' 가운데 하나인 영화 〈임소요〉에서 차오차오가 남자친구인 샤오지에게 "장자 소요유를 아느냐?"라고 묻자, 샤오지가 "모른다"고 대답하고 차오차오는 (거울에 붙인 종이에 나비 그림을 그리면서) "그 의미는 네가 하고 싶은 것을 하라는 뜻이야"라고 대답한다. 차오차오는 자기 몸에 나비를 문신처럼 그리고 다니고 차오차오를 사랑하게 된 샤오지 역시 가슴에 차오차오가 준 나비 그림을 붙이고 다닌다.
*** 정성일의 이 글에 나오는 지아장커의 말은 서울을 방문한 지아장커를 정성일이 직접 만나 나눈 대담을 옮긴 것이다.

3장 세계, 수몰 지구의 리얼리즘

花世界眞好), 장쳰 집에서 친구들과 나누는 울란바토르의 위쪽, 그 위쪽의 위쪽 세계에 대한, 고향의 밖 외부를 상상하는 대화가 그러하다. 그러나 그들은 아무도 이곳을 벗어나지 못한다. 한쌘밍은 길고도 먼 흙길을 걸어 탄광으로 뚜벅뚜벅 걸어가고, 쌘밍의 동생 원잉은 대학에 떨어져 집에 있다. 〈임소요〉의 궈빈빈도 수시로 노래했다. "바람 따라 표표히 천지를 소요하고 싶어"라고. 샤오지와 차오차오는 장자의 소요유를 이야기하고 샤오지는 차오차오가 그려 준 나비 그림을 가슴에 붙이고 다닌다. 궈빈빈과 샤오지는 다퉁을 탈출하기 위해 은행을 털다가 빈빈은 잡히고 샤오지는 도망을 간다. 영화 마지막에서 샤오지가 도망가는 모습은 관객들에게 그가 그곳을 정말 벗어날 수 있을까 하는 의구심을 들게 할 정도로 미숙하고 어설프기 그지없다. 그의 낡은 오토바이는 고장이 나서 다른 차를 얻어 타는 지경이니 말이다. 샤오지가 탔던 오토바이 안장 뒤에는, 펄럭이는 작은 형겊이 붙어 있다. 거기에 쓰인 말은 너무도 아이러니컬해서 관객의 눈을 찌른다. '중화는 당신의 평안을 기원합니다.' 中華祝你平安

산시를 떠난 젊은이들, 대학을 가지 못하거나 군대를 가지 못한 청소년 실업자가 베이징으로 간 이후의 이야기가 영화 〈세계〉에서 전개된다. 여기서 '세계'는 세계의 유명 도시들을 상징하는 유명한 건물들을 축소하여 만들어 놓은, 가상의 유람 공간이면서 동시에 현실의 공간이다. 미니어처 피라미드를 배경으로 한 네온사인 광고는 이렇게 관객을 유혹한다. '베이징을 나가지 않고도 세계를 두루 편력할 수 있다', '당신이 나에게 하루를 준다면 나는 당신에게 세계를 주겠다'라고. 이들 화려한 광고 문구가 환상 세계를 말하고 있지만 그곳에서 일하는 노동자들은 아침 열시부터 밤 열시 반까지, 한 달 200위안元 내외의 봉급으로 일해야 한다. 혹독한 노동의 현장이 그들의 현실인 것이다. 영화의 서사는 화려하게 축소된 세계의 모형과 주인공들의 남루한 일상을 오가면서 대조적으로 서사된다. 주인공 셴타이성咸太生과 자오타오趙濤의 사랑과 불신으로 범벅된, 불안하고 서글픈 연애는 타이성이 잠시 다른 여성에게 마음을 빼앗겼던 일로 인해 비극적인 파국을 맞는다. 그 둘을 둘러싼 저임금의 고강도 노동이란 생활 조건은 이미 이 비극을 준비하고 있었던 것이다. 멀리 에펠탑과 호수, 구름열차의 레일이 도시 빌딩들 사이로 솟아 있고, 영화 제목 '세계'The World가 스크린에 뜨면, 한 넝마주이가 쓰레기를 가득 담은 포대를 메고 화면 왼편에서 서서히 나타나 중앙에 이른 다음 잠시 정면(관객 쪽)을 주시한다. 그리고 다시 고개를 돌려 오른쪽으로 서서히 사라진다. 영화의 이 첫 장면은 무슨 암시를 하고 있는 듯하다. 화려한 이 '세계'를 떠받치고 있는 청년노동자들의 남루한 삶이 이 이야기의 주인공이라는 것, 화려한 대도시를 떠받치고 있는 이들은 다름 아닌 하층노동자들이라는 것이다. 영화는 끝내 주인공인 타이성과 타오의 자살로 막을 내린다. 그들이 꿈꾸었던 고향 밖('로컬' 외부)은 자유도 행복도 보장해 주지 못한다. 죽음으로 마감되는 것이다. 비극의 처절함만이 남는다.

'세계' 공원의 옆, 공장 굴뚝에서 푸른 연기가 하늘로 서서히 올라가기 시작하는 새벽녘. 눈이 내리기 시작하는 겨울 아침이다. 엷게 내린 눈 위에 검은 모포에 덮여 나란히 놓이는 타이성과 타오의 시신. 화면은 처절하리만치 춥고 시린 검푸른 빛으로 처리된다. 그런데, 죽은 타이성의 마지막 물음이 들려온다. 죽은 자의 입을 통해 들려오는 질문, "우리 죽은 거 맞아?" 타오의 대답. "아니…. 우린 이제 막 시작하고 있는 거야." 이 부분은 영화의 오프닝을 연상하게 만든다. 영화는 무대 뒤 분장실의 긴 복도를 걸으며 타오가 외치는 질문으로 시작한다. '누구 반창고創可貼 있어요?' 아주 길고도 높은 톤의 목소리로 내지르며 반복되는 이 질문은 영화가 시작되고도 무려 3분이나 오랫동안 '피곤하게' 지속된다. 상처를 감쌀 아주 작은 임시 치료제인 반창고…. 그 외침은 하나의 기호처럼, 주문처럼 길게 울려 퍼진다. 마지막 장면과 첫 장면의 이 강렬한 내비—침묵과 외침—로 감독은 무엇을 말하고 싶은 것인가. 죽은 자의 대화를 통해 감독은 무엇을 암시하고 싶었던 것인가. 죽어서 무얼 다시 시작할 수 있단 말인가.* 리얼리즘의 참혹함 앞에서 작가는 살짝 비켜서고 싶었던 것은 아닐는지. 아니면 너무도 불행하고 캄캄한 그들의 짧은 삶 위에, 초라하고 가녀린 주검 위에, 꽃 한 송이라도 놓아 주고 싶었던 마음이었던 것일까. 마치 백 년 전 루쉰이 자기 작품의 예술성에 독이 되는 줄 번연히 알면서도 소설 「약」에서, 희생된 혁명가 샤위夏瑜의 무덤 위에 난데없는 꽃다발을 얹어 놓았고, 그것을 고백하였던 것처럼. 어린 사자死者에 대한 헌화와 같은 위로의 장치가 아니었을까.

〈세계〉에는 또 다른 노동자의 죽음도 있다. 산시에서 올라온 젊은이 라오구냥老姑娘의 죽음이다. 그는 건축공사장에서 일한다. 철

---

* 어떤 연구자는 이들의 이 대화 때문에 두 사람이 죽은 것이 아니라고 하기도 한다. 그러나 영화는 두 사람이 죽었음을 분명하게 보여 준다. 죽지 않았다면 그들은 다른 이들에 의해 병원이나 어디로 급히 옮겨져야 마땅하다. 그들이 눕혀진 숙소 밖의 차가운 땅(겨울이므로)과 그들 머리 부분에 움직이지 않고 서 있는 사람들의 모습은, 타이성과 타오가 죽은 것을 보여 준다.

골이 휜히 드러난 신축 중인 빌딩 옥상에서 타오와 그가 대화를 나눈다. 마침 비행기가 낮게 빌딩 위를 날아간다. 라오구냥이 말한다. "저런 비행기에는 누가 탈까?" 타오가 대답한다. "내가 아는 사람 가운데는 비행기를 타 본 적 있는 사람은 없어"라고. 라오구냥은 좀 더 벌기 위해 야간작업을 하던 도중에 사고로 죽는다. 죽은 구냥이 남긴 종이쪽지에는 이런 것이 쓰여 있다.

> 천즈화陳志華 '라오구냥'의 빚. 꾼 돈, ……에게 35위안, ……에게 18위안, ……에게 7위안, ……에게 50위안, …… 에게 40위안, ……에게 15위안. 초등학교 앞 라면 파는 곳에 3위안.

유서 아닌 유서가 되어 버린 초라하기 그지없는 기록이다. 오열하는 친구들과 편양에서 올라온 그의 부모들. 회사로부터 그들이 받은 아들의 목숨값은 고작 3만 위안 정도다(한국돈 약 오백만 원 미만). '편양'을 탈출한 그들은, 베이징 도심 한복판의 가상공간인 '세계'로 돈을 벌러 나왔고 다시 그 열악한 '세계'의 밖으로 탈출하고 싶어 했다. 그러나 살아서 나가질 못했다. '세계'는 그들에게 벗어날 수 없는 또 다른 이름의 '편양' 공간이었던 것이다.** 도망가는 샤오지의 뒤에서 펄럭이던 '중화는 당신의 평안을 기원합니다'와 반창고를 찾는 타오의 긴 외침은 그들 자신을 향한 만가의 전주곡이었던 셈.

** 〈세계〉의 인물들은 그래도 추이밍량이 그리도 벗어나고 싶었던 편양을 떠나 '호랑이와 용이 꿈틀대는'(藏龍臥虎) 베이징에 와 있다. 하지만 그 어느 작품에서보다도 더욱 벗어날 수 없는 통제의 완고함이 집중적으로 묘사되었다." 이러한 통제와 감시의 시스템에 대해서는 조혜영의 「사실의 시인, 영화의 "민공" 지아장커가 그린 중국의 현대화」를 참조.

3장 세계, 수몰 지구의 리얼리즘

그런데도 작가는 죽은 이의 입을 빌려 말한다. "우린 이제 막 시작하고 있는 거야"라고. "〈세계〉는 결론이 아니라 이행"이라고.정성일, 「間 — 지아장커와의 대화」, 『언젠가 세상은 영화가 될 것이다』, 153쪽. 새로운 시작의 출발점이라고. 그러나 사실 노동과 청춘의 종착 지점이라고, 죽어야만 다시 시작할 수 있다고, 영화는 말한다. 이제 감독의 카메라는 다시 '새로운 출발'을 위해 펀양과 베이징을 멀리 벗어나, 대형 댐이 건설되고 있는 싼샤의 노동 현장으로 간다. 그리고 영화 〈스틸 라이프〉가 제작된다.

2. 유랑농(流浪農)의 운명

영화 〈스틸 라이프〉에서는 두 개의 이야기가 병행 서사된다. 탄광의 광부인 한싼밍이 펀양에서 펑제奉節로, 16년 동안 보지 못한 아내를 찾아가는 것으로 영화는 시작한다. 둘은 우여곡절 끝에 창장 강가에서 만나고 다시 합치기로 무언중에 약속한다. 또 다른 이야기의 주인공인 간호사 선홍은, 2년 동안 집으로 돌아오지 않은 남편을 찾아 산시성 타이위안에서 펑제로 온다. 선홍 역시 우여곡절 끝에 남편을 만나지만 미련도 없는 듯이 헤어지고 만다. 싼밍과 선홍은 모두 산시성에서 과거의 아내와 남편을 찾아 댐 건설이 한창인 창장 싼샤의 물가를 헤매고 다닌다. 관객들은 그 과정에서 지아장커 영화가 지금까지 보여 준 것과는 다른 인물들을 만난다. 영화는 그들의 노동과 그들의 일상, 그리고 그들의 꿈과 애환, 그들이 살고 있는 자연 풍광을 마치 기록물처럼 담아낸다.

싼샤의 강가는 거대한 수몰 지구가 되어 철거와 이주가 몇 년째 진행 중이다. 수천 년 된 주거지와 시가지, 건물들이 댐 건설로 인해 물에 잠기게 되었지만, 새로운 시와 읍들은 아직 세워지지 않은 상태다. 수많은 공사 차량이 다니는 소리, 건물을 철거하는 망치 소리와 창장을 오가는 여객선과 화물선, 유람선이 내보내는 방송 광고와 노랫소리가 구성지게 창장의 계곡과 물가에 울려 퍼진다. 수천 년간 이어온 과거의 삶과 기억은 수장되고, 역사와 유적지는 물속으로 사라지며, 오랫동안 그곳에 터를 잡고 살아온 사람들은 강제로 이산을 당하는 공간이다. 그곳에 싼밍과 선훙, 두 사람은 마치 과거를 복원이라도 하려는 듯 나타난다. 싼밍이 그곳에서 만난 젊은 청년노동자 샤오마거小馬哥는 말한다. "지금 사회는 우리에게 잘 맞지 않아요. 왜냐하면 우린 너무 옛날 것을 그리워하니까요." 그런 샤오마거는 자신보다 나이가 많은, 타지에서 온 싼밍의 핸드폰 수신 벨소리 '착한 사람의 일생은 평안해'好人一生平安라는 노래를 우연히 듣고는 마구 비웃는다. "아직도 착한 사람 타령이냐, 지금. 제기랄, 평제에 무슨 착한 사람이 있다고."* 그런 샤오마거의 핸드폰 벨소리 노래는 '상하이탄'上海灘이다. 제법 호호탕탕하다. "파도는 달려간다. 파도는 흘러간다. 도도하게 흘러가네 수만리 물길을, 영원히 쉬지 않고 …… 안녕, 떠나가는 사람아." 이별과 이산의 현장에서 젊은 이는 자못 득도한 듯 이를 받아들이고 나이 든 '어른' 싼밍은 과거에 연연해하는 형국이다. '상하이탄' 노래가 흐르는 배경 화면에는 헤어지며 눈물짓는 사람들, 떠나가는 배, 높은 강둑에서 배를 향해 손 흔드는 사람들, 그리고 산 중턱에 쓰인 '3기 공정 수위선三期水位線 156.7미터' 표지가 선명하게 잡힌다. 156.7미터까지 수몰되니 그 아

---

* 지아장커 감독은 상하이에서 개최된 관객들과의 대담에서 이렇게 이야기한 바 있다. "이런 황금 만능 시대에 누가 '착한 사람'(好人)에게 관심을 갖겠어요? 내 영화는 사회 하층에서 살아가고 있는 사람들에 대한 관심입니다. 지금 중국은 상업영화 제작만 한결같이 강조하고 있어요. 모든 영화에 시대도 없고 삶의 진솔한 배경도 없습니다. 단지 오락만 있지 사상이 없습니다."(賈樟柯在滬答問錄,「吸引我的不是黃金的光澤而是好人的尊嚴」,『電影新作』, 2007年 01期, 13쪽.)

래 주거하는 사람들은 모두 이주해야 한다. 낯선 지방에서 외롭던 쌴밍에게 샤오마거는 나이 차이를 넘어 친한 친구가 되고 마음의 의지처가 된다. 그러나 샤오마거는 더 많은 돈(50위안)을 준다는 현장으로 일을 나갔던 날, 벽돌 더미에 깔려 짧은 생을 마감한다. 샤오마거의 시신을 덮은 싸구려 담요와 그의 시신을 싣고 떠나가는 장례용 초라한 작은 배, 추도객은 쌴밍 한 사람뿐이다. 아름답고 도도한 창장의 물살을 가르며 샤오마거의 유해를 실은 배는 멀리 사라진다.[**]

쌴밍은 아내를 찾는 과정에서 수많은 육체노동자들은 만난다. 그들은 대개 철거노동자들이다. 철거를 위한 어떤 기계도 없이, 묵직한 쇠망치와 팔의 힘에 의지해 수많은 노동자들이 철거를 하고 있다. 쌴밍의 시선이 머무는 곳에는 거의 모두 쇠망치로 건물 벽을 헐고 있는 노동자들이 있다. 벽돌의 잔해 사이로 걸어가는 노동자들, 온몸에 땀을 흘리고 있는 맨몸의 노동자들이 있다. 이 영화의 주인공은 쌴밍이나 선훙이 아니라 이들 노동자로 보일 정도다. 쌴밍

[**] 지아장커는, 친구인 화가 류샤오둥(劉小東)이 수몰 지구의 사라지는 정경을 그리기 위해 쌴샤로 가는 길에 동행하였다가 그곳에서 이 영화 〈스틸 라이프〉를 제작하게 되었다고 회고한다. 다큐 영화 〈동〉(東)은 류샤오둥이 댐 건설 현장의 노동자들을 그림으로 그리는 과정을 담은 것이다. 그런데 〈동〉의 촬영 도중, 실제로 사망자가 발생한다. "〈동〉의 촬영이 순조로운 것은 아니었다. 하루는 촬영을 하던 11명의 모델 중 한 사람이 갑자기 건물이 무너져서 그 아래 깔려 죽고 말았다. 전통에 따라 그의 시신은 쌴샤의 흐르는 강물에 떠나보냈다. …… 이 도시에서는 공사 중 사람이 깔려 죽는 일이 더 이상 뉴스도 아니었다."(정성일, 「間—지아장커와의 대화」, 『언젠가 세상은 영화가 될 것이다』, 158~159쪽.) 〈동〉에 대해서는 다음 논문도 참조할 수 있다. 임대근, 「지아장커 : 육체와 자본이 결정하는 '중국적' 존재에 대한 탐구」, 『오늘의 문예비평』 74호, 2009 가을호. / 안영은, 「새로운 예술작품 기획에 대한 고찰—지아장커 영화 〈동〉을 중심으로」, 『중국연구』 51권, 한국외국어대학교 중국연구소, 2011. / 김정수, 「쌴샤의 공간학—지아장커 〈동〉과 〈삼협호인〉 중첩하여 읽기」, 『중국현대문학』 제67호, 한국중국현대문학학회, 2013.

은 헤어진 처의 오빠인 마라오다[麻老大]를 찾아가는데 이 광경에서 감독은 건장한 노동자들의 가난한 정경을 전형적인 장면으로 길게 보여 주고 있다. 허름한 목선[木船] 같은 곳에서 국수를 삶는 마라오다. 그들의 건장한 몸은 육체노동으로 근육이 불거졌고, 드러난 상체는 햇볕에 그을려 온통 검붉은 색이다. 세 건장한 남자가 단출하게 국수 한 그릇씩을 들고 좁은 목선 이층으로 올라와 앉는다. 그들 뒤로 난 작은 창문으로 들어오는 빛과 역광에 의해 반사되는 몸과 근육. 한쪽에 쌓아 놓은 남루한 이불 몇 채로도 가득 차는 좁은 공간. 그들은 식탁도 없이 잠자리로 사용되는 것으로 보이는 침대선반에 비좁게 올라앉아 점심을 먹는다. 쌴밍이 아내의 행방을 묻는 도중에 아래층에서 올라오는 또 다른 노동자. 같은 모습에 같은 국수 그릇, 같은 젓가락이다. 다만 그의 머리에는 막 상처를 입었는지 선혈이 배어 나온 흰 붕대가 칭칭 동여매져 있다. 신발을 신은 채 먼저 올라온 노동자들 틈으로 비집고 들어가 국수 그릇을 입에 댄다. 이런 노동자의 모습은 지아장커가 쌴샤에서 만난 새로운 민중이다. 2장에서 언급한 산시의 펀양이나 다퉁을 배경으로 한 '고향삼부곡'에서의, 어리고 가냘픈 청년들의 모습이 아니다. 노동으로 잔뼈가 굵은 노동자들. 말없이 묵묵히 일만 하는, 외롭고 고단해 보이는 사람들이다. 그들은 말이 없다. 식사시간에도 그저 묵묵히 국수를 입으로 넣고 있을 뿐. 묵묵히 담배를 피울 뿐. 침묵과 외로움이 감돌고 그 틈새에 노동의 고단함이 묻어난다. 이들을 바라보는 작가 지아장커의 '애정 어린' 시선은, 그들을 조심스럽게 가만히 오랫동안 비춘다. 그것은 마치 렌즈가 그들의 단단한 근육에, 검게 그을린 피부에, 선혈이 배어 나온 상처에 경의를 표하고 있는 듯 보인다. 쌴밍은 마라오다의 퉁명스러움과 비협조로 아내 찾는 일은 잠시 접어 둔 채 그들 곁에서 함께 노동의 대열에 동참한다.

한싼밍, 그는 산시에서 광부로 일하다 싼샤로 왔다. 〈플랫폼〉에 나오는 한싼밍韓三明은 그의 전신인 듯하다. 이름도 같고 배우도 같은 배우다. 산시의 싼밍 즉, 〈플랫폼〉의 싼밍은 글자를 몰라 추이밍량의 도움을 받아 탄광의 취업계약서에 서명을 한다. 계약서의 내용은 이랬다.

1. 인명은 재천이다.
2. 혁명 인도주의 정신에 입각하여 만약 예기치 않은 일이 발생시, 보조금 500위안을 직계 가족에게 준다.
3. 매일 하루 임금 10위안을 지급한다.

그 다음, 싼밍은 자신을 도와주고 떠나가는 추이밍량에게 뛰어가서 5위안을 손에 쥐어 주며 자신의 여동생 원잉에게 전달해 달라고 한다. 반드시 대학에 합격하여 이런 시골로 돌아오지 말라는 간곡한 전언을 부탁한다. 그랬던 〈플랫폼〉의 싼밍이 세월이 흘러 이제 〈스틸 라이프〉의 싼밍이 되었다. 3천 위안에 싼샤의 여인을 사서 아내로 맞았고 아이도 낳았는데, 경찰이 와서 억지로 그녀를 '해방'시키는 바람에 그녀는 아이를 데리고 사라졌던 것이다. 매매혼은 불법이므로 범법 행위가 된 것. 열악한 시골에서 결혼하기 힘들었던 싼밍의 처지를 말해 준다. 죽은 청년노동자 샤오마거가 살아 있을 때 싼밍이 그에게, 아내가 "경찰에게 가서 보내 달라고 하여 도망을 친 거야." 하고 말했었다. 그때 남겨준 주소를 찾아 싼밍이 이곳 펑제에 온 것이다.

싼밍의 선량한 사람됨에 마음이 움직인 듯, 선부船夫 마라오다는 마침내 늙은 수부水夫의 아내로 살고 있는 동생 야오매이가 있는 곳을 말해 준다. 그녀는 남편과 병든 시어머니의 수발을 들며 살고 있다. 그녀는 배에서의 험한 노동으로 인해 지칠 대로 지쳐 있고 검게 야위었다. 가난에 쪼든, 거의 노예와 다름없는 삶이다. 남편은 야오매이의 오빠(마라오다)가 삼만 위안을 꿔 갔는데 그걸 갚으면 야오매이를 싼밍에게 주겠다고 한다. 이 삼만 위안은 영화 〈세계〉에서 사고로 죽은 라오구냥의 목숨값에 해당하는 액수로 싼밍에게는 거금이다. 싼밍은 아내를 찾기 위해, 일 년 후 그 돈을 벌어서 다시 오겠다고 약속하고 산시로 돌아갈 결심을 한다.

3. 외줄 타기 : 차라투스트라적 인간 운명

이튿날 아침 쌴밍은 다시 고향 산시로 떠난다. 그런데 그를 따라나서는 무려 7명의 노동자가 있다. 그들은 단지 산시의 광산에서 일을 하면 하루 200위안을 벌 수 있다는 희망만으로, 간단한 옷보따리를 메고 쌴밍의 뒤를 따르는 것이다. 광산 일이 목숨을 담보한 위험한 일이라는 쌴밍의 설명에도 불구하고 그들은 철거 노동을 버리고 그를 따라 산시로 가기로 한 것이다. 영화는 이들이 산시의 광산으로 가는 침묵의 행렬로 끝난다. 그런데, 여기에 매우 철학적인 메시지가 담긴 상징적인 장면이 나온다. 이른 아침 배를 타기 위해 강가로 향하는 쌴밍의 시야에 가득 들어오는, 아득히 먼 건물 위의 철거노동자들. 그리고 고층 건물 이편에서 저편 건물로 이어지는 하늘 높이 긴 밧줄이 걸려 있고, 그 위를 건너가고 있는 한 사람이 있다. 그는 아주 위태롭게, 그리고 조심조심, 한걸음 한걸음을 내딛으며 앞으로 나아가고 있다. 마치 고공에서 줄타기를 하는 서커스 곡예사 같다. 하늘 높이 걸린 줄을 타고 있는 사람을 망연하게 바라보는 땅 위의 쌴밍…. 쌴밍은 다시 자신의 갈 길을 향해 가고 그렇게 영화는 끝이 난다화보 사진 11, 12(102쪽). 이 마지막 장면은, 목숨의 위험 따윈 아무렇지도 않은 것인 양, 마치 마술이라도 부리는 듯이, 위험한 곳을 향해 뚜벅뚜벅 걸어가는 이 노동자의 대열을 상징하고 있는 것처럼 보이기도 한다. 마치 "더 위험한 곳으로 향하는 이 노동자를 응원이라도 하는 것처럼, 그 위험을 감당하는 것이야말로 천국에 이르는 길이라도 되는 것처럼"정성일, 「間─지아장커와의 대화」, 『언젠가 세상은 영화가 될 것이다』, 175쪽. 말이다. 그런 아슬아슬한 암시와 느낌을 준다. 〈스틸 라이프〉를 평한 모든 사람이 이 장면을 거의 '신필'神筆에 가까운 감동적인 장면으로 거론하고 있다.* 그러나 그 감동의 이유가 무엇인지, 그것이 왜 그토록 신묘한 장면인지에 대해서는 제대로 언급하고 있지 않다.

목숨을 건 외줄 타기의 이미지를 통해 인생의 어떤 비의를 암시하고 있는 것은 아닐까. 인간 삶의 어떤 속성을, 인간이란 존재의 어떤 속성을 외줄을 타는 사람에 비유한 니체의 『차라투스트라는 이렇게 말하였다』의 처음에 나오는, 인구에 회자되는 유명한 비유를 지아장커가 영상으로 가져온 것이다. "인간은 짐승과 초인 사이에 걸쳐 놓은 하나의 밧줄이다. 하나의 심연을 건너가는 밧줄인 것이다. 건너가는 것도 위험하고, 그 위에 있는 것도 위험하며 뒤로 돌아가는 것도 위험하다. 겁내는 것도 위험하고 또 멈춰 있는 것도 위험하다. 인간의 위대한 소이란 목적이 아니라 교량이란 점에 있다. 인간으로서 사랑을 받는 소이 역시 그가 하나의 과도이며 몰락이라

* "이 영화의 마지막 장면과 마주쳤을 때 나는 거의 망연자실했다. 맹세할 수 있다. 이 마지막 장면은 내가 지난 10년간 본 영화 중에서 최고의 라스트 신이다. 그 울림이 너무 커서 거의 명한 상태가 되었다."(정성일, 앞의 책, 155쪽.) / "이 영화의 몇 군데 신필에 가까운 부분이 있는데 …… 마지막에 한 사람이 폐허가 된 두 건물 사이의 쇠밧줄을 걸어가는 장면이다."(『讀書』, 8쪽.) / "패리 앤더슨은 지아장커가 결말의 대가라고 했는데, 그땐 아직 이 〈스틸 라이프〉를 보지 못한 상황이다. 이 영화의 결말─운중만보(雲中漫步)─은 신필이다."(『讀書』, 16쪽.)

는 점에 있다. 나는 사랑하노라. 몰락하는 자로서 살아가는 것 이외
는 살 줄을 모르는 인간"니체, 『짜라투스트라는 이렇게 말하였다』, 강두식 옮김, 서
울:휘문출판사, 1972, 38쪽.이란 존재를. 산업화와 자본주의화의 길을 걸
어가고 있는 거대한 중국을 가장 밑바닥에서 떠받치고 있는 싼밍과
같은 노동자들의 생존 조건은 더더욱 "짐승과 초인"의 경계 위에 있
다. 밧줄 위를 걸어가는 것도, 되돌아가는 것도, 그 위에 멈춰 서 있
는 것도 위험하다. 생존이 곧 위험 그 자체다. 그들은 위험을 운명처
럼 안고 살아가야 할 존재인 것이다. 이 마지막 장면은 싼밍과 그 친
구들의 곤고한 삶을 따뜻하게 바라보는 작가 지아장커의 어떤 철학
을 암시하고 있다. 그는 이렇게 말하고 있다. "나를 빨아들이는 것은
황금의 광채가 아닙니다. 착한 사람好人의 존엄입니다. …… (편양,
다퉁, 펑제와 같은 ―인용자) 읍縣城이 좁다고요? 좁지 않습니다. 중국
의 많은 사람들은 읍에 살고 있습니다. 그리고 읍은 많은 농촌 인구
와 연결되어 있고, 수많은 도시인의 배경은 모두 읍에서 왔습니다.
내가 베니스 영화제에서 상을 받았을 때 저는 정말 감동했습니다.
내 스크린의 그 사람들이 존경을 받았기 때문이죠. 과거 스크린에
서 그들은 가려져 있었습니다."賈樟柯在渥答問錄, 「吸引我的不是黃金的光澤而
是好人的尊嚴」, 『電影新作』(2007年 01期), 13쪽. 이 영화는 착한 사람에게 바치
는 작가의 헌사다. 감독은 그 위험한 생존의 계곡을 건너가고 있는
'착한 사람의 존엄'을 마지막 장면을 통해 압축적으로 보여 주고 있
는 것이다. 목숨을 건 위험을 묵묵히 감내하는 이 사람들의 운명과
그들 삶의 성격은 이미 그 자체로 철학적 질문을 던지고 있는 것이
다. 삶이란 무엇인가? 그래도 역시 살아야 하는가? 라고 하는.

목숨을 건 외줄 타기는 싼샤를 떠나 산시로 향하는 노동자들

3장 세계, 수몰 지구의 리얼리즘

의 운명에 대한 회화적 은유다. 그들은 〈세계〉의 라오구냥처럼, 〈스틸 라이프〉의 샤오마거처럼 일터에서 살아 돌아오지 못할 가능성이 높다.* 만일 그들이 죽어 가고 있다면, 밧줄에서 떨어져 죽어 가고 있는 광대를 위로하는 차라투스트라처럼, 지아장커는 이렇게 위로할 수밖에 없는 것인가? "그대는 위험을 무릅쓰는 것을 그대의 직업으로 삼았소. 그것은 멸시할 수 없는 일이오. 이제 그대는 스스로의 직업 때문에 죽어 가고 있는 것이오. 그러기에 내가 이 손으로 그대를 매장해 주겠소"니체, 『짜라투스트라는 이렇게 말하였다』, 43쪽.라고. 선한 의지가 승리를 거두고, 죽은 자들이 부활하여 결국에는 이 지상에 낙원을 건설할 것이라고 믿었던 차라투스트라. 그러나 감독 지아장커는 그렇게 생각하고 있지 않는 듯하다. 철저한 리얼리스트인 그는 현실에서 멀어지려는 관객들의 과도한 상상력을 냉정하게 차단한다. "나는 어떤 이미지가 상징적인 의미를 갖는 것을 원하지 않습니다. 내 영화에서 상징적인 장면이란 없습니다. 그건 감정입니다. 그건 말 그대로의 고독감입니다."정성일, 「間─지아장커와의 대화」, 『언젠가 세상은 영화가 될 것이다』, 164쪽. 감정이든 고독이든 그것은 열악한 삶의 조건에 던져진 이 노동자 대열을 떠나 이야기할 수는 없을 것이다. 그런데 감독이 말하는 '고독'은, 이 영화에서 두 가지의 경로를 통해, 즉 정지된 물질성靜物과 회화화繪畵化된 노동자들의 '몸'에서 그 미학적 절정에 다다른다.

---

* 지금도 산시성의 탄광 매몰 사고에 대한 기사는 종종 보도되고 있다.

4. 일상과 정물(靜物, Still Life)

〈삼협호인〉의 영문명은 'Still Life'정물화이다. 감독은 이 제목과 관련하여 이렇게 말하고 있다. "영화 속에는 정말 아주 많은 정물이 나옵니다. 정물은 우리에게 홀시된 현실을 대변합니다. 마치 싼샤 지역 사람들의 삶처럼 말이죠. 그들은 존재하고는 있지만, 이 영화를 찍지 않았다면 우리는 그들을 볼 수 없었을 것입니다. 이것이 그 한 측면이지요. 다른 한 측면은, 싼샤에서 아무라도 한 평범한 사람의 집에 들어가게 된다면 당신은 그들의 물건物質들이 아주 보잘것없다는 것을 느낄 수 있을 것입니다. 그러나 그들은 여전히 완강하게 살아가고 있지요. 담배, 술, 사탕, 차는 중국인 일상생활에서 그들이 가장 많이 의존하고 있는 간단한 물건들이죠. 이것들은 보통의 사람들에게 삶의 즐거움을 가져다주고 있습니다. …… 그러므로 이 물건들은 중국인 일상생활에서 매우 중요한 역할을 하고 있을 뿐만 아니라 중국인의 인간관계에도 큰 영향을 미칩니다."賈樟柯在滬答問錄,「吸引我的不是黃金的光澤而是好人的尊嚴」,『電影新作』(2007年 01期), 13쪽. "싼샤에 갔을 때, 물질에 대한 관심이 다시 들었습니다. 싼샤의 보통 사람들 집은 너무 가난하여 가진 거라곤 거의 벽밖에 없었죠."『讀書』, 12쪽. 이 영화가 성공했다면, 그 성공은 이 노동자들이 처한 싼샤댐 수몰 지구의 철거 노동의 현장을 마치 다큐처럼 세세히 보여 주는 것과 더불어 그들의 누추하고 가난한 일상을 가감 없이 그대로 보여 주는 촬영 방식에 있다. 그리고 그 방식은 미술의 언어로 세상을 보는 감독의 독특한 시선에 의해 촉발되고 있다.[*]

어딘가를 향해 가는 배 안의 수많은 여러 인생들과 다양한 소리들, 그들의 다양한 옷차림과 생김새, 행색과 짐 보따리들을 영화는 너무나 리얼하게 비춰 준다. 카드게임에 열중한 사람들, 손으로 작은 선풍기를 돌리는 사람, 차 마시는 사람, 담배 피우는 사람, 손금 보는 사람, 보따리를 정리하는 사람, 이야기하는 사람, 팔씨름하는 사람, 부채 부치는 여인 등. 마치 배에 탄 '내가' 걸어가면서 이들을 죽 보고 있는 듯이 빠짐없이 보여 준다. 스크린에서 음식 냄새, 담배 냄새, 땀 냄새가 나는 듯한 착각이 든다. 마술쇼에 강제로 동원되어 관객이 되어 버린 싼밍의 바보스러운 모습, 냉랭하고 험악한 마라오다에게 건네는 산시 특산주, 무뚝뚝하고 친절함이라고는 없는 동료 노동자들에게 수시로 권하는 착한 사람 싼밍의 담배 한 개비. 그것은 사람에 대한, 혹은 힘겨운 삶을 살아가고 있는 노동자들에 대한 싼밍의 몸에 밴 선의와 예의에서 가능한 것이리라. 샤오마거 역시 자신이 죽을지도 모르는 일터로 떠나기 직전, 밝고도 희망찬 목소리로 동료 노동자들에게 흰 사탕을 나누어 준다. 밝은 웃음과 선

---

[*] "이 영화는 감독의 또 다른 기록영화인 〈동〉에서 연원한다. 그가 싼샤 주거 지역을 돌아보고 있을 때 가난하여 사방 벽밖에 없는 오래된 집 안에서, 몇 개의 술병을 발견하고는, 갑자기 어떤 생각이 일어나 하나의 이야기를 생각해 냈다. 그러고는 버림받은 생명력을 표현하고자 극구 노력했는데, 이러한 점은 그림을 배운 적이 있는 지아장커가 정물 스케치로부터 계발받은 (미술적—인용자) 능력이라고 생각한다."(「北京電影學院畢業生, 著名靑年導演賈樟柯携影片〈三峽好人〉與師生交流創作體會」, 『北京電影學院學報』, 2007. 1, No.1, 85쪽.)

한 의지를 가진 샤오마거, 그가 차가운 주검으로 돌아옴으로 인해 '쓸쓸함'과 '고독'의 정서는 증폭된다. 다시 만난 아내와 싼밍이 쪼 그리고 앉아서 나누어 먹는 작은 물건도 사탕이다. 당시 유명했다 는 과자 '태백사탕'을 나누는 그들의 모습은 소박하면서도 쓸쓸하 다. 남편이 썼다는 고물 캐비닛에서 선홍이 가지고 나온 오래 묵은 엽차. 그녀는 그것을 플라스틱 물병에 넣어 더위 속에서 끊임없이 마시며 움직인다. 이밖에도 이 영화에서는 세세한 일상이 리얼하게 표현된다. 마치 다큐를 보는 듯하다. 이러한 일상의 디테일은 노동 자들의 고단한 현재 삶과 불확실한 미래의 불안감과 함께 화면 가 득 고독과 쓸쓸함, 남루함으로 표현된다. 고독과 쓸쓸한 정서는 이 들 존재의 열악함으로부터 나온다.

유럽 중세 천 년 동안의 신 중심 사회에서 인간 중심의 사회로 나아가던, 르네상스의 싹이 자라기 시작하던 시기에, 세계의 변화 와 더불어 모든 예술의 소재와 양식이 변화하게 되었다. 그 가운데 가장 중요한 것의 하나가 일상에 대한 예찬이다. 그 일상의 주인공 들은 당연히 인간이다. 신에게 예속된 인간이 아닌 당당하고 주체 적인 인간, 일하는 인간이다. 변화의 중심에 새로운 '인간의 발견' 이 있는 한, 귀족에서부터 일하는 하녀에 이르기까지 그들──인간 의 일상은 회화의 소재로서 불가피한 것이 되었다. 이것이 무르익 는 것은 16, 17세기의 네델란드 회화에서다. 츠베탕 토도로프, 『일상 예찬』, 이은진 옮김, 서울:뿌리와이파리, 2003, 9~20쪽. 당시 해상무역의 발전으로 세 계의 중심이 된 네델란드는 어느 나라보다 부유하고 자유로운 삶이 가능한 곳이었다. 그리고 그 가운데서 화가 베르베르와 렘브란트가 탄생하였다. 그들의 그림은 거의 모두 가정생활과 육체노동에 대한 예찬, 일상에 대한 예찬을 주제로 하며, 그것의 세밀 묘사에 충실하다. 물론 영화 〈세계〉와 〈스틸 라이프〉에 가정이 나오지는 않는다. 부유하지도 행복하지도 않다. 가정이 있다고 해도 그 고리가 아주 미약하거나 서사의 전면에 등장하지 않는다. 〈세계〉와 〈스틸 라이프〉에 등장하는 인물들은 프롤레타리아와 농민을 보호하던 국가주의적 사회주의 혁명의 이념이 사라진 시대에, 1980년대 이후 개혁·개방으로 시작된 자본주의의 바다에 던져진 존재들이다. 자유롭지만 그들 존재는 소비되고 희생되어 가는 값싼 소모품 같은 것으로 변해 가고 있다. 그 속에서 감독은 자신의 영화를 통해 그들의 변화된 일상과 변치 않은 일상을 찾아내 찍고 있다. 그 변치 않은 일상들 속에 있는 정물들을 통해서, 그 가운데서도 특히 중국적인 일용품인 술과 담배, 차와 사탕을 집중적으로 비추고 있다. 이 노동자들의 일상에서 이들 정물은 매우 따뜻하고도 중요한, 고단한 삶을 잠시 기댈 수 있는 어떤 것으로 작동하고 있다. 동시에 무언가 지나간 감성의 끈을 잇거나 추억하거나 불편한 인간관계를 다시 시작하거나 전환하게 만드는 매개물로 작동하기도 한다. 이들은 영화에서 일상의 매우 중요한 물질—정물이 아닌—로서의 생명력을 지니고 있다.

5. 노동과 몸의 미학 : 렘브란트 리얼리즘

〈세계〉와 〈스틸 라이프〉에는 감독이 분명하게 의도적으로 처리한 독특한 화면의 '발전'이 눈이 띤다. 그것은 미술언어를 빌린 촬영 기법을 통해 모종의 회화성을 획득한 화면이다. 그가 운용하는 "서서히 이동하는 렌즈는 마치 살아 움직이는 한 폭의 유화와 같다".劉桂茹, 「尋找與舍棄之間—評賈樟柯電影 〈三峽好人〉」, 『藝苑』(2007. 1월), 10쪽. 그러한 영상은 관객에게 하나의 그림처럼 거의 정지된 채 서사의 중요한 부분에서 몇 차례 제시되고 있다. 이것은 '고향삼부곡'의 '허무 리얼리즘' 이후에 지아장커의 리얼리즘이 도달한 또 다른 미학적 성취로 보인다. 이런 회화성은 대부분 노동자들의 '몸'을 비추는 장면, 소리 없는 무거운 침묵의 장면에서 발휘된다. 지아장커 감독은 노동자의 육체에서 나오는 아름다움을 발견하고 그것을 의도적으로 도드라지게 표현하고 있는 것이다.[*] 또한 이러한 미술언어를 통해 매우 아름다운 미학적인 화면을 만들어 낸 곳에서는 대부분, 등장

---

[*] 지아장커는 이렇게 말한다. "그렇게 위험하고 험난한 곳에서 일하는 이 사람들, 여기서 땀을 흘리고 일하는 사람들의 육체적 아름다움에 대해 생각하게 되었습니다."(정성일, 「间—지아장커와의 대화」, 『언젠가 세상은 영화가 될 것이다』, 164쪽.)

인물들의 내밀한 심리의 '결'과 감성의 '결'을 전달하는 데에도 성공한 것으로 보인다. 그 심리와 감성의 주된 파토스는 '고독'이다. 효과적인 구도와 색감의 다양한 결, 명암의 섬세한 배치와 적절한 원근법에 의해 높은 회화성을 획득한 것으로 판단되는, 그리하여 등장인물들의 정감과 생각을 은밀하게 전달하고 있는, '화면의 내밀한 심리화'에 도달한 장면들이 적지 않은 것이다. 이들 가운데 대표적인 것들을 거론해 보면 다음과 같다.

#1. 선양에서 온 싼밍과 시골에서 올라온 죽은 라오구냥의 부모들. 타이성이 회사로부터 보상금을 받아 부모에게 드리고 싼밍이 대신 서류에 사인한다. 건네받은 백 위안짜리 100장 다발 3개를 윗옷의 가슴에 천천히, 아주 천천히, 마치 자식의 목숨을 가슴에 거두는 듯한 느린 동작으로 넣는 구냥의 아버지와 그 곁에 서 있는 말 없는 어머니. 두 사람의 상체가 화면에 가득 찬 구도다. 화려하지 못한, 윤곽도 무늬도 흐릿한 윗옷을 입은 상체, 부모들의 표정은 어둑하여 분명하게 알아볼 수가 없다. 화면은 두 사람의 비애의 크기를 읽을 수 없도록 교묘하게 혹은 의도적으로 차단하고 있다. 두 사람 뒤로부터 들어오는 희미한 빛만이 화면에 가득하다. 아무런 위로나 애도의 말도 없는, 둔중하고 무거운 구도와 고르게 퍼져 있는 어두운 빛. 집 떠나 일하던 하층노동자 아들의 죽음과 남아 있는 부모들의 침묵. 삶의 피로와 죽음의 비애, 절제된 슬픔과 긴 고통이 흐릿한 빛에 가득 넘치는 화면이다. 슬프고도 아름답고 모호한, 그래서 그 깊이를 가늠할 수 없는 부모의 비통함은 고스란히 관객의 몫으로 전달된다. 〈세계〉에서의 한 장면이다화보 사진 7(100쪽).

#2. 자기 생의 전부라고 생각했던 남자친구 타이성의 외도를 알게 된 후, 숙소로 돌아온 타오. 화려한 의상을 입고 야간 쇼에 일 나갔다가 말없이 다시 숙소로 돌아온 타오의 긴 침묵. 타오를 찾아온 타이성. 타이성의 어떤 말에도 아무 대꾸를 하지 않는 타오. 그녀에겐 이제 아무런 희로애락의 표정이 없다. 마치 생의 종착역에 도착한 듯한, 모든 것을 내려놓은 듯한 표정이다. 간간히 계속되는 타이성의 어리석은 질문들에 답을 하지 않는 타오. 그런 타오의 오른쪽을 따뜻하게 비추는 누추한 벽의 노란 조명등은 곧 이어질 타오의 죽음 앞에 바치는 감독의 마지막 헌화 같다. 멀리 앉아 있는 불안한 타이성의 뒤로 물러나는 짙은 어두움과 그늘, 그것은 절망적인 소통 불능의 화면이기도 하다. 이제 다시는 이전으로 되돌아 갈 수 없는, 불행한 두 연인의 먼 간극을 보여 주는 장면이다. 영화 〈세계〉에서의 한 장면이다.

#3. 공장 굴뚝의 연기가 하늘로 서서히 올라가고, 물기 없는 가벼운 눈이 조금씩 내리기 시작하는 검푸른 새벽녘. 공장 지대의 지붕이 낮은 판자촌과 직원들의 낡은 숙소, 그곳의 120호에서 연탄가스 중독으로 죽은 채 발견되는 타오와 타이성. 모포에 싸여 눈이 얇게 내린 차가운 땅 위에 나란히 놓이는 타이성과 타오의 시신. 그 주변을 서성이는 다른 노동자들. 영화의 마지막 화면에서는 서 있는 어느 두 사람의 무릎 아래쪽 다리와 발만이 보이는데, 그것은 두 시신의 머리맡 왼쪽에 배치되고, 두 시신은 마치 무슨 검은 숯덩이처럼 화면 오른쪽 아래를 무겁게 누르고 있는 배치다. 화면은 처절하리만치 검푸른 빛으로, 죽어 있는 시신과 산 자의 발을 슬프게 도색

3장 세계, 수몰 지구의 리얼리즘

하고 있다. 나머지 공간은 푸르스름한 새벽의 빛으로 칠해져 있다. 20세기 초, 스페인 피카소의 청색시대의 그림들은 춥고 배고프고 죽어 가고 있는 앙상한 뼈의 고독한 인간 군상들, 공포에 젖어 있는 가족의 모습* 등을 주 소재로 한다. 푸른빛에 갇힌 절망의 그림들과 지아장커의 이 화면은 거의 같은 풍격으로 겹쳐진다. 역시 〈세계〉에서의 한 장면이다화보 사진 8(100쪽).

이 세 개의 화면은 분명 지아장커가 회화의 기법으로 주도면밀히 '그린 듯한' 영상이다. 그것은 그의 리얼리즘 미학이 다다른 현실의 '참혹함'을 극대화시키면서 깊은 심리의 파동을 남기고 있다. 현실의 준열함과 그것을 냉정하게 드러내는 작가의 윤리의식이 도달한 미학적 성취인 것이다. 이러한 회화성은 〈스틸 라이프〉에 오면 화면의 주인공인 노동자들의 건장한 '몸'에 초점이 맞추어지면서 그 미학적 완성도가 한층 더 높아진다.

#4. 마라오다의 목선 안. 노동으로 불거진 근육이 상체에 그대로 드러난, 검붉은 피부의 건장한 남성 셋이 상의를 벗은 채, 국수 그릇에 젓가락을 꽂고 먹고 있다. 다시 아래층에서 올라오는 다른 노동자들 역시 같은 모습에, 같은 국수 그릇을 들고 있다. 머리에 선혈이 밴 붕대를 칭칭 두르고 있는 사람이 더해지는 화면이다화보 사진 9(101쪽). 신발을 신은 채 그들은 좁은 공간에서 국수 그릇을 입에 댄다. 화면에 가득 들어차게 클로즈업되는 노동자들의 상체. 그들

---

* 대표적인 작품 예. Pablo Picasso, 「The Tragedy」, 1903, Chester Dale Collection.

뒤로 난 작은 창문으로 들어오는 햇빛, 그 역광에 반사되는 노동자들의 어깨와 팔 근육의 실루엣,** 한편에 쌓아 놓은 누추한 이불 몇 개, 식탁도 없이 잠자리로 사용하는 나무 침상에 올라앉아서 하는 불편한 식사. 감독은 기본 서사와 관련이 없는 듯한, 이 무명 노동자들의 식사 장면을 신중하면서도 조용하게 오랜 시간 포착한다. 말이 없는 화면, 근육의 굵은 곡선과 검고 짙은 눈썹, 간단하고 분명하게 반복되는 젓가락 놀림만 가득한 화면이다. 렘브란트가 그 특유의 빛과 그림자 배치를 통해 일하는 사람들의 존엄과 인간에 대한 경외감을 드러낸 그림들과 흡사한 장면이다. 노동의 숭고함과 노동자들 삶과 현실의 충실한 재현이자 '고요한 단순'의 미학적 성취에 이른 고흐의 「감자 먹는 사람들」이 그대로 연상되는 장면이다.파올라라벨리, 『세계미술관기행 ─ 반 고흐 미술관』, 하지은 옮김, 서울:마로니에북스, 2007, 38쪽.

#5. 내일이면 산시로 돌아갈 싼밍을 송별하는 저녁 모임 자리. 싼밍의 노동자 친구들은 모두 40대 이상으로 보인다. 쇠망치로 철거 노동을 해온 육체노동자들이다. 싼밍이 말한다. "난 내일 집으로 돌아간다." 동료들, "가야 되면 가야지". "난 돌아가 돈을 벌 거야." "돌아가면 우릴 잊지 마." "안 잊어. 10위안짜리 돈 뒷면 쿠이먼***을

** 인물이 등지고 있는 창으로부터 들어오는 빛, 어두운 실내, 고르게 분산되어 있는 부드러운 빛, 실루엣 처리된 인물의 상체, 고민 가득한 얼굴 표정의 인물들, 침묵과 진지한 분위기 등을 표현하는 회화 기법은 렘브란트 그림의 특성 가운데 하나다.(『렘브란트·르누아르·마이욜』, 한중기 편저, 서울:도서출판이종, 2002, 14쪽./『렘브란트 반 레인』, 박서보·오광수 감수, 서울:도서출판 개원, 2003, 10쪽.)
*** 쿠이먼(夔門)은 창장 싼샤의 서편 입구에 있는 창장 취탕샤(瞿塘峽)의 서문(西門)을 말한다. 양안(兩岸)에 깎아 지른 듯한 높은 절벽과 산이 있고 강폭이 좁은 곳은 50미터에도 못 미쳐 그 모습이 마치 거대한 대문과 같아서 지어진 명칭이다. 창장 상류의 물이 이 좁은 협곡을 지나면서 유속이 빨라지고 파도가 급해지며 소리가 거세져 예로부터 "천하의 웅장한 쿠이먼"(夔門天下雄)이라

3장 세계, 수몰 지구의 리얼리즘

보면 금방 여러분들이 생각날 거다. 건배하자." 담배를 넉넉히 권하는 쌴밍. 술과 담배, 안주가 오간다. 쌴밍에게 한 노동자가 조심스럽게 묻는다. "당신, 거기 가면 우리 일자리 좀 알아볼 수 있는가?" "있다. 광산이 많다. 모두 흑광黑礦이지." "하루에 얼마 주는가?" 건장한 중년 사내 다섯 명의 벌거벗은 상체와 주름진 얼굴, 다부진 입매, 검은 눈썹이 화면을 가득 메운다. "200위안 벌 수 있다." "그거 아주 괜찮군. 우리가 여기서 하루 일해 보았자 4,50위안 버는데, …… 함께 가고 싶다." 쌴밍이 되묻는다. "정말 갈 거냐? 모두 갈 거냐?" 모두가 대답한다. "정말 가지, …… 간다, …… 가지." "자, 단합주 건배, 당신을 따라 간다." "자, 건배하자." 그런데 잠시 후 이어지는 쌴밍의 조심스러운 말. "탄광의 생활은 아주 위험하다. 내가 떠나 올 때 산시 사람 두 명이 죽은 적 있다. 일 년에 열몇 명은 죽어 나간다. 아침에 들어가면 저녁에 나올 수 있을지를 알 수가 없다. 잘들 생각해 보게나." "위험하단 말이지?" "응, 위험해." 갑자기 그들은 담배를 피우면서 한동안 말이 없다. 긴 침묵이 흐르는 장면. 어색한 분위기를 깨려는 듯, 술잔을 부딪치며 건배를 해보지만 한층 작아진 목소리들. 그러고도 계속 말이 없다. 길게 흐르는 침묵. 그들은 깊이 생각 중이다. 담배 연기 속의 긴 침묵. 그러는 동안 화면에 여섯 명 노동자의 몸을 크게 혹은 작게, 화면 가득히 촘촘하게 그린다/찍는다. 그들은 좁은 공간에 겹쳐 앉아 있고 다른 빈 공간이 없다. 쌴밍이 입은

불리기도 했다. 서쪽으로는 충칭(重慶) 펑제현의 바이지청(白濟城)에서 시작해 동쪽으로 우산현(巫山縣)에 이르는 8킬로미터 구간에 해당한다. 이 영화의 배경인 펑제시에서 잘 보인다. 중국 돈 지폐 10위안짜리 뒷면에 인쇄되어 있다.

흰 런닝셔츠는 낄 공간도 구도도 아니다. 육중한 몸과 근육만큼 무거운 침묵이 지속되는 화면이다. 렌즈가 서서히 왼쪽으로 이동하면 그들 뒤에 비스듬히 모로 누워서 담배를 피우는 심각한 표정의 한 젊은이가 보인다. 목숨을 건 그 길을 나설 것인가 말 것인가, 그 역시 길게 침묵하며 숙고하고 있는 중. 화면 가득 긴장과 침묵, 고독과 비애가 물결친다. 이 화면은 지아장커 영화의 회화화가 도달한 가장 아름답고도 숭고한, 긴장된 분위기의 그러나 고독과 비애가 어리는 그림/화면이다화보 사진 10(101쪽).

이밖에도 선홍이 방문한 남편 친구인 동밍의 집, 방 벽에 못을 쳐서 매어 놓은 줄 위에, 일렬로 죽 걸어 둔 여러 가지 형태의 낡은 손목시계가 보이는 화면은, 초현실주의 화가 달리의 늘어진 시계 그림을 그대로 연상케 한다. 수몰 지구의 변화 속에서 사라져 가는 삶과 과거의 기억 문제를 '늘어진 시간', '죽어 버린 시간'으로 날카롭게 은유하고 있는 장면이다. 11명의 노동자를 그리겠다는 친구 류샤오둥과 그의 그림 작업을 다큐로 촬영하고자 따라 나선 지아장커 감독은 친구가 그리고자 한 그림을 자신의 영상 속에 비할 데 없이 아름답고도 슬프고 힘차게 구현해 놓고 있는 것이다. 이러한 노동자의 모습은 로댕의 조각 「빈사의 노예」와 러시아 일리야 레핀의 「볼가강의 수부들」이 도달한 미학적 성취를 넘보고 있으며, 주로 빛과 그늘에 의지하여 노동자의 삶과 그들의 거칠고 건강한 영혼을 그려 내는 데 성공한 빈센트 반 고흐의 「감자 먹는 사람들」 계열의 그림, 나아가 렘브란트의 「목수의 가족」 계열의 그림이 도달한 미적 성취와 그것들의 예술적 풍격과 유사한 정신세계를 공유하고 있다.

3장 세계, 수몰 지구의 리얼리즘

이러한 예술적 성취는 감독 지아장커가 지닌 인도주의적 리얼리즘의 정신과 미술적 재능이 만들어 낸 결과이기도 하다.

이튿날 이른 아침, 싼밍을 따라나서는 무려 7명의 노동자들. 그들은 간단한 짐 보따리를 매고 싼밍의 뒤를 따른다. 여전히 아무 말이 없다. 지아장커가 싼샤에서 만난 거대한 노동자의 군상들이 싼샤를 떠나고 있는 것이다. 이들은 루쉰이 그의『새로 쓴 옛날이야기』故事新編에서 그리고 있는 인물군과도 흡사하다. 치수治水를 하느라 손과 발이 나무껍질처럼 갈라지고 검은 피부는 더 새까매진 우禹와 그를 따르는 일꾼들의 행렬. 낡은 짚신을 신고, 전쟁을 막느라 여러 나라를 걸어 다니며 동분서주했던 반전 평화론자 묵자墨子와 그를 따르는 수공업 계층의 무리들. 이른바 루쉰이 그의 소설 속에서 애정을 갖고 묘사한 바 있는 '검은 사람'들 계열들과 싼밍을 비롯한 싼샤의 노동자들은 그 정신적인 맥을 같이 하고 있다. 루쉰은 한평생 노동으로 인해 외모가 검고 마르게 된 이들이 중국의 역사를 밑바닥부터 만들어 올리고 그 역사를 아래서 떠받치고 있는 역사의 동량이라고 말한 바 있다.

지아장커는 스스로 〈스틸 라이프〉가 자신의 작품 가운데 가장 잘된 것이라고 말하면서, 〈플랫폼〉과 같은 역사적인 서사의 흐름과 맥락은 공유할 수 없을지 모르나 미학상으로는 한층 더 완성도가 높아졌다고 자평한 바 있다.賈樟柯在滬答問錄,「吸引我的不是黃金的光澤而是好人的尊嚴」,『電影新作』(2007年 01期), 13쪽. 필자가 보기에 이 미학적 완성도는 위에서 살핀바, 두 가지 면에서 이루어지고 있다. 하나는 빛과 그늘, 명암의 기법으로 하층노동자의 일상과 건강한 육체를 어둠 속에서 길어 올려 드러낸 점이다. 그들에게 신성함을 부여하며 '영혼을 그려 내는' 데에 성공한 점이다. 즉 렘브란트적 미학의 성취라고 할 수 있다. 다른 하나는 렌즈의 고정을 통한 대상 응시의 방법이다. 렌즈의 아주 느린 이동과 거기에 가미된 빛과 침묵 속에 흐르는 시간, 그것의 효과적인 운용에 의해 도달한 화면의 내밀한 심리화를 성취한 점이다. 초기의 '고향삼부곡'에서부터 지아장커 감독이 운용해 온, 불편한 시간을 길게 감내해야만 도달할 수 있는 '느린 미학'의 예술적 성취이기도 하다.

지아장커 영화의 "감동의 힘은 낯빛 하나 바꾸지 않는 감독의 냉정한 시선과 진실 재현에서"劉桂茹, 「尋找與舍棄之間─評賈樟柯電影『三峽好人』」, 『藝苑』(2007. 1월), 10쪽. 나온다고도 할 수 있다. 그는 현실을 직면하길 원하며 고요히 응시하길 원한다. 아무리 불결하고 엄혹한 현실일지라도 그것을 계속 보아낼 힘이 자신에게 있다고 믿고 있는 듯하다. 그래서 그는 그 모든 것을 회피하지 않을 용기가 있다고 자신 있게 말하고 있다.胡彦殊, 「困境中的舞者─以幾個"舞蹈"段落爲例探討賈樟柯電影的表達策略」, 『電影文學』(2007. 1월 3호下), 19쪽. 그의 이러한 생각은 이미 지아장커 고유의 영상 철학이 되었으며 그의 영상 윤리가 되고 있다. 그리하여 현재의 중국 사회, 하층노동자 사회의 실상과 삶을 읽을 수 있는 가장 정직한 거울로서의 역할을 다하고 있다. 한 평론가가 "지아장커 영화는 내가 작금의 중국 현실을 이해하는 특수한 한 방법, 하나의 경로가 되었다"고『讀書』, 9쪽. 할 정도로 거대한 변화 속에 놓인 중국의 현실─목하 '대국으로의 굴기'를 위해 몸부림치고 있는─을 이해하고 분석하는 데에 있어서 그의 영화가 갖는 무게는 결코 가볍지 않다.

지아장커는 한국에 몇 차례 다녀갔다. 〈스틸 라이프〉 제작 이후

인 2006년 11월, 또 한 번 한국을 다녀가면서 그는 이런 말을 했다. "당신이 좋은 영화를 만들고 싶다면 세상을 부숴야 합니다. 왜냐하면 세상이 나쁘기 때문입니다. 거기에 순응하면 아무 희망이 없는 것입니다. 그러므로 당신들은 더 대담해지고, 더 용기를 가져야 합니다."정성일, 「聞—지아장커와의 대화」, 『언젠가 세상은 영화가 될 것이다』, 176쪽. 이 말은 우리에게 진정한 예술이란 무엇인가, 영화는 무엇이어야 하는가를 다시 생각하게 만든다.

이 장에서는 〈세계〉와 〈스틸 라이프〉 두 편의 영화를 통해 중국의 어떤 현실과 지아장커라는 감독을 살펴보았다. 아직 많은 부분은 거론조차 하지 못했다. '고향삼부곡'의 배경이었던 좁은 도시 공간을 벗어나 넓은 창장으로 나아간 감독에게 포착된 자연미와 자연과 인간의 관계를 화면에 미적으로 구현한 점, 그것에 대해서는 또다른 각도에서의 연구가 필요한 부분이다. 〈스틸 라이프〉 서사의 중요한 한 축인 선훙의 이야기와, UFO를 이용한 네오 리얼리즘적 기법이 갖는 실험적 의미, 그리고 영화 속에 등장하는 촨쥐川劇 : 사천 지역의 구극(舊劇)와 각종 노래들, 강물 소리와 망치 소리 등, 다양하게 등장하는 장외음場外音, 그 소리들의 역할과 의미 등에 대해서는 거론하지 못했다.

사진 1 샤오우
오토바이 수리점 앞의 샤오우.

사진 2 샤오우
샤오우의 조화롭지 못한 코스튬.

사진 3 샤오우
수갑에 채워진 채 길가에 묶인 샤오우.

사진 4 임소요
엄마와 반대 방향으로 멀어지는 빈빈.

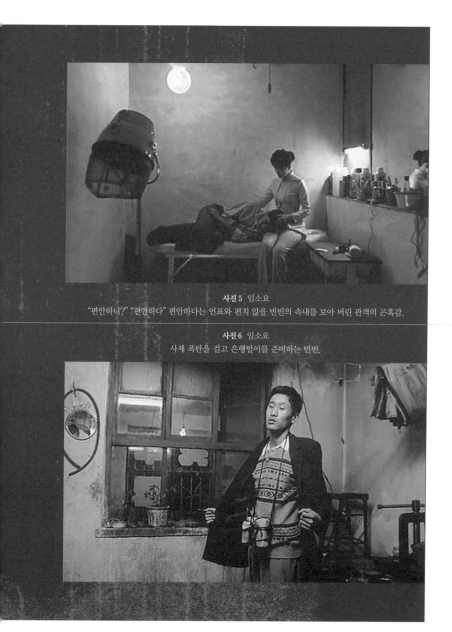

사진 5 임소요
"편안하니?" "편안하다" 편안하다는 언표와 편치 않을 빈빈의 속내를 보아 버린 관객의 곤혹감.

사진 6 임소요
사제 폭탄을 걸고 은행털이를 준비하는 빈빈.

화보

사진 7 세계
회사로부터 받은 보상금 – 자식의 목숨을 가슴에 넣는 라오구냥의 아버지.

사진 8 세계
차가운 땅 위에 나란히 놓인 타오와 타이성의 시신.

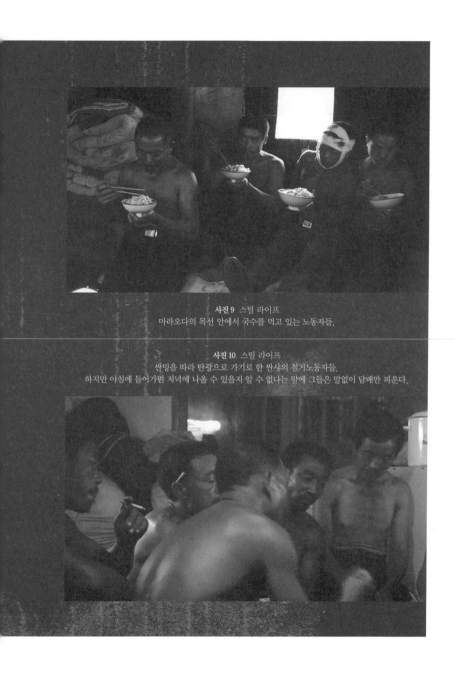

사진 9 스틸 라이프
마라오다의 목선 안에서 국수를 먹고 있는 노동자들.

사진 10 스틸 라이프
싼밍을 따라 탄광으로 가기로 한 싼샤의 철거노동자들.
하지만 아침에 들어가면 저녁에 나올 수 있을지 알 수 없다는 말에 그들은 말없이 담배만 피운다.

사진 11, 12 스틸 라이프
〈스틸 라이프〉의 마지막 장면.
위험한 생존의 계곡을 건너가고 있는 노동자 일행을 은유하는, 외줄 타는 사람.

사진 13 무용
대량생산품과 다른, 무언가 관습적이지 않은, 상투적이지 않은 옷을 만들고자 한
디자이너 마커의 작업실.

사진 14 무용
'흙'으로 만든 마커의 옷을 입고 무대 위에 오른 모델들.

사진 15, 16 무용
편양 탄광노동자들의 몸과 노동복에 스며든 흙의 자연성. 노동·예술·일상의 리얼리즘.

사진 17 황토지
지아장커의 황토 리얼리즘을 가능케 한,
천카이거의 영화 〈황토지〉의 한 장면.

사진 18 무용
지아장커 특유의 회화적 영상 기법을 유감없이 보여 주는 〈무용〉의 장면
인물 뒷배경으로 하늘까지 닿아 있는 땅과 땅의 주름.

사진 19, 20 24시티
청과그룹 비행기 공장의 내부와
공장에서 사용했던 식권.

新都机械厂职工食堂
粮票
壹 角

사진 21 24시티
철거되는 비행기 공장 앞에 선 공장 노동자 1세대들.

사진 22 24시티
링거병을 들고
군수 노동자들의 역사를
대변하는 비행기 옆을
지나는 하오다리.

사진 23 24시티
과거가 아닌 현재를
얘기하는 유일한 구술자.
쑤나(나나).

사진 24, 25 해상전기
외부자의 신분으로
도시(상하이)를 조감하는
산책자. 그녀는 시선과
표정만으로 영화에
등장하는 회고자들을
연결한다.

화보

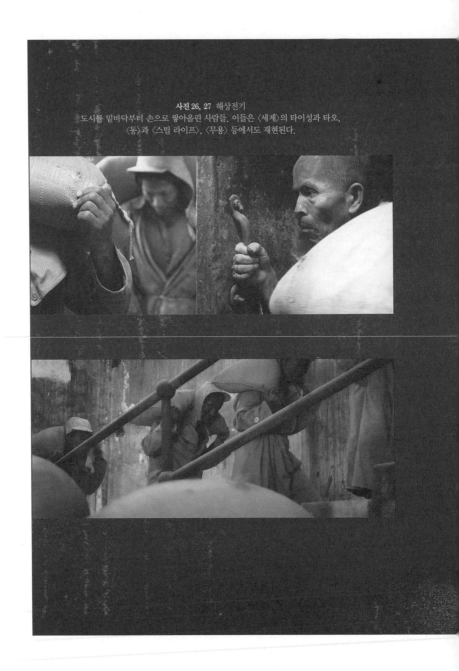

사진 26, 27 해상전기

도시를 밑바닥부터 손으로 쌓아올린 사람들. 이들은 〈세계〉의 타이성과 타오,
〈동〉과 〈스틸 라이프〉, 〈무용〉 등에서도 재현된다.

사진 28 천주정
수렁에 빠진 마차의 바퀴를 빼내려 안간힘을 쓰는 말의 엉덩이를 사정없이 내리치는 마부.

사진 29 천주정
강 건너 원경의 도시는 환영처럼 농촌 공간을 빙 둘러 포위하고 있다
지아장커 영화의 주인공들은 도시화에서 뒤처진 주변부 공간의 존재들이다.

화보

사진 30 천주정
「수호전」식의 '티엔싱다오'를 위해 총대를 둘러메고 출정하는 다하이.

사진 31 천주정
마부가 말을 채찍질하듯 돈다발로 수차례 자신의 뺨을 때린 남자를 찌른 샤오위.
그가 죽인 것은 사람이 아니라 돈과 성에 찌든 짐승이었다.

사진 32, 33 천주정
'작은 새' 샤오후이의 자살은 개인 삶의 포기이기도 하지만 세상에 대한 복수
엄마에 대한 복수다. 더 이상 나아갈 데 없는 존재들의 복수.

사진 34 천주정
오토바이를 타고 지나가는 싼얼 뒤의 청년들은 싼얼에게 돈을 요구하고,
싼얼은 그들을 총으로 쏘아 죽인다. 그러고는 아무 일 없었다는 듯 계속 가던 길을 달린다.

사진 35 천주정
"쑤산, 네 죄를 네가 알렸다!" 진극 공연 중인 배우의 대사에 괴로운 듯 고개를 숙이는 샤오위.

4장

숨은 구조의

다중시제와

장소

1. 숨은 구조의 은유

『블루 스웨터』란 책 서두에는 한 미국 여성의 인생을 바꿔 버린 옷에 대한 이야기가 나온다. 작가는 자신의 소녀 시절(1970년대) 친척으로부터 선물로 받았던 옷, 오랫동안 즐겨 입었던 그 스웨터를 10여 년 이상의 세월이 지난 어느 날, 수천 킬로미터 떨어진 아프리카 르완다에서 한 소년이 입고 있는 것을 확인하고는 전율한다. 그녀는 이 경험 이후, 전 지구적 빈민구호운동가로 변신하게 된다. 바다와 대륙을 넘어 흘러간, 오래된 스웨터의 이동과 그 옷에 대한 원초적 기억을 지닌 한 인간의 인생이 완전히 바뀌는 것에 대한 이야기. 이 이야기 속에 숨어 있는 구조는 무엇인가? 그녀는 이렇게 이야기하고 있다.

> 이 푸른 스웨터 이야기는 내게 우리 모두가 어떻게 연결되어 있는지를 늘 떠올리게 해줬다. 우리의 행동뿐만 아니라 행동하지 않는 것까지도, 우리가 결코 알지 못하고 앞으로 만나지도 못할 가능성이 높은 이 지상의 모든 사람에게 매일 영향을 미친다. ······ 그 아이가 내 스웨터를 입고 있는 것을 본 뒤 내가 아프리카에 온 목적에 대한 인식은 새로워졌다. 내 여정의 그 시점에서 내 세계관은

변화하고 있었다. 나는 자본과 시장과 정치의 힘을 발견하고, 또 가난한 사람들이 어떤 식으로 해서 그 세 가지로부터 자주 소외되었는가를 발견하고는 전 세계를 무대로 활동하는 국제은행가로서의 이력을 시작했다. 재클린 노보그라츠, 『블루 스웨터』, 김훈 옮김, 서울:이른아침, 2009, 26~27쪽.[*]

자신의 행동은 물론 행동하지 않는 것까지 자신이 알지 못하는 사람들에게 영향을 미치고 있고 자신도 그것에 영향을 받고 있다는 사실, 가난한 이들이 자본·시장·정치의 막강한 힘으로부터 지속적으로 소외되고 있다는 것, 이것이 스웨터 한 장 속에 숨어 있는 거대한 구조이며 이 책은 그것에 대한 아픈 깨달음의 이야기다. 이후 그녀는 아프리카 최초의 빈민 구제를 위한 소액대출은행의 설립에 참여하고 빈민구제사업에 헌신한다.

서두에 이 이야기를 다소 길게 인용한 까닭은 이번 장에서 다루고자 하는 텍스트인 지아장커의 영화 〈무용〉無用[**]이 옷과 인간의 관계, 혹은 옷의 '흐름'에 대한 서사이기 때문이며 각 부가 독립된 이야기이면서도 그 흐름 선상에서 상호 연결되어 있기 때문이다. 감독은 그 흐름 속에 숨어 있는 구조를 사유하고 있었으며 관객에게 그것을 사유하게 유도하고 있었다. 이 구조를 파악하지 못한다면

---

[*] 그녀는 자신의 낡은 스웨터가 구질상점이라는 중고의류시장을 거쳐서 대서양을 건너 케냐 해안의 몸바사 항구에 도착했을 것이고 연막소독을 거친 후, 중고 유통업자에게 팔아 넘겨졌을 것이며 그것을 소매상인들이 다시 사들여 르완다로 팔았을 것이라고 상상한다.
[**] 〈무용〉은 화가의 족적을 기록한 다큐 〈동〉과 더불어 지아장커가 기획하고 있는 '예술가 3부작' (Trilogy of Artists)의 두번째 작이다. 2007년 베니스영화제에서 오리종티 작품상을 수상했다.

이 영화는 그저 아주 지루한, 다큐멘터리 영화 한 편에 지나지 않을 것이다.

영화 〈무용〉의 숨은 구조에 대해서는 노자老子의 말을 잠시 빌려 보기로 하자. 『노자』 11장에 나오는 글이다. "서른 개의 바퀴살이 모이는 바퀴통은 그 속이 '비어 있음'無으로 해서 수레로써의 쓰임이 생긴다. 진흙을 이겨서 그릇을 만드는데 그 '비어 있음'으로 해서 그릇으로의 쓰임이 생긴다. 문과 창문을 내어 방을 만드는데 그 '비어 있음'으로 해서 방으로서의 쓰임이 생긴다. 따라서 유有가 이로운 것은 무無가 용用이 되기 때문이다." 이에 대해 신영복은 "누구나 수레를 타고, 그릇을 사용하고, 방에서 생활하지만 그것은 수레나 그릇이나 방의 있음有에만 눈을 앗기어 막상 그 배후無를 간과하고" 있다면서 그 속에 숨어 있는 구조를 드러내는 일을 논하고 있다. 신영복은 노자를 상품과 노동의 화두로 읽어 낸다. 그는 "자본주의적 가치란 소유와 소비라는 유의 세계"이며 "이러한 유의 시스템이 어떻게 작동하고 어떻게 유지되는가, 이 유의 세계가 어떠한 것을 축적하고 어떠한 것을 파괴하고 있는가를 주목하는 실천적 관점"으로 노자를 가져와 읽는다. 그는 여기서 더 나아가 "우리 사회가 숨기고 있는 보이지 않는 무, 숨겨진 억압의 구조를 드러내는 관점"에서 노자의 11장을 적극적으로 다시 읽어야 한다고 제안한다.신영복, 『강의: 나의 동양고전 독법』, 파주:돌베개, 2004, 291~293쪽.

영화 〈무용〉은 3부로 구성된 옷에 관한 이야기이다. 옷이 제조되는 과정과 공장 라인의 대량생산(1부), 상품화와 규격화에 대한 예술가의 저항, 옷의 개별성과 개인성의 가치와 그 의미의 추구(2부), 그리고 일상 속에 편재하는 옷의 소비와 수선, 옷에 대한 기억(3

부) 등에 대한 서사로 이루어져 있다. 옷은 노동이고 역사이고 예술이며 동시에 일상적인 것이다. 나아가 이 영화는 옷이 무언가 진리를 담을 수도 있다고 하는 철학적 사유로까지 밀고 나간다. 그러므로 이 영화는 옷을 매개로 한 인간 삶의 진실에 대한 지아장커 감독의 철학적인 사유라고도 할 수 있다. 이 진실의 초점은 존재론적 개인의 진실에 맞춰져 있기도 하지만 더 많이는 사회적 구조와 정치·경제적 진실을 겨냥하고 있다. 이 영화는 옷이 유전되는 과정을 쫓아가면서 인간의 삶과 노동, 예술과 일상에 대한 풍경을 담담한 시선으로 포착하고 있다. 이 유전의 과정은 위에서 언급한 3부로 구성되어 있다. 이번 장에서는 이 라인을 순차적으로 따라가면서 이 영화가 숨기고 있는 구조를 드러내고자 한다.

4장 숨은 구조의 다중시제와 장소

2. 노동과 예술

영화 〈무용〉 1부의 배경은 옷 제조공장의 내부다. 재봉틀과 가위와 헝겊이 어지러이 널린 의류 제조공장이다. 실밥을 정리하는 여성노동자, 부연 유리창 너머로 선풍기를 켜고 다림질을 하는 남성노동자들이 보인다. 바닥에 놓인 가위에는 흰 페인트로 선명하게 쓴 주하이珠海란 글자가 보인다. 영화의 배경이 주하이인가 하고 생각할 즈음, 항구와 배가 보이면서 '광둥'廣東이란 자막이 떠오른다. 그리고 광둥성 주하이시의 높은 빌딩이 원경으로 바다와 함께 화면에 잡힌다. 서사가 시작되기 위해선 어떤 지점 혹은 누군가를 클로즈업하거나 등장인물의 대화가 시작되어야 한다. 그러나 영화는 계속 수많은 불특정 노동자들이 컨베이어벨트 앞에서 묵묵히 일하는 모습만 훑고 지나간다. 화면에 들리는 소리는 특정한 누구의 말도 아닌, 여러 가지의 어수선한 작업음이다. 그것은 마치 거대한 소음처럼 계속된다. 의류의 대량생산체제를, 한 공장(남중국 의류산업빌딩)을 통해 보여 주고 있는 것이다.

작업 환경은 열악하다. 일렬로 늘어선 폭 좁은 식탁과 의자, 휑하게 높은 천장과 그곳에 매달려 돌아가고 있는 낡은 대형 환풍기, 흰 벽에 부착된 오래된 공중전화기, 1·2·3… 일련번호가 죽 달려 있는 노동자들의 개인 밥그릇 보관소, 식사벨 소리, 이동하는 노동자들. 각자 자기의 개인 그릇을 들고 배식구에 가서 돈을 내면 창구에서 음식이 나온다. 밥과 반찬을 따로 담는 식판이 아니라 밥 한 그릇에 밥과 반찬이 함께 담겨 있다. 그리고 젓가락 하나. 식사를 하는 풍경도 갖가지로 편치 않다. 염색한 머리에 구겨진 면 티셔츠를 입은 젊은이는 신문 열람대 벽보 창 앞을 서성이며 밥을 먹고 있고, 한쪽 창가에선 세 명의 노동자가 선 채로 국물을 마신다. 물론 식당의 식탁에 앉아 식사하는 무리도 있다. 표정들이 어둡거나 힘들어 보이진 않으나 한결같이 마른 몸에 말이 없다. 노동의 고단함과 점심시간의 짧은 휴식을 짐작케 한다. 식사를 하러 다른 곳으로 가는 것인지 잠시 숙소에 다니러 가는 것인지, 굳게 닫힌 높은 철문을 타고 넘어가거나 철창 사이로 비집고 나가는 노동자들도 있다. 드러난 철골에 녹물이 든 건물 외벽과 간이 화장실…, 사원 복지와는 거리가 먼 풍경이다.

식당 옆에 설치된 좁은 공간의 의무실. 남화서 제5공업구 보건소란 표지가 붙어 있다. 의사가 한 노동자에게 묻는다. 피곤한가? 기침을 하는가? 맥박을 재고 청진기를 대 보고 목 안쪽을 검사한다. 제대로 된 의료장비 없이 청진기와 손전등만 가지고 하는 진료다. 누적된 과로에 피곤한 듯한 노동자는 눈이 충혈되어 있고 잔기침을 한다. 사과를 먹으면서 자기 순서를 기다리는 여성노동자, 진료받는 중년 노동자, 담배 조심하고 쉬라는 처방을 받고 누워 있는 남자. 누워 있는 노동자의 모습이 롱테이크로 잡힌다. 헝겊과 먼지와 잔업, 쉴 틈 없이 돌아가는 의류 제조 컨베이어벨트 앞에서의 고된 노동, 그것에서 오는 건강 이상 징후들이다.

지금까지의 영화에서 자신이 목격하는 모든 현상의 숨겨진 구조에 주목했던 지아장커는 옷의 효용과 소비, 패션에 주목하기보다는 그것을 만들어 낸 노동자의 삶을 1부의 화두로 던진다. '세계의 공장'이라는 중국의 이미지는 "대부분 주장珠江 델타와 창장長江 델타를 지칭하는 것이다. 현재의 중국을 말할 때의 키워드는 더 이상 홍콩이 아니라 '주삼각', '창삼각', 즉 주장 델타와 창장 델타가 된 것이다. 뿐만 아니라 상하이로 대표되는 창장 델타가 주장 델타를 압도할 기세로 중국 경제발전의 견인차 역할을 하고 있다".모빙푸, 「'세계의 공장' 현장에서」, 『시장』, 최수나 옮김, 파주:한울, 2007, 38쪽. 상하이가 20세기와 21세기 현대 중국 도시화의 대표 주자라고 한다면 광저우, 주하이, 마카오가 자리한 주장 삼각지는 16세기 이래 중국 근대화와 산업화의 전초기지였다. 알다시피 이른바 고전적 의미의 근대화 과정 속 초기 산업 구조에서 가장 충실한 산업역군의 역할을 한 것은 친농업적인 제조업이 담당했고 제조업 가운데서도 면방직산업, 그리고 의류산업이었던 것이다.

　　그런데, 여기까지 영화는 너무 밋밋하다. 지아장커 특유의 사실주의적인 다큐 기법과 곤고한 하층노동자의 삶을 조명하는 것, 그 이상의 의미를 찾기 힘들다. 1부는 공장 지역에 밤이 찾아오고 가로등불이 하나둘 켜지고 그리고 다시 아침이 시작되는 것으로, 다시 말해 반복되는 노동의 일상을 보여 주는 것으로 끝난다. 다닥다닥 붙은 작업대와 재봉틀 앞에 다시 죽 늘어선 젊은 노동자들과 간혹 보이는 중년의 노동자들. 아침 일과가 시작되면서 그들 위로 광둥어로 된 노래가 자못 '경쾌하게' 흐른다. 그들이 어제도 만지고 오늘도 만지고 있는 흰 천들, 그것으로 만든 동일한 디자인에 동일한 규격의 흰 옷들이 완성되어 행거에 죽 걸려 있다. 규격화되고 상품화된 옷. 그 옷의 상표가 적힌 태그가 확대되어 보이면서 1부의 화면이 바뀐다. 상표 이름은 '익셉션'Exception, 例外.

2부는 마커의 작업실인 '무용'이 주 배경이다. 디자이너 마커의 옷에 대한 철학과 의상 제작 그리고 작품 전시, 퍼포먼스가 주를 이룬다. 사이사이 그녀의 예술(의상) 철학이 인터뷰의 형식으로 전달된다.* 광저우시 명품 거리에는 아주 고급스러워 보이는 익셉션 매장이 있다. 그리고 이어지는 마커의 인터뷰. 그녀와 마오지훙毛繼鴻이 광저우에서 1996년 말 사업을 시작했고 회사명을 '믹스마인드'Mixmind라 했다고. 그들이 '익셉션'이란 브랜드를 만들지 않을 수 없었던 이유는 대중화가 마구 밀려오는 분위기 속에서 무언가 비판적인 것, 저항적인 것을 생각하지 않을 수 없었다는 것, 무언가 다른 것을 창조하고 싶었기 때문이라는 것이다. 무언가 관습적이지 않은 옷, 상투적이지 않은 옷을 만들고 싶어졌다는 것이 설명의 요지다. "Something unconventional"한 옷.

그런데 마커의 이런 멋있는 생각은 다른 각도에서 보면 보다 고도화된 상업 전술로 읽힐 수도 있다. 구매자의 이목에 무언가 새로운 것을 추구하는 의류산업으로 어필한다는 것, 소비자들이 자신들은 무언가 차별화된 고급스런 '상표'를 입고 있다는 환상을 갖게 만

---

* 마커(馬可)는 실제로 중국을 대표하는 세계적인 디자이너다. 그녀는 중국적인 독창성의 발견이라는 목적의식을 갖고 파리와 런던 등지에서 활발하게 작품 활동을 하고 있다. 그녀는 대량생산 체계로 넘어간 중국의 패션산업에 저항하며 소량생산의 수작업을 통해 진정한 삶의 가치를 창조하려 노력하고 있다는 평가를 받았다. 그녀는 2001년 차이나 패션디자이너 어워드 베스트 오리지널 크리에이터, 2005년 뉴제너레이션 어워드 베스트 패션디자이너, 2006년 베스트 인터내셔널 차이니스 패션디자이너 등에 선정되었다. 2007년 2월에는 '파리패션위크'에 초대되기도 했다.

　　　　　　　　　　　　　　4장 숨은 구조의 다중시제와 장소

드는 것이 그것이다. 의류산업과 예술이란 이름을 내건 문화산업의 접목은 중국에서 이미 문화산업의 한 트렌드로 자리잡은 지 오래다. 오페라에 출연하는 유명 배우에게 디자이너 보타오薄濤가 자신의 이름을 딴 '보타오' 브랜드 옷 30여 벌을 입혔다든가, 연극 시사 발표회장에서 패션쇼를 연다든가 하는 것들이 그것이다. '보타오'가 오페라에 기금을 출연했을 때 마커의 유명한 의류 브랜드인 '리와이'例外는 영화 시장에 뛰어들었다. 영화 〈무용〉은 마커가 2007년 2월 파리패션위크에 초정되어 출품하게 된 신작품 '무용' 계열의 옷과 그 제작 과정을 담은 것으로, 지아장커 감독이 '익셉션'의 사장인 마오지훙과 함께 합작하여 만든 것이다. 마오지훙은 다른 의류 상표인 '양면 리와이'雙面例外를 개발하여 윈난성雲南省에 매장을 열었고 그와 동시에 문화, 예술, 시, 문학 등 미학과 관련된 서적을 옷과 함께 판매하였다. 그러므로 디자이너 마커가 시도하는, 의복과 인간과의 관계에 대한 예술 창작으로서의 의상디자인과 전시는, "옷과 영화의 접목을 이용해 '무용'을 위한 세를 만드는 것"에 불과하다고 볼 수도 있다.* 여기서 '무용'은 하나의 상표로 전락하고 영화 〈무용〉은 그 상표의 세 확장을 위한 고도의 상업 전략의 일환으로 제작된 것이라는 논쟁을 피해 갈 수 없다.** 감독 지아장커 역시 한 대담에서 이 점을 분명히 인식하고 있는 발언을 하고 있다. 개혁·

---

* 중국 의류산업과 문화산업의 동거에 대한 시사보도는, 『經理日報』, 2009년 8월 23일 第C04版의 스쥔(時俊)이 쓴 보도기사 「攻心爲上, 服裝文化營銷之深度嫁接」 참조. 이 기사는 이러한 문화산업의 성공 요인은 '소비자의 마음을 공략하는 것이 우선'(攻心爲上)이라고 했다.
** 이러한 합작과 지아장커 감독의 영화 작업 외적인 문제—제작비와 광고, 정부 정책과의 관계 등, 영화산업과의 문제에 대해서는 별개의 논의가 필요하다.

개방 이후 십여 년이 지난 "90년대로 들어서면서 경제생활은 중국인의 가장 중요한 생활이 되다시피 했지요. 마커의 '무용'과 마찬가지로 이 영화도 지금 한창 성행하는 소비주의와의 대면을 피할 수 없습니다. 중국에서 패션과 권력은 밀접한 공모관계에 있습니다."賈樟柯,『賈想 1996~2008 ─ 賈樟柯電影手記』, 233쪽.

아무튼 마커는 '익섭션' 론칭 10주년이 되는 2005년, 무언가 개인적인 새로운 시도를 창안한다. "다른 사람과 무언가를 나누고 싶었다. 그리고 나의 한계를 시험해 보고 싶었다." 2006년 5월 그녀는 새로운 스튜디오를 만들고 그리 이사했으며 그곳에서 새로운 작업을 시작했다. 그 스튜디오 이름이 '무용'이고 그가 만든 일련의 브랜드가 '무용'이다. 전통 물레질로 마麻와 같은 섬유를 만드는 수작업 풍경이 배경으로 깔리면서 그녀의 설명은 계속된다. 작품은 감정을 담고 있는 손으로 만들어진다, 손으로 만든 것은 감정적 요소를 담고 있다, 대량생산품과 다르다, 그렇게 만든 옷에는 중국 어느 고대 시詩의 행간이 들어 있다, 멀리 떠나는 아들을 위해 어머니가 만든 옷과 같은 것에 들어 있을 어떤 감정과 같은 것이다, 공산품 안에는 결코 있을 수 없는 것이다 ─. 그녀의 말이 계속 이어진다.

또 공산품 안에는 만든 사람과 입는 사람 사이에 아무 연결로가 없다, 당신의 옷을 누가 만들었는지 당신은 모른다, 이 물질 사회에서 상품은 소비를 조장하고 부추길 뿐 그것을 만든 사람의 생각이나 수고는 폐기된다, 그러나 손으로 만든 제품은 대중적일 수는 없지만 노동자가 그것에 많은 것을 투자했기 때문에 쓰는 사람은 계속 쓸 것이고 더욱이 아주 소중하게 사용할 것이다, 망가져도 쉽게 버리려 하지 않을 것이다, 어쩌면 그 옷은 다른 사람에게 건네지고 돌고 돌 것이다, 그래서 그 물건에는 한 인간, 한 생명의 삶의 모든 과정이 스며들게 마련이다. 마커는 옷이 자기만의 역사와 고유한 이야기를 갖게 된다, 고 말하고 있다. 마치 블루 스웨터의 유전과 그 옷의 역사를 우리가 알고 있듯이. 영상 속 화자—마커는 옷을 디자인하는 예술가로서 자신의 옷 철학을 조근조근 말하고 있다. 그녀는 시장경제의 대량생산과 상품의 몰개인성에 저항하고 있다. 거대한 물류 사회 속에 살아가면서 아무 생각 없이 물건을 구매하고 소비하고 그리고 쉬이 버리는 '소비인간'에 대해 조용히 비판하고 있다.*

인간에게 일이란 무엇인가, 인간은 왜 일을 하는가, 우리가 만든 물건들은 어떻게 이동하며 어떻게 감정을 실어 나르고, 우리에게 어떤 모습으로 다가오는가 등에 주의한 알랭 드 보통은 그의 책 『일의 기쁨과 슬픔』정영목 옮김, 파주:이레, 2009.에서, 수많은 소비자들은 자기가 먹는 과일이 어디에서 왔는지, "자기 셔츠를 만든 사람이 누구인지, 자기 집 샤워 호스를 세면대와 연결시키는 고리를 만든 사람은 누구인지 전혀 알고 싶어 하지 않는다"고 지적한다. "자신이 구입하는 물건이 어디에서 태어나 어떤 여행을 했는가 하는 문제에는 관심을 기울이지" 않는다는 것이다. 이러한 물류 사회 속 인간들은 "그런 물건들의 제조와 유통 과정이 어떠한지는 전혀 상상할 수 없다". 알고 싶어 하지도 않는다. 이런 소외의 과정으로 말미암아 우

---

* 지아장커의 말. "'무용'의 창작 이념 속에는 기억에 대한 안타까움이 있다. 누적된 시간이 인간의 마음과 감성에 끼치는 것에 대한 중시가 있다. 이는 나에게 무척 깊은 인상을 주었다. '무용'은 중국의 급속한 발전과 속도에 대한, 속도 그 자체에 대한, 발전이라는 이유로 말살해 버리는 기억에 대한, 그리고 자연 자원을 과도하게 소비하는 것들에 대한 문제 제기이며 반항이다."(『賈想 1996~2008―賈樟柯電影手記』, 234쪽.)

리는 "경이, 감사, 죄책감을 경험할 수많은 기회를 박탈 당"하고 만다고 그는 말한다.알랭 드 보통, 앞의 책, 17, 39쪽. 옷에 대한 마커의 고민은 노동을 하고 노동의 결과물을 향유하는 인간 행위의 궁극적인 의미는 무엇인가, 하는 그 원초적인 의미를 찾아 나선 것으로 보인다.** 그녀는 옷을 통해 무언가 본질적인 것을 표현할 수 있기를 욕망한다. 그녀는 말한다. 중국이 세계 최대의 의류 수출국가 중 하나이지만 자기 고유의 브랜드 하나 없다고. 대량산업은 단지 노동집약적 산업일 뿐이고 노동자들은 그저 임금 노예일 뿐이라고. 자기 고유의 창조성으로 세계의 인정을 받지 못하는 것은 아주 슬프고 부끄러운 일이며 그녀는 그 일이 자신과 관계있다고 생각했다고. 만일 옷을 통해 근본적인 무언가를 표현해 낼 수 없다면 자신의 작업은 아무 의미를 갖지 못할 것이라고 말한다화보 사진 13(103쪽).

　　다시 영화는 파리로 옮겨 간 마커의 '무용' 작업실을 비춘다. 작품 전시를 위한 옷 제작과 전시 설치의 연습이 한창이다. 바닥에 질질 끌리는 마대색의 투박하고 무거운 긴 외투를 외국인 모델들에게 입혀 보거나 설치무대의 바닥 조명등이 너무 노랗다고 스태프들에게 지시하는 마커. 무대는 온통 검은빛 일색이다. 전시할 작품들을 '조이스 갤러리'Joyce Gallery란 곳에서 제작하며 옷에 대한 그녀의 철학은 다시 한결음 더 나아간다. 그녀는, 옷의 배경과 스토리가 함께 있는 것은 언제나 매력적이다, 그들만의 경험과 시간의 흔적을 갖

** '무용'은 "전통적인 본질이 사라지고 물질적으로 변하고 있는 현 세계가 잃어버리고 있는, 모든 쓸모없는 가치 속에서 훌륭한 의미를 찾아보고자 하는 목적에 의해 생겨난 디자이너 마커의 브랜드다".(2008년 한국 상영 시, 〈무용〉의 광고 전단지 문구.)

　　　　　　　　　4장 숨은 구조의 다중시제와 장소

고 있기 때문이라고 말한다. 그녀는 바닥 가득히 흙을 깔아 놓고는 그 위에 자신이 만든 옷을 놓고 흙과 함께 부비면서 옷 속에 흙의 무언가가 스며들도록 노력한다. 손으로 흙의 점도와 습기를 점검한다. 그녀는 또 말한다. 과거에 옷을 만들어 땅에 묻어 놓고 시간이 경과된 후에 그 옷이 변화된 것을 보았다, 나는 무언가를 만들 때 시간이 경과하면서 그 옷에 개입하는 자연의 영향에 주목한다, 작품 속에 개입하는 자연, 디자인의 일부가 되는 자연 말이다. 그녀는 옷을 묻은 공간(땅)과 경과된 시간에 의해 옷에 배어든 시간과 공간의 무엇, 그것에서 가능한 그 옷만의 역사와 흔적들을 중시한다. 이를 그녀는 인위적으로, 섬세하게 만들어 가고자 한다. 그의 작업실 이름처럼 '무용'Useless하고 '무익한'inutile한 작품들. 화면 가득 흙 속에 눕혀진, 퇴색한 황토빛의 의상들이 보인다. 마치 사자^{死者}의 무덤에서 막 나온 듯한 부패한 옷 같다. 낡고 구겨지고 해진 옷들. 그녀는 거기서 숭고한 옷의 미학을 시도하고 또 시도한다. 그렇게 해서 만들어진 중국 고대 귀족풍의 겉옷들을 외국인 모델들에게 입혀 보면서 마커는 의상 전시를 위한 리허설을 한다.

〈무용〉의 2부는 위와 같이 만들어진 마커의 '무용' 계열 작품들을 관객에게 선보이는 파리의 패션쇼 무대를 비추면서 끝난다. 관람석과 무대 모두 캄캄하다. 마침내 무대가 열리고 무대 바닥의 등에 불이 들어온다. 사각으로 높이 솟은 여러 개의 좁다란 받침대 위에 마커의 옷을 입은 모델들이 마치 마네킹처럼 부동의 자세로 서 있다. 눈도 깜빡이지 않는다. 살아 있지만 죽은 자의 모습이다. 얼굴을 비롯해 겉으로 드러난 살갗 부분은 모두 흙빛으로 칠했다. 흙에 의한, 흙으로 만든, 황토 미학의 옷들이 침묵 속에 서서히 그 모습을 드러낸다. 바닥의 희미한 노란 등이 조용히 아래에서 위로 비추고 있다. 그녀의 옷을 입고 무대 위에 서 있는 부동 자세의 모델들은, 마치 흙 속에서 금방 올라온 사자들의 행렬 같다. 무덤에서 막 일어 나 기립해 선 고대 제왕들의 모습을 보고 있는 듯하다. 숨 막히고 장 엄하고 아름답고 무겁고 진지하기까지 하다화보 사진 14(103쪽). 관객 들이 서서히 무대 위로 올라가 작품 사이를 걸으면서 부동의 입상 立像 같은 모델들과 옷을 구경한다. 천천히 움직이는 관객들의 이동 자체가 작품의 일부가 되는 모습이다. 모델과 옷 사이를 서서히 유 동하는 관람객들, 그리고, "브라보" 하는 박수 소리와 함께 '2007년 2월 25일 파리 스타니슬라스Stanislas 중학교에서'라는 자막이 오르면 서 2부가 끝난다.

상품으로서의 의류, 대량생산, 거대 물류 사회, 소비 시장 등에 저항하여 옷의 본질을 묻는 한 예술가가 도달한 작품 세계와 미학 적 전시는 아름답고 숭고하고 진지하고 철학적이다. 하지만 무언가 미흡한 느낌, 허전한 느낌이 든다. 마커의 질문과 탐색들이 예술적 으로 진지하고 또 의미도 있지만, 그래서 그녀가 도달한 그녀의 옷 '무용', 그것이 다인가? 이런 정도의 예술가, 예술작품은 새삼 새로 울 것이 없는 것 아닌가, 그녀가 디자인한 '익셉션'의 주하이 공정에 서 일하는—그녀가 임금노예라고 '폄하'한—노동자들이 혹 그녀 의 아름다운 스튜디오 운영을 가능케 하고, 예술 창작에 전념할 수 있게 한 경제적 토대가 된 것은 아닌가, 그녀는 그들 노동자들의 생 존 여건에 대해서는 어떤 고민을 하고 있는가, 하는 생각들이 든다. 이런 생각은 다만 그들의 열악한 노동 현장을 몇 분전 영화의 1부에 서 보았기 때문에 드는 것은 아닐 것이다. 아직은 지아장커 감독의

4장 숨은 구조의 다중시제와 장소

의도를 전혀 읽을 수 없다. 노동과 예술의 등치와 병렬, 그 필연적 관계성과 숨은 구조? 그것에 대한 감독의 담담한 보여 주기? 지아장 커가 말하고자 하는 것이 무엇인지 아직은 분명치 않다.

3. 예술과 일상

다시 산시의 펀양이 화면에 등장한다. 여기서 '다시'라고 말한 것은 산시가 지아장커 초기 영화의 출발점이자 '고향삼부곡'의 무대이며 그의 고향이 펀양임을 환기하고자 함이다. 〈무용〉 3부에는 '고향삼부곡'에서보다는 생활이 좀 나아진 것으로 보이는 제2의 샤오우들과 한싼밍, 그리고 그 동료들의 일상이 있다. 〈무용〉의 고문을 맡았고 지아장커 작업에 항상 동참해 온 린쉬둥林旭東*은 영화가 무얼 찍는가가 중요한 게 아니라 "그의 출발점이 어디인지가 문제"라고 역설한 바 있다. 그는 감독에게 출발점이란 "그가 처한 구체적인 상황"이며 그러한 입장이 살아 있는 영화여야 한다고 말하면서 그 예로 타이완 출신의 세계적인 감독 허우샤오셴侯孝賢의 영화와 지아장커의 〈샤오우〉를 들고 있다. 자젠잉, 『80년대 중국과의 대화』, 680쪽. 필자가

---

* 1988년 중앙미술대학(中央美術學院)을 졸업하고 베이징방송대학(北京廣播學院)에서 교편을 잡았다. 영화사 및 다큐멘터리 제작 관련 강의를 하고 있다. CCTV 프로그램 〈동방의 시공: 생활 공간〉(東方時空: 生活空間)의 학술 고문을 맡았으며 야마가타, 홍콩 등의 국제영화제 심사위원을 역임했다. 지아장커의 영화 〈24시티〉에서도 린쉬둥은 편집 지도를 했다. 그는 장이머우의 영화 〈영웅〉 등을 비판하는 부분에서 "저는 그러한 역사적 태도, 그의 강자 숭배를 받아들일 수가 없습니다. 무엇이 영웅입니까?" 하고 반문했다. 그가 지아장커와 협력할 수 있는 철학적 근거의 일단을 보여 주는 부분이다. (자젠잉, 『80년대 중국과의 대화』, 이성현 옮김, 서울: 그린비, 2009, 665~666쪽.)

4장 숨은 구조의 다중시제와 장소

보기에 지아장커 영화의 출발점은 공간으로는 '펀양'이며 시간대로는 1970년대 말 1980년대 초다. 시간과 공간의 좌표축, 그곳에서 살아가고 있는 하층계급 인생의 삶, 도시화와 경쟁 산업사회에 밀린 루저들의 시간이 정지되어 있던 곳, 그 지점에 있는 것이 영화 〈샤오우〉이며 샤오우와 그 이웃들이다.

3부는 펀양 특유의 모래벌판과 공장과 굴뚝의 연기, 화면 가득한 먼지가 오랜 시간 카메라에 잡히는 것으로 시작한다. 2부의 주인공이었던 마커가 운전대를 잡고 펀양으로 들어선다. 도시에서 멀리 떨어진, 평원과 분지에 사는 사람들의 삶과 그들의 존재 조건을 보기 위해서라고 그녀는 말한다. 그녀는 기대한다. 이곳은 그녀가 잃어버린 기억을 회복시켜 줄 것이며 이전에 느꼈던 감정과 느낌을 되살아나게 해줄 것이라고. 보통 사람의 일상과 기억, 그들의 느낌과 감정 말이다. 그러나 마커는 3부에 등장하지 않는다. 단지 2부에서 3부로 넘어가는 연결 장치로서 3부 초입에 잠시 나올 뿐이다. 1부에서 2부로 넘어갈 때, 옷의 상표 '익셉션'이 그 연결 장치의 역할을 하였듯이. 마커의 차가 지나가는, 석탄가루가 지천으로 덮힌 좁은 비포장 도로의 그 차를 구경하는 한 행인이 또 롱테이크로 클로즈업된다. 남루한 바지에 상체를 거의 덮을 듯 팔이 긴 양복상의를 입었고, 양복 밑으로 내려온 한 손에는 흰 비닐봉지를 들고 있다. 지나간 차의 뒷모습을 한동안 멍청하게 지켜보고 서 있다. 실제로 바라보는 시간만큼의 시간이 영상에 흐른다. 나중에 보니 그의 비닐봉지에는 수선할 옷이 담겨 있었다. 한참 후에야 그는 카메라의 반대 방향으로 절름거리는 듯한 불편한 걸음걸이로, 걸을 때마다 흔들거리는 비닐봉지를 들고 멀어져 간다. 불안정한 걸음걸이와 몸의 흔들거림은 마치 그의 삶의 본질인 듯, 그를 집어삼킬 듯이 높다랗게 쌓여 있는 석탄더미 산과 더불어 위태롭게 다가온다.

낡은 옷 수선집. 재봉틀을 능숙하게 돌리는 여인의 손에서 수선한 옷을 받아든 좀전의 그 남자가 묻는다. 얼마입니까? 2위안입니다. 그는 다시 옷을 흰 비닐봉지에 담아 나온다. 잔주름이 굵게 패인 얼굴과 노동으로 뼈가 굳은 투박한 손, 그는 탄광노동자다. 걸어가는 그의 곁으로 오토바이를 탄 두 청년이 지나간다. 그들은 마치 〈임소요〉의 빈빈이나 샤오지처럼 보인다. 수선집 안에는 수선집의 아들인 듯한 까까머리 아이가 온돌에 누워 헝겊을 만지작거리며 말없이 논다. 무척 무료해 보인다. 3부는 옷 수선집을 중심으로 보통 사람들의 옷에 대한 이야기를 서사 없이 다큐멘터리처럼 무표정하게 보여 준다. 수선집의 아내와 자동차 타이어 펑크를 낸 남편과의 지루한 말싸움, 과즈瓜子: 씨앗를 까먹는 여인, 파리채로 파리를 쫓는 여인, 강아지와 먼지, 시장 난전의 싸구려 옷가게들, 펄럭이는 여름 잠옷들, 야채를 사서 귀가하는 임산부…. 익숙하고 남루하고 지루한 일상이다. 남녀의 갈등, 태어날 아이에 대한 임산부의 설렘과 희망 등이 있는 평범하기 그지없는 일상이다.

수선집에 수선한 옷을 찾으러 온 여인에게 화면 밖의 한 남자가 묻는다. 당신은 옷 만들 줄 아는가? 모른다. 남편은 할 줄 안다. 이전에 재단사였다. 지금은? 지금은 탄광에서 일한다. 일용직이다. 당신은 어디서 일하나? 나 역시 탄광에서 일한다. 수선한 바지를 들고 나가는 여인. 화면이 바뀌고 누런 전구 불빛 아래 조금 전 그 여인과 남편이 함께 앉아 있다. 화면 밖의 남자가 다시 묻는다. 옷은 어디서 사 입나? 펀양에서. 왜 그 옷을 골랐는가? 갑자기 당황하며 수줍

어하는 두 부부. 남편이 답한다. 아내가 양장을 좋아해 대형 마켓의
여성의류 코너에서 샀다. 3벌 샀다. 아내가 말한다. 텔레비전 광고
로 많은 옷을 구경한다. 정장이 없어서 이 옷을 샀다. 남편의 설명을
들으며 고개를 숙인 아내는 옆에서 부끄러워한다. 질문하는 사람이
들고 있는 카메라가 익숙하지 않아서이리라. 그녀는 화려한 레이스
로 장식된 분홍 블라우스를 입고 있다. 손 옆에는 선글라스가 놓여
있다. 남편은 거의 회색으로 변해 버린 낡디 낡은 린닝셔츠만 입고
있다. 다시 이어지는 질문. 돈을 벌 수 있으면 다시 돌아가 재단사로
일하겠는가? 말하기 어렵다. 크게 투자하여 옷 회사를 차릴 수 있으
면 모를까 아니면 싫다.

　　산업화, 대량생산체제, 공장제 생산으로 들어선 21세기 중국은
더 이상 한 개인이 재단사로 개인사업을 할 수 없는 환경으로 급변
하게 된다. 우리가 쉽게 거론하는 국가, 자유, 정의, 계급, 자본 등의
거대한 개념들과 거시적 구조들은 모두 우리 일상생활의 결 속에서
작동하고 있으며 일상생활에서 시작되고 다시 일상생활로 되돌아
오며 간섭하고 영향력을 행사한다. 시장경제하의 거대한 자본 축적
은 개인 일상의 생활 세계를 파괴하고 있기도 하고 생활 세계의 어
떤 희생을 담보로 가능하기도 하다.김왕배, 『도시, 공간, 생활세계』, 파주:한울,
2005, 78~79쪽. 국가의 경제정책과 산업화 전략, 자본의 세계적 이동과
생산, 무국적적인 소비의 이동은 중국 대도시의 주변인 지방, 그 지
방의 더 변두리 지역에 위치한 작은 도시 '펀양' 시민의 삶에 직접
적이고 절대적인 영향을 미친다. 옷을 생산하는 일은 마커의 주하
이에 있는 의류공장에서는 가능하지만 이 시골 여인의 남편, 개인
재단사의 영업은 미래가 없다. 그가 갈 수 있는 곳은 막장으로 불리

는 탄광뿐. 그는 재단사에서 탄광노동자로 직업을 바꾼 이유를 길게 설명한다. 돈과 생존의 문제를 말하는 남자의 말이 낮게 흐른다. 영상은 좁고 가난한 살림살이를 천천히 훑는다. 천장으로 올라가는 카메라. 노란 전구와 퇴색한 벽지. 좁은 벽 위에 설치한 트리 장식용 줄 위의 꼬마전구가 초라하게 반짝거린다. 마치 누추함 속에서 아름다움을 추구하는 두 부부의 생명처럼. 그리고 이어서 두 부부가 사는 마당의 뜰로 렌즈가 이동한다. 빨랫줄에 널린 부부의 옷이 화면 가득 잡힌다. 윗도리와 바지가 바람에 흔들거린다. 푸른색 상의였던 것 같지만 본래의 색을 알아볼 수 없을 정도로 석탄가루에 찌들어 거의 검은빛이 되어 버린 광부의 옷이다. 감독은 이를 롱테이크 한다. 감독은 이것이 이들의 일상이고 삶이며, 노동이고, 노동의 흔적이라고 말하고 있다.

감독 지아장커에게는 그가 나고 자란, 궁벽한 도시 '펀양'이 그의 삶에 정신적인 좌표가 되었다. 적어도 지금까지는 그런 듯하다. 지아장커 영화에서 펀양은 때로는 뉴먼Barnett Newman 그림에서의 공간처럼 '성스러운 장소'처럼 보이기까지 한다. 지아장커 영화에서 펀양은 단순한 공간space이 아니라 의미와 정감이 착종하고 역사와 시간이 교직되어 있는 장소place다. 영화 〈무용〉은 3부에 이르러 펀양으로, 펀양에서도 탄광노동자들이 일하는 공간, 그들이 살고 있는 장소로 줌인된다. 지아장커 영화에서 장소는 등장인물 이상의 중요한 의미를 갖는다.* 이 '장소'에는 현 중국에서 낮고 낮은 지역에서

---

* "(뉴먼의) 그림 앞에서 우리는 평범한 공간(space)이 아니라 어떤 성스런 장소(place)에 있게 된다. 이 장소를 그의 친구이자 비평가였던 토마스 헤스는 유대교의 '마콤'(makom)이라고 불렀다."

4장 숨은 구조의 다중시제와 장소

삶을 영위해 가는 노동자, 그들이 짊어져야만 하는 고된 노동의 숭고함이 일상으로 자리하고 있다. '고향삼부곡'에서 줄곧 거론된, 선망의 세계로서의 '바깥 세계'(로컬 외부), 그 표상으로서의 대도시는 감독 지아장커에게 사라지지 않을 것 같은 '타자'처럼 놓여 있다. 고향의 '샤오우'들을 영원히 소외시킬 것 같은 장소. 도시에 대한 감독의 이러한 타자의식은 그로 하여금 "대도시에 대해 일종의 거리감을 갖게" 만들었고, "그러한 거리[間離]의 심미 태도는 최종적으로는 그의 성공을 견정"하는 요인이 되고 있다.饒曙光,「"外省人"的精神座標」, 『21世紀經濟報道』(2007. 9. 17), 2쪽.

"내 목적은 환경이 아니라 장소를 창조하는 것이다."(진중권, 『진중권의 현대미학 강의』, 서울:아트북스, 2003, 234쪽.)

4. 숨은 구조, 황토 리얼리즘

3부에 이르면 관객들에게 〈무용〉의 숨은 구조를 확연하게 깨닫게 해주는 장면들이 나타난다. 그 가운데 압권으로 두 장면을 들 수 있다. 하나는 노동자들의 목욕탕 장면이다화보 사진 16(104쪽). 이마에 작은 전등불이 달린 철모를 쓴 광부들이 하나둘씩 어떤 작은 철문 안으로 들어간다. 철문 옆 벽에는 '안전제일'이라는 문구가 쓰여 있다. 들어가는 노동자들 옆모습으로 언뜻 아주 앳된 소년의 얼굴도 보인다. 대여섯 평 정도의 좁은 목욕탕 안에서 작업을 마친 광부들이 벌거벗고 목욕을 하고 있다. 모두 흙빛으로 염색을 한 듯한 검은 살빛이다. 그들은 석탄가루를 씻어내고 있다. 천장과 오른쪽 벽 위에 달린 누런 전구가 그들의 몸을 비추고 있다. 생사의 경계에서 노동하는 사람들의 몸. 옷을 벗어 적나라하게 드러난 몸은 계급의 구분이 사라진 몸이다.* 웃고 떠들면서 부유하듯 몸을 씻는 노동자와 노동

---

* 지아장커 영화 〈동〉, 〈스틸 라이프〉, 〈무용〉에서 재현되고 있는 노동자들의 몸은 매우 주도면밀하게 조명된 일련의 미학 범주다. 이것에 대해서는 별도의 논의가 필요하다. 여기서는 단지 이와 관련한 감독의 언급만 인용해 보기로 한다.
탕니(湯尼)의 질문. "당신의 영화는 옷에 대한 관심 못지않게 몸에 주의하고 있다. 옷을 입은 몸과 옷을 벗은 몸 중 당신은 어디에 더 경도돼 있는가? 당신의 몸에 대한 생각은 어떤 면에서 류샤오 등과의 합동 작업 과정에서 받은 영향 아닌가?"

4장 숨은 구조의 다중시제와 장소

자들의 몸을 부드럽게 감싸며 피어오르는 수증기, 그들 곁에 놓인 검은빛의 고무대야와 플라스틱 대야, 의자에 놓여 있는 철모와 검은 바지, 붉은 헝겊의 머리띠와 긴 상의들. 모두 검은빛으로 물들어 있고 낡을 대로 낡았다화보 사진 15(104쪽). 화면 가득한 황토빛의 적나라한 몸과 몸들 그리고 그들의 작업복. 폴 세잔의 「목욕하는 사람들」의 화면 분할 구도와 어떤 정신이 겹쳐 보이기도 하고, 「황색 예수」와 같은 루오 그림의 아우라가 어른거리기도 한다. 이것을 숨은 구조의 하나로 거론하는 이유는 1부의 주하이 공장 노동과 2부의 마커의 예술 노동의 의미가 이 장면으로 수렴되면서 작가의 의도가 압축적으로 드러나기 때문이다. 그것은 인간의 원초적 노동과 마커가 만들고자 고심했던 황색 예술작품이 이 광부들의 몸과 옷에 그대로 현현하고 있기 때문이다. 시공간의 자연이 흔적을 남기고 간 자연스런 작품으로서의 옷, 그들만의 고유한 역사와 기억과 땀, 일상의 희비가 농축된, 아주 개별적인 옷들, 그들만의 고유한 스토리와 삶의 역정이 스며든 옷, 그것은 마커의 작업실에 있는 것이 아니라, 파리의 화려한 무대전시장에 있는 것이 아니라, 편양의 탄광노동자들 일상에 있음을 발견하게 되는 순간이다. 편양의 비바람과 흙과 땀내, 지하 탄광의 습기가 어우러진 '장소'에서 자연의 숨결이 디자인의 일부가 되어 버린 옷, 예술성을 넘어서는 노동복의 의미

지아장커의 대담. "분명 류샤오둥과 〈동〉을 찍은 이후, 나는 내 영화 속 인물들을 사회적인 인간 관계 속에 있는 인간 외에도 하나의 자연인으로서의 인간이게 하고 싶었다. 옷은 인간의 내면 표정을 나타내 주는 것 말고도 우리들 피부에 밀착되어 사람의 계층을 나누는 표지가 된 듯하다. 그러나 우리가 벌거벗은 몸이 되었을 때 이 계급 구별은 사라진다. 단지 인간의 아름다움과 육신의 평등만 있게 된다!"(賈樟柯, 『賈想 1996~2008 — 賈樟柯電影手記』, 234~235쪽.)

를 깨닫게 해주는 화면이다. 마커의 모든 창조와 노력이 빛을 잃어 버리는 듯한 '숭고'한 이 장소에서, 지아장커는 그 '숭고'한 목욕탕 의 옷들을 오래오래 비추어 준다. 더 깊이 사유하면서 보라고 관객 들에게 말하고 있는 듯하다. 조근조근 말하고 있는 듯하다.*

　　그런데 여기서 조근조근 이야기한다는 것은 무엇인가? 그것은 과도한 집약과 압축의 서사가 아니며, 영웅의 감동 서사가 아니며, 가능한 한 평범하게 있는 일상의 현실 그대로를 담담하게 서사하 는 것, 가능한 그대로 보여 주는 것, 인위적인 가위질과 편집의 형식 을 비켜 가는 형식을 취하는 것이 아니겠는가. 지아장커의 이러한 형식이 도달한 정점에는 지아장커 영화의 리얼리즘이 만들어 낸 또 다른 미적 성취가 자리하고 있다. 이러한 화면들은 탄광마을 특유 의 검은빛과 흙빛, 노동하는 육체의 살빛과 더불어 묘한 조화를 이 루면서 그곳에서 살아가는 사람들의 정신과 정서를 대변하는 리얼 리티로 성취된다. 필자는 2장과 3장에서 지아장커 영화의 리얼리즘 을 논하면서 리얼리즘이 도달한 미적 성취를, 심리적 결에 주목하 여 '허무 리얼리즘'으로 정리하기도 했고 그의 회화적 화면의 특성 에 주목하여 렘브란트적인 미학의 성취라고 말하기도 했다. '허무 리얼리즘'이 '고향삼부곡'의 도저한 지역성과 그 지역 사람의 정서 를 반영하면서 그것이 도달한 궁극의 파토스가 '허무'에 이른 것을

---

* 영화 〈무용〉의 고문을 담당한 린쉬둥은 자젠잉과의 영화 대담에서 이른바 '5세대 감독'들이 공 유하고 있었던 어떤 의식을 "적을 섬멸하고 인민을 교육하자"라는 계몽적 태도라고 비판했다. '5 세대' 감독들은 무언가 강렬하게 표현하고자 하며, 진실을 이야기할 때에도 "이거 진실이라니까" 하며 '진실'을 무슨 기호처럼, 무슨 포장지처럼 늘어놓는다는 것이다. 하지만 지아장커의 영화는 그렇지 않다는 것이 그들 얘기다. 지아장커는 "조근조근 이야기할 줄" 안다는 것이다. 그리고 그 러한 영화의 대표로 그들은 〈샤오우〉를 들고 있다.(자젠잉, 『80년대 중국과의 대화』, 669~670쪽.)

　　　　　　　　　　　4장 숨은 구조의 다중시제와 장소

지칭한 것이라 한다면, 렘브란트적 미학의 성취는 〈세계〉와 〈스틸라이프〉에 나오는 노동자들의 육체미와 노동의 고단함, 그리고 그 몸의 고독이 만들어 낸 미적 풍격을 지칭하는 것이다. 이는 노동하는 일상의 묘사와 빛과 어둠의 배치에 능한 렘브란트의 그림과 흡사하다. 렘브란트 미학은 아름다움을 만들어 내는 것이 아니라 일상적으로 존재하는 아름다움을 찾아내 형상화하는 데에 있다. 가장 기본적인 일상적 행위 속에 깃든 아름다움과 의미를 찾아, 그것을 빛과 어둠의 묘한 배치와 깊은 조화를 통해 드러낸다.* 〈무용〉이 표현하고 있는 노동, 예술, 일상의 리얼리즘은 흙의 리얼리즘이며 땅의 리얼리즘이다. 정신과 빛깔에 있어서 '황토 리얼리즘'이다. 편양 탄광노동자들의 일상과 삶의 터전인 토지, 그들의 몸과 노동복에 스며든 흙의 자연성과 그것들이 보여 주는 아름다운 빛, 그 미학의 빛과 정신이 만들어 내는 황토성黃土性이다. 이는 물론 황허의 중류에 위치한 고원지대로서의 '편양', 초원이라기보다는 황토가 더 많은 편양이라는 공간의 지리적 성격과도 밀접한 관계에 있다.

또 하나의 그림(화면)이 있다. 이 화면은 이 영화에 나오는 가장 회화적인 장면이면서 미술을 전공한 지아장커 특유의 회화적 영상기법의 장기를 유감없이 보여 주는 장면이기도 하다. 전체적으로 검은 화면이다. 해가 지고도 한참 뒤, 그러나 서쪽 하늘에 빛은 남아 있어 사물의 윤곽은 아직 보이는 시각, 전등불이 하나둘 들어오

---

* "일상생활이 새로운 양태로 변질되어 가면서 위기감을 느끼는 현대인들은 이 그림들을 보면서 가장 기본적인 일상적 행위 속에 깃들인 아름다움과 의미를 되찾고 싶어진다."(츠베탕 토도로프, 『일상예찬』, 218쪽.)

기 시작하는 시각이다. 세 명의 탄광노동자가 헬멧을 쓰고 정면을 향해, 관객을 향해 서서 담배를 피우고 있다. 화면 가득한 세 사람의 몸이 위아래로 화면을 가득 채우고 사방에는 검은 석탄가루더미가 있다. 그들이 발 딛고 선 곳은 아직은 노동의 현장. 잠시의 휴식시간 인 듯 말없이 담배만 피운다. 그들 뒤 원경으로 잡히는 경치는 밤이 오는 어둔 빛에 잠겨 가고 있는 저녁 무렵의 마을이다. 연둣빛, 녹빛 의 언덕들과 누런 길들이 계단식 밭 풍경과 더불어 배경화면을 가 득 채운다. 하늘이 없을 정도로 화면을 가득 채우고 올라간 비탈진 언덕 마을의 풍경이, 정중앙에 관객을 향해 서 있는 사람들 뒤 멀리 로 물러나 있다화보 사진 18(105쪽). 이러한 화면 구도는 지아장커를 영 화계로 인도하는 데 절대적인 영향을 준 영화〈황토지〉黃土地의 장면 들에서 그대로 배워 온 것으로 보인다화보 사진 17(105쪽). 지아장커는 자신의 성장배경을 말하면서, 고등학교 시절 공부를 못했고 그래 서 일반 대학을 포기하고 미술로 전공을 바꿨다고 했다. 타이위안 의 산시대학 입시준비반에 들어가 미술을 배우기 시작했고, 그 당 시 산시대학 옆 마을에 있던 영화관에서 천카이거陳凱歌의 영화〈황 토지〉를 보고 전율, 영화를 찍겠다고 인생행로를 바꿨다고 한다.[**] 지 아장커의 황토 리얼리즘은 이때 이미 배태된 것이다.

화면을 황토의 땅으로 가득 채우고 하늘은 화면 위쪽에 약간의

[**] 그는 이렇게 말하고 있다. "이미 그 영화(〈황토지〉)를 객관적으로 평가할 수 없어져 버렸다. 그것 이 표현하는 황허 유역과 황토고원은 내게 있어 감정 지향적 요소들이다. 나는 산시 사람이고 거 기서 자랐다. …… 1990년과 1991년에 나는 거기서 죽을힘을 다해 그림을 그렸고 생활을 해결했 다."(지아장커와 린쉬둥의 대담, 「一個來自中國基層的民間導演」, 『賈樟柯電影─〈小武〉』, 北京:中國盲 文出版社, 2003, 104쪽.)

　　　　　　　　　　　　　4장 숨은 구조의 다중시제와 장소

틈으로 배치하는 구도, 사람이 등장하는 화면에서조차 땅과 땅의 주름이 주인공인 듯 장면의 모든 구석을 채우는 화면 구성법. 지아 장커는 이 화면에 그림을 그리고 있는 것이다. 〈무용〉에서의 이 두 번째 화면은 마치 인상파 화가들이 그린 밤의 빛깔이 파스텔화처럼 번진 그림 같다. 암울하면서도 동시에 따뜻하다. 근경은 노동의 현 장이며 막장이며 흑색이다. 원경은 그들의 가족과 집이 있는 삶의 장소로 생명과 녹색 빛이 자리하는 희망의 공간이다. 앞과 뒤로, 근 경과 원경으로, 생과 시의 공간을 분할한 그림이다. 그리고 그 경계 에 여유롭게 서 있는 건장한 남성노동자들, 그들의 자세는 자신에 차 있지만 부드럽다. 그들은 말이 없고 그래서 압도적이다. 생사의 경계에 선 사람들의 위급함은 전혀 보이지 않는다. 그들에겐 그곳 이 생활을 해결해 주는 삶의 현장인 것이다. 참으로 묘한 장면이다. 황토 리얼리즘의 '대화폭'이라고 말할 수밖에 없다. 렘브란트의 일 상회화가 도달한 빛과 어둠의 화폭, 노동의 고단함과 환희를 능가 하는 듯한 그림, 빈센트 반 고흐의 부서지는 빛과 노동의 열기 반대 편에 서 있는 듯한, 담담하면서도 무겁고 쓸쓸한 그림이다. 일상과 노동, 생과 사의 정서가, 삶의 애환과 존재의 비애가, 말 없는 침묵과 열변이 교차하는 그림이다. 여기에 앞에서 본 주하이 공장노동자들 의 고단하고 단순한 노동을 겹쳐서 보면, 2부 예술 노동의 무용(쓸모 없음)이 도드라진다. 그런데 감독은 이 그림 같은 화폭을 영화 마지 막 즈음에 서사의 전후 맥락도 없이 다시 한번 반복한다. 아주 길게 보여 준다. 마커가 만든 '무용' 계열의 멋진 예술작품이 펀양 광부 들의 옷과 겹쳐지는 이 두 화면에서 지아장커 감독의 숨은 생각이 명료하게 드러난다.

지아장커의 관심은 예술가와 노동, 예술가와 패션 브랜드를 말하는 것에 머무는 것이 아니라 "신속하게 진행되는 중국 사회의 계층분화에 대한 철학적인 의미를 전달하는 데 있다". 다시 말하면, "중국은 세계에서 가장 큰 사치품의 소비국이 되어 가고 있다. 그러나 동시에 기본적인 생존 문제도 필사적으로 싸우며 해결해야 하는 사람들에게 있어서는 산다는 것 자체가 가장 큰 문제라는 것, 사치와 고상함이란 것은 사실 가장 쓸모없는無用 것"이라고 강변하고 있는 듯하다.饒曙光,「"外省人"的精神座標」, 1쪽. 왕샤오밍은 심화되는 중국 내부의 차이화에 대해 언급하면서 중국의 총체에 대한 어떤 인식이나 판단도 사실상 불가함을 갖가지의 예를 들어 설명한다.왕샤오밍,「위대한 시대에 직면하는 중국」,『역사』, 박진우 옮김, 파주:한울, 2007, 268~270쪽. 편양의 일상과 파리 예술 무대의 차이, 주하이 공장의 노동 작업장과 마커의 패션 스튜디오의 차이, 마커가 만든 아름다운 디자인 '무용' 의상과 편양 광부들의 낡은 노동복의 차이, 지아장커는 그 차이에 주목하면서도 동시에 그 차이에 내재되어 있는 숨은 구조, 그것의 필연적인 연결과 영향의 관계, 그 연계 선상에서 변화되어 가는 사회 구조와 그에 따라 변화하는 개인의 삶 풍경, 그러한 삶을 사회 하층에서 살아내고 있는 사람들의 남루한 처지, 그들의 애환과 기억, 희망과 좌절을 보여 주고 있는 것이다.

　이 영화에는 2부의 예술가 마커를 제외하고 누구도 자신의 이름으로 등장하지 않는다. 수많은 익명의 삶과 그 삶을 가능케 하는 노동, 그리고 흔들리는 삶. 그러나 따뜻한 기억과 정감과 추억, 그것들과 함께하고 있는 옷이 있다. 개인의 노동의 역사와 자연의 시간이 스며든 노동복이 있다. 그것들은 마커가 습도와 점도가 맞춤한

흙에 천을 묻어서 그토록 민감하고도 정교하게 만들어 내고자 했던 자연의 시간과 공간의 역사성이 배어들어 가게 만든 옷의 원본인 것이다. 광부의 옷이 노동과 일상 삶의 흔적으로서의 예술이라고 한다면 마커의 옷은 인위적 장치와 기교를 통해 만들어진 예술품이다. 물론 지아장커가 마커의 예술작업이 무용하다고 말하는 것으로 보이진 않는다. 다만, 감독은 진정한 예술품은 우리 일상 속에 가장 친숙한 것에 자리하고 있음을 말하고 싶었던 것. '무용'의 걸작품은 이미 일상의 유용함 속에 존재하고 있는 것임을 표현하고자 한 것이다. 힘겨운 예술 창조의 긴 과정이, 익명의 보통 사람들의 진솔한 일상 속에 '엄연'하고도 '숭고'하게 빛바랜 모습으로 존재하고 있음을 발언하고 있는 것이다. 그동안 누구도 그러한 존재에 조명을 비추거나, 카메라 렌즈를 대는 사람이 없었을 뿐이다. 이상 거론한 것이 이 영화 속 두 개의 숨은 그림이자 숨은 구조다.

이 영화는 편양의 한 남자 재단사의 작업장을 보여 주는 것으로 끝난다. 바지를 수선하러 온 여자 손님이 그 남자에게 묻는다. "사람들이 여길 정말 철거하려 하나요?" "그렇다고 하네요."* 수선을 기다리는 여성의 시선이 움직이며 가게의 내부가 죽 보인다. 시골의 평범한, 그러나 오래된 가게다. 남자는 아주 숙련된 솜씨로 재봉틀의 페달을 밟으며 옷을 수선한다. 손님도 떠나고 시간이 흘러 밤이 된다. 그러나 아직도 같은 자세로 일하고 있는 남자. 가위질하는 고단하고 외로운 뒷모습이 보인다. 재봉틀의 페달을 밟는 재단사의 양

---

* 영화 〈샤오우〉에서 시작한 철거는 아직도 계속 진행 중이다. 편양이 읍에서 시로 변하고 시에서 보다 번화한 근대 도시로 변화하고 있는 중이기에 철거는 중국 전역에서 상시화되어 있다.

발을 아주 길게 보여 주면서 엔딩 크레디트가 오른다. 대량생산과 공장제 공업으로 산업화가 진행되면서 오래된 전통 양복점이나 옷 수선 가게들은 철거를 기다리고 있다. 조만간에 사라져 갈 풍경인 것이다. 빠르게 진행되는 산업화와 도시화에 따라 도시로 떠나가는 젊은이, 공동화되어 가고 있는 작은 읍과 농촌들. 이들 사라져 가는 것에 대한 감독의 남다른 애정, 집요한 기록이 보이는 부분이다.

　1부 주하이에서 2부 '무용'의 작업실과 파리로, 2부 '무용'의 작업실과 파리에서 3부 펑양으로, 3부 펑양에서 다시 1부 주하이의 거리로, 서로 아무 연관이 없는 듯한 이 공간들을 건너가면서 감독이 암시하고자 한 것은 무엇인가. 노동과 시장, 예술과 창조, 일상과 노동자의 삶이 필연적으로 연결된 삶의 구조라는 것. 지아장커는 삶의 필연적 연결성과 관계성, 끝없는 변화의 연쇄고리 위에서 사라져 가는 것들과 새로 나타나는 것들, 그것들에 대한 인간의 기억과 감정을 놀랍도록 깊이 탐색한다. 이러한 연결의 고리를 주하이, 파리, 펑양이라는 서로 다른 공간의 거리를 넘어 옷이라는 것을 매개로 하여 보여 준다. 옷을 만드는 노동과 그것의 시장화에 대한 예술가의 저항, 그 작업의 결과물이 보여 주는 파리의 화려한 전시 무대, 주변부 펑양인들의 일상적 삶 속에 재현되는 노동의 숭고함과 비애, 그들 노동복에 겹쳐지는 파리의 무대, 이것들의 연관성을 놀랍도록 재현한다. 이것이 이 작품의 숨은 구조이다.

　앞서 거론한 『블루 스웨터』의 재클린 노보그라츠의 깨달음처럼 "우리의 행동뿐만 아니라 행동하지 않는 것까지도, 우리가 결코 알지 못하고 앞으로 만나지도 못할 가능성이 높은 이 지상의 모든 사람에게 매일 영향을 미친다"는 것을 지아장커는 '옷'을 매개로 보여 주고자 한 것이다. 그는 어떤 결론을 내리거나 명시적인 발언도 하지 않는다. 목소리 높여 외치지도 않으며 무엇에 대한 분노나 울분은 더더욱 없다. 몇몇 곳에서 긴 호흡으로 한 장면을 응시할 뿐, 그리고 나열하면서 보여 줄 뿐이다. 이것이 지아장커의 영상 전략이다. 느리고 '느린 미학'이다. 그 조용한 응시와 잔잔하면서 깊이 다가오는 파토스는 관객들에게 '좀 생각해 보라'고 속삭이듯 말한다. 관객을 깊은 사색의 장으로 조용조용 인도한다. 우리가 흔히 어떤 현상이 숨은 구조를 말할 때는 그것이 그러하게 된 정치·사회적 배경이나 문화적인 배경 등을 지칭한다. 즉 텍스트의 외곽에 존재하며 텍스트에 영향을 주고, 관계하는 구조를 말한다. 이런 의미에서 이 영화의 또 다른 숨은 구조는 주장 삼각지 노동의 정치·경제적인 성격, 예술 창조의 중국적 흐름과 여건, 작품 전시의 국제적 환경과 조건, 펀양 일상을 지배하는 국가권력과 시장의 성격, 탄광산업의 노동 취약성과 사라져 가는 개인사업, 이러한 것들이 하나의 연쇄 고리 안에서 필연적으로 상호 영향을 주고받는 정치적이고 경제적인 구조이기도 하다.[*]

이러한 구조를 감독은 매우 미학적으로 전달하고 있다. 앞에서 언급하였듯 그 자신이 자신의 정신적 뿌리인 작은 도시의 주변성을 벗어나지 않으면서도 그곳의 인물과 일상생활에 대한 선택적 서사를 통해 세계적인 보편성을 획득하고 있다. 주변과 중심, 개인과 세

---

[*] 지아장커는 자신의 영화 〈무용〉에 대해 이렇게 말하고 있다. "옷이 제공되는 선을 따라 서로 다른 세 지역에서 촬영을 했다. 그리고 동일한 경제의 연결고리 아래 살고 있는 서로 다른 사람들의 현실이 존재함을 알 수 있었다."(賈樟柯, 『賈想1996~2008─賈樟柯電影手記』, 229쪽.)

계의 결합이 그의 작품이 지닌 장점이자 예술성의 성공 요인이다. 주하이의 노동자와 펀양의 탄광노동자, 파리의 패션쇼 무대와 펀양의 탄광, 세계적인 디자이너와 익명의 시골 사람이 한 연쇄선상에 어우러져 서로에게 영향을 주고 있고 말을 걸게 하는 구조, 그 구조를 가능하게 만드는 의미있는 미적 형식이 지아장커에겐 있다. "프레드릭 제임슨에 따르면 이러한 서사 방법은 정치무의식의 과정이 만들어 낸 일종의 은유이며" "가장 개인적인 부분('사람이 세계를 통과하는 특수한 경로')과 가장 전 지구적인 총체성('우리 이 정치적인 지구행성의 주요한 특성')을 연결시킨다".饒曙光, 「"外省人"的精神座標」, 3쪽.[**] 이것이 지아장커 영화의 성공 이유이면서 동시에 그의 모든 영화가 만들어질 때마다 세계인이 주목하고 여러 영화제에서 수상하게 되는 이유일 것이다.

지아장커는 말한다. "옷은 몸을 가릴 수 있고 감정을 전달할 수 있으며" 옷으로 "진리를 담아낼 수도 있다"고.賈樟柯, 앞의 책, 229쪽.[**] '의이재도'衣以載道, 즉 옷으로도 진리를 표현할 수 있다고 말하고 있는 것이다. 그는 자신의 카메라 하나에 의지해 중국의 어떤 '리얼리티'를, 불편한 중국적 진실을 담아내고 있는 것이다.

[**] 글(文章)은 모름지기 진리를 담아내야 한다고 하였던, 당나라 한유(韓愈)의 '문이재도'(文以載道)를 생각나게 하는 표현이다.

4장 숨은 구조의 다중시제와 장소

5장

만리장성 유전자와

리얼리즘

〈샤오우〉, 〈플랫폼〉, 〈임소요〉로 통칭되는 '고향삼부곡'(1997~2002)에서 시골에 갇힌 젊은이들을 그렸던 지아장커는 대도시로 탈주한 이 시골 소년들이 베이징의 하층 노동자로 살아가며, 또 다른 탈주를 꿈꾸다가, '세계'라고 하는 감옥에 갇혀 죽어 갈 수밖에 없는 참담한 현실을 〈세계〉(2004)에서 보여 주었다. 〈스틸 라이프〉(2006)에서 그는 갇힌 공간이 아닌, 넓은 창장長江의 강변 지역 도시로 나간 유랑노동자들을 다시 렌즈에 담았다. 그곳에서 그들은 목숨을 담보로 한 철거노동자로 살아가거나 죽어 가고 있었다. 펀양과 다퉁으로 대변되는 주변부의 주변부, 희망 없는 이곳 청소년들의 꿈은 토지와 농촌, 부모와 가족으로부터 해방되어 자유를 누리는 것이었다. 하지만 도시로 나온 이 청년들은 '세계'와 같은 또 다른 임금 착취의 구조와 체제 속으로 편입되어 그 속에서 속박된 모습으로 살아가게 된다. 저임금과 고강도 노동 속에서 이들 젊은 청춘은 아무런 전문 지식도 후원자도 없는 하층노동자로 살아갈 수밖에 없다. 그들은 그 '세계'로부터 벗어나고자 애쓰지만 그 속에서 불행한 삶을 마감하게 된다. 창장 댐 건설로 인한 수몰 지역에 철거노동자로 들어간 수많은 유랑인들은 변변한 기계 장비 없는 위험한 철거의 현장에서 온몸과 근육으로 시멘트와 철골을 제거한다. 매몰되어 죽어 가는 동료를 수시 목도하지만 고단한 노동의 행진은 말없이 계속된다. 이들의 비참한 삶은 창장의 아름다운 산수풍광과 극적으로 대비되면서 보는 이에게 비장한 슬픔을 던져 주었다. 그리고 이들의 외줄 타기와 같은 삶의 절박함은 임금이 더 좋다고 하는 곳, 그러나 죽음이 기다리는 산시의 탄광으로 이들을 향하게 하는 것으로 끝난다. 산시는 '고향삼부곡'의 배경이었던 편양과 다퉁이 있는 곳이다. 탈주하고자 했던 그곳으로, 이제는 중년의 노동자가 되어 다시 돌아가고 있는 형국이라고 할 수도 있겠다. 〈스틸 라이프〉의 이 마지막 장면에서 우리는 루쉰이 쓴 역사소설 『새로 쓴 옛날이야기』故事新編에서 그가 예찬한 인물군, 즉 중국의 역사를 건설한 동력으로 암시되고 예찬되지만, 어디서도 제대로 된 대접을 받아 본 적 없는 이른바 '검은 계열'의 사람들을 만나게 된다. 우禹임금과 묵자墨子 계열로 대변되는 중국 문명의 기층 건설자들이자 중국 역사의 동량들이다.

지아장커는 영화 〈무용〉(2007)에서 옷의 생산 과정을 통해 같은 생산 라인 하에 있는 서로 다른 노동자들의 삶과 현실, 옷이 갖는 여러 가지의 기억과 역사·문화사적 의미를 자못 철학적으로 영상화한 바 있다.* 〈무용〉의 화면을 떠나지 않고 있던 일상과 노동, 경제 순환고리 아래 놓인 인간들의 기억과 흔적, 정감과 적막의 미美는 다시 일 년 후에 만든 영화 〈24시티〉二十四城記(2008)에서는 확연히 다른 공간과 인물들을 통해 한층 다른 미학적 차원에서 보다 더 복잡하고 정교하게 표현되고 있었다. 그 심화를 가능케 하고 있는 것은 50년이라고 하는 긴 시간과 국가권력이라고 하는 거대한 힘이 시종일관 강력한 농도와 깊이로 개인의 일생에 빛과 그림자를 드리우고 있는 것에서 기인한다. 필자는 2008년 서울에서 열린 제1회

---

* 「〈無用〉導演的話」(〈무용〉 감독의 말). "옷이 제공되는 선을 따라 서로 다른 세 지역에서 촬영을 했다. 그리고 동일한 경제의 연결고리 아래 살고 있는 서로 다른 사람들의 현실이 존재함을 알 수 있었다. 옷은 몸을 가릴 수 있고, 감정을 전달할 수 있으며, 진리를 담아낼 수도 있다(載道). 우리 피부에 밀착되어 있는 의복이 기억도 가지고 있음을 알 수 있다."(賈樟柯, 『賈想 1996~2008―賈樟柯電影手記』, 229쪽.)

5장 만리장성 유전자와 리얼리즘

'디지털필름페스티벌' 개봉작으로 초대된 〈24시티〉를 보러 갔다가 극장의 기계 고장으로 초입부만 조금 보고 나왔다. 표를 환불을 받고 하릴없이 돌아오면서도 이상하게 서운하거나 미흡한 맘이 조금도 들지 않았다. 그것은 아마도 이 영화가 영화관에서 일회로 감상하고만 끝낼 그런 영화가 아니란 것을, 또 다시 펜을 들고 메모하면서 꼼꼼하게 '읽어야' 하는 '두터운 중국 텍스트'임을 알아 버렸기 때문일 것이다. 영화 초입부 10여 분만 보고도 이제 지아장커 영화는 중국 사회를 독해하는 데 있어 비켜가기 힘든, 두터운 텍스트의 산맥을 형성해 가고 있다는 것을 무겁게 한 번 더 확인하였기 때문이다.

5장에서는 국가와 개인 기억의 복원 의미와 혁명 이후에도 노동자들에게 지속된 '혁명시대'의 폐쇄적인 삶의 구조, 사라지는 것들을 기록한 감독의 영상 윤리와 문학화된 영상 촬영법 등에 초점을 맞추어 〈24시티〉를 분석해 보고자 한다.

1. 강제이주, 혁명과 개인

〈24시티〉는 감독의 말 그대로 아홉 명 인물의 구술을 통해 현실의 복잡성을 재현하고자 한 영화다. 다시 말하면 다섯 명의 실존 인물과 네 명의 허구적인 인물이 겪은 삶의 여정을 그들의 기억과 구술에 의지해 50년 동안 살아온 개인사를 복원한 것이다. '기억을 말한다는 것'에서 보면 이미 이러한 실험 즉, 실존 인물과 배우들을 함께 기용하여 그들의 기억을 다큐멘터리로 작품화하는 작업은 영화사에 종종 있어 왔다.* 복원의 의미나 목적, 의도는 나중에 논하기로 하고 우선 복원된 소문자 '역사들'의 구체적인 내용을 간추려 보기로 한다. 괄호 안에 배우의 이름을 별도로 명기하지 않은 사람은 실존 인물이다. 개인 역사와 국가 역사가 분절하기 힘들 정도로 일체화되어 있다.

허시쿤何錫昆. 1948년 청두成都 출생이고 1964년 청파그룹成發集團 61작업장 4조에 배치되어 일을 배웠고 조립공이 되었다. 나중에 군에 입대했다. 젊은 시절 일을 배우던 과정과 수선의 경험, 특히 생산

---

* 고레에다 히로카즈(是枝裕和) 감독의 영화 〈원더풀 라이프〉(1998) 같은 영화가 그렇다.(오카 마리, 『기억 서사』, 김병구 옮김, 소명출판, 2004, 127쪽.)

5장 만리장성 유전자와 리얼리즘

도구인 스크레이퍼刮刀: 긁는 칼를 수작업으로 만드는 과정 등을 상세하게 설명한다. 자신을 가르쳐 주었던 기술자 선배, 기계 제작과 도구에 대한 애정이 남달랐던 선배에 대한 기억과 그에 대한 짙은 그리움과 존경심을 말하고 있다. 의자에 똑바로 앉아 줄곧 관객을 향해 말을 하는 형식이다.

왕 선생王先生. 허시쿤이 젊은 시절에 기술을 배웠던 엔지니어다. 현재는 청력이 떨어지고 말이 어눌하며 온몸을 떨면서 말한다. "1959년 이리로 전근 온 뒤, 우린 하루도 못 쉬었다. 저녁에도 야근을 했고 설날이나 명절에도 특근을 했다. 조선에 전쟁이 있었다. 그래서 우리의 임무가 막중했다." 허시쿤이 스승인 왕 선생을 방문해 그의 머리칼을 쓰다듬으며 울먹인다. 시대와 상처, 회한의 무게에 눌린 늙은 노동자의 모습에 화면 가득 비애가 넘실거린다.

관평주關鳳久. 1935년 랴오닝성遼寧省 하이청海城 출생이다. 청파 그룹의 보위과장保衛科長을 지냈고 퇴직할 당시엔 공장의 당위원회 서기였다. 그는 이렇게 회고한다. 당시 중국의 군수공업은 모두 동북 지역에 있었고 비행기 공장도 동북에 있었다. 항미원조전쟁抗美援朝戰爭: 한국전쟁 당시 공장 노출이 위험하다고 생각한 당국은 이 공장을 서남부 지역의 산속으로 이전키로 결정했다. 부지 선정과 공장 건설 등을 모두 선양沈陽의 111공장壹壹壹廠이 담당했다. 이 공장은 비행기 엔진 수리 전문 공장인데 항미원조전쟁 시에 미그기 15기를 수리하여 곧바로 전쟁에 투입했다. 이 공장의 시설과 노동자, 기술자와 간부의 60%가 같은 비율로 이직 혹은 전근당했다. 당시 4천 명의 노동자가 이곳(청두)으로 강제이주되어 왔다. 인터뷰가 진행되고 있는 곳은 현재의 청두다.

허우리쥔候麗君. 1953년 선양 출생이다. 청파그룹 63작업장 수리 공이었다. 1958년, 다섯 살 때 노동자였던 엄마를 따라 청두로 이주했다. 고향으로 돌아가지 못한 엄마의 그리움과 비애를 기억에 의지해 말한다. 청두에 온 지 14년 만에 엄마를 따라 잠시 고향에 갔을 때, 엄마의 통곡과 가족들의 슬픔으로 눈물바다가 되었던 기억이 있다. 1994년, 41세에 공장 경영 악화로 인해 청두 직장에서 퇴출된 후 끼니를 거른 적도 있었다. 당시 자기 집과 비슷한 처지에 있던 사람들이 많았다고 심상하게 회고한다. 그녀는 당시에 벽에 써 놓았던 자신의 좌우명을 말하면서 울먹인다. '좋을 때든 곤경에 처할 때든 나 항상 용감하게 앞으로 전진하리.'無論是順境還是困境, 我都要勇往直前 일거리를 찾아서 청두 시내를 헤매고 돌아다녀도 일이 없었고 결국에는 하는 수 없이 난전을 펴고 꽃을 팔았던 적도 있다. 지금은 일도 있고 수입도 괜찮은 편이다.

하오다리郝大麗(배우 뤼리핑呂麗萍), 청파그룹 외장 작업장의 노동자였다. 전국 '삼팔홍기수'三八紅旗手의 칭호를 얻었다. 사실 청파그룹은 비밀사업체였다. 처음 시작할 때의 명칭은 신두기계공장新都機械廠이었다. 내부 직제번호는 마치 군번처럼 지어졌고 끝까지 바뀌지 않았다. 월급에 비밀유지비 명목으로 5위안을 더 받았다. 일인당 매월 세 근의 고기가 공급됐다. 당시로선 대우가 대단했다. 엔진은 하늘로 올라갈 물건이어서 대충하면 안 됐다. 1975년에는 58위안 받으면 30위안을 저금할 수 있었다. 고향 선양에도 돈을 부칠 수 있었다. 쓰던 물건을 고향에 보내면 그곳에서 고쳐 다시 썼다. 올해 공장이 힘들어진 것을 알고 동생의 아들이 500위안을 부쳐 주었다고 한다. 1958년 선양에서 차례차례 시기별로 사람들이 이곳으로 이주했다. 당시 그녀는 열여덟 살이었고 세 살짜리 애의 엄마였다. 청바오成寶 철로가 붕괴되어 선양에서 다롄大連까지는 기차를 탔고, 다롄에서 상하이, 상하이에서 충칭까지는 배를 탔다. 충칭에서 청두로는 기차를 탔다. 이곳까지 오는 데 꼬박 15일이 걸렸다. 배가 펑제에 잠시 정박했을 때 애를 잃어버렸다. 정박한 사이, 잃어버린 아이를 찾아 헤매는데 배가 출발한다는 기적이 울렸다. 당시 기적소리는 군나팔소리와 같았다. 군속 노동자들은 일거수일투족이 국가 안전과 직결돼 있었다. 장제스蔣介石가 언제든 대륙을 공격하려 하고 있어 시국이 긴박했다. 더는 아이를 찾지 못하고 떠날 수밖에 없었다. 눈물과 한숨, 한이 어린 그녀의 회고다. 현재 나이든 그녀는 팔에 링거를 꽂고 혼자 TV를 보면서 국수를 먹고 있다. 혼자 살고 있는 풍경이다. 그녀가 링거병을 들고 걸어가는 노동자 기숙사 뒷길의 여기저기에는 오래된 비행기들이 마치 망가진 장난감처럼 전시되어 있다(화보 사진 22(107쪽). 기체번호 9958, 9957 등이 적힌 비행기 잔해들이 이 군수공업 노동자들의 역사를 대변하고 있다.

쑹웨이둥宋衛東(배우 천젠빈陳建斌), 1966년 청두 출생이다. 청파그룹 사장실의 부주임을 지냈다. 그는 이렇게 회고한다. 우리의 420 공장은 크고 완벽했다. 철저히 독립된 세계였다. 모든 종류의 학교서부터 수영장, 영화관…, 없는 것이 없었다. 사이다 공장도 있어서 여름이면 집집마다 그릇을 가지고 와 사이다를 받아 갔다. 420공장은 청두에 있었지만 청두시와는 별개였다. 무슨 분쟁이 생길 경우를 제외하고는. 그런데 원주민 아이들과 노동자 자식들 사이에 자주 패싸움이 있었다. 노동자 수가 많아 우리가 항상 이겼다. 초등학교 3학년 때 동네 아이들과의 큰 패싸움이 있었는데, 그 패거리에게 붙잡혀 죽을 뻔 했다. 그쪽 패거리 대장이 오늘 저우언라이^{周恩來} 총리가 죽어서 널 놓아준다고 했던 기억이 있다. 1978년 문혁 종결 당시 자위^{自衛} 반격전이 있었고 중국이 월남을 쳤다. 그러자 군수품의 수요가 갑자기 늘었다. 문혁 시기 연애의 기억과 유행했던 애교머리 스타일에 대한 기억, 애인과 헤어진 기억을 자못 씩씩하고 건강한 어조로 회고한다. 그러나 어딘지 모를 비애의 파토스가 화면 가득 번진다. 화면에는 예이츠의 시가 문자로 올라간다. "단풍잎 많아도 뿌리는 오직 하나 / 거짓에 갇혔던 내 젊은 시절 / 난 햇빛 아래 흔들렸었지 / 이제 난 쪼그라들어 진리가 되네."

구민화^{顧敏華}(배우 천충^{陳沖}), 애칭은 소화^{小花}이고 1958년 상하이 출생이다. 청파그룹 정밀작업장의 품질검사원이었다. 1978년 상하이 항공학교에서 이 공장으로 배치됐으나 오고 싶지는 않았다. 그런데 외지로 갔던 하방 지식청년^{揷隊知靑}들이 상하이로 돌아오기 시작했다. 오빠는 장시^{江西}에서, 큰언니는 헤이룽장^{黑龍江}에서, 둘째 언니는 안후이^{安徽}에서 돌아왔다. 남동생 포함 일곱 식구가 양수푸^{楊樹浦}의 집, 방 한 칸에 끼어 잤다. 도저히 지낼 수가 없었다. 그래서 하는 수 없이 집을 떠났다. 청두 공장에 도착해서는 인기가 굉장했다. 상하이 아가씨를 보겠다고 몰려든 노동자들이 엄청났다고 회고한다. 당시 〈소화〉^{小花}란 영화가 있었는데 그래서 소화가 자신의 별명이 되었단다. 또 다른 별명은 '공장의 꽃'이었다. 몇 명의 남자와 엇나갔던 만남과 헤어짐, 상하이로 갔다가 다시 청두로 오가며 실패한 장사의 기억 등, 사연이 복잡하다. 지금은 혼자 살고 있다. 아직도 상하이 방언을 자유자재로 구사하며 당시 국제적인 대도시 상하이인으로서의 자부심과 긍지를 온몸으로 보여 준다.

자오강趙剛. 1974년생이고 청두TV 뉴스종합채널의 프로그램기획자다. 청파그룹 노동자를 아버지로 둔 노동자 2세대다. 어린 시절 청두에서 지린吉林으로 이주하라는 통지를 받았고, 지린에서는 엔진 구조와 금속 열처리 등과 같은 이론 공부를 했다. 3개월 후 제복을 입고 연마공으로서의 도제 교육을 받았다. 어릴 적부터 경찰이나 군인 등 제복 입은 사람에 대해 남다른 경외심을 갖고 있었다. 제복은 일정한 신분이 있어야 입는 것이다. 그런데 공장에서 일하며 똑같은 작업을 끝없이 반복해야 한다는 것을 알고는 권태와 회의를 느꼈다. 당시 그의 나이 열여섯 살이었다. 아버지의 결사반대를 무릅쓰고 그곳을 떠났다. 유리창이 다 깨진 커다란 붉은 공장의 건물 안, 소파에 앉아 그는 카메라를 향해 천천히 회고한다.

쑤나蘇娜(배우 자오타오趙濤), 애칭은 나나娜娜다. 1982년 청두 출생이다. 흰 폭스바겐을 몰며 이어폰으로 누군가와 통화하다가 넓은 유채밭에 차를 주차시키고 한가로이 유채꽃을 즐긴다. 저 멀리에는, 철거된 군수공장의 부지 위로 높이높이 올라가고 있는 아파트 단지가 보인다화보 사진 23(107쪽). 아파트의 이름이 '24시티'다. 쑤나 아버지는 청파공장 제2공장의 공장장이었다. 좋은 대학에 갈 바라는 부모 희망과 달리 그녀는 모델이 되고 싶었다. 그러나 지금은 오퍼상 노릇을 한다. 돈은 잘 벌고 있다. 집을 나와 혼자 산 지 오래다. 여러 남자와 동거하기도 했다. 돈은 많지만 움직이기 싫어하는 청두 시내 유한마담들을 대신해서, 그녀는 2주일에 한 번 홍콩을 오가며 명품을 사다 주고 있다. 쉽게 돈을 벌고 있는 셈이다. 1995년 아버지 퇴직 후 집안의 암울했던 분위기 때문에 집을 나와 돌아가지 않았다. 지금도 엄마는 힘든 공장 일을 계속하고 있다. 엄마에 대한 죄책

감으로 잠시 목이 멘다. 부모 때문에 가슴이 아프다며 고개를 숙이고 울먹인다.

앞의 내용은 영화 〈24시티〉에서 구술에 의해 재현되고 있는 아홉 명의 개인사다. 개인 역사의 복원이자 당시 사회상의 복원이며 정치 혁명사의 복원이다. 그것은 모두 개인의 기억에 의존하고 있다. 이들은 모두 1958년부터 몇 차례에 걸쳐 선양에서 청두로 이주한 국영 군수공장의 노동자들과 그들의 가족이다. 이 공장은 마오쩌둥 체제하의 전략기지로 군수업체의 안보전략상 선양에서 청두의 산속으로 비밀리에 이전된 공장이다. 2007년 공장이 폐쇄될 때까지 주로 전투용 비행기를 제조하는 공장이었다. 국영 군수업체 공장노동자 1세대들(관평주, 왕 선생, 허우리쥔의 엄마, 하오다리)은 국가의 욕망을 자기화하였고 그것을 위해 개인적 욕망을 죽였다. 이들 삶 속에는 마오쩌둥과 저우언라이라는 기호로 대변되는 '대문자 역사'만이 있었다. 그들의 그늘만이 짙게 드리워 있다. 국책사업에 의해 이들은 수만 리 떨어진 곳으로 이주를 당했고, 그것을 그들의 임무라고 생각했다. 국가의 이데올로기를 자기화하며 당연시한 것이다. 쑹웨이둥이 회고하는 마지막 장면에서, 그가 공을 들고 우두커니 서 있는 오래된 아파트 벽면에는 아직도 이런 구호가 선명하게 남아 있다. '회사가 평안하면 가가호호 이로움이 있다.'_{社區}
平安家家受益 그것은 여전히 강한 힘으로 작동하고 있는 듯하다. 그래서 그들은 2007년에도 아직 이렇게 노래한다. "오성홍기. 바람에 나부낀다. 승리의 노랫소리 얼마나 우렁찬가! 사랑하는 우리 조국, 조국 위해 노래하자. 이제부터 번영과 부강을 향해!"라고. 이 영화에 등장하는 노동자들은 중국 현대사에 기록되는 역사주체들이 아니

5장 만리장성 유전자와 리얼리즘

다. 중국 사회의 비주류이며 평범한 국민들이다. 공장의 위치 역시 수도 베이징에서 멀고도 먼 주변의 주변 지역에 있다. 도시에 있으나 폐쇄된 구조 속에 갇혀 공장 안에서 노동하다 죽어 간 인물들, 혹은 그 후예들이다. 감독은 주변인의 삶, 그 가운데서도 지극히 상식적 삶을 살아간 사람들을 호명하여 렌즈 앞에 세우고 길고 자유롭게 말하게 만든다. 그들의 파편화된 기억들을 나열하여 끼워 맞추고 희미해져 가는 기억들을 되살려 이어 붙이기를 시도한다. 그 기억의 편린들을 노동, 일상, 가족의 행불행과 병치시키면서 시간의 순서대로 정교하게 편집한다. 관객은 마치 중국 당송唐宋 시대의 변방에서 들려오는 대서사시, 우국과 충정에 가득 찬 변새邊塞의 시를 읽는 듯하다.

〈24시티〉의 인물들은 모두 카메라 앞에 앉아 말하고 있다. 그들은 모두 "기억하건대", "기억하자면", "기억난다", "생각난다"는 말을 말머리와 말미에 수없이 쓰고 있다. 때로는 유창하게, 때로는 주춤주춤하게 언술되는 기억들, 서로 다른 사람들의 다른 기억의 파편들. 그러나 이 아홉 명의 기억—정확하게는, 현재를 얘기하는 나나를 뺀 여덟 명—에는 그것을 가로지르는 공통의 집단 역사가 자리하고 있다. 그들의 '몸'은 소문자 역사와 대문자 역사가 겹쳐지는 자리였고 대문자 역사가 소문자 역사를 억압하거나 강제하는 장소였다. 이들의 집단 기억을 통해 작가로서 지아장커 감독이 말하고자 한 것은 대문자의 "역사를 정리하는 데 있지 않"다. 그는 "거대한 사회 변화를 겪은 개인의 경험을, 귀를 기울여야만 이해할 수 있는 개인의 경험을 이해하고 싶었"賈樟柯, 『賈想 1996~2008—賈樟柯電影手記』, 249쪽.을 뿐이라고 말한다. 그러니까 지아장커의 관심은 대문자 역사가 아닌 '소문자 역사들'의 복원에만 있다는 것. 그냥 이해하고 싶어서였다는 것뿐. 그러나 "복수의 역사들histories은 민족의 목적론이나 하나의 근대성이란 목적론에 의해 정의되고 강제되는 하나의 역사History에 대항"함아리프 딜릭, 『포스트모더니티의 역사들』, 황동연 옮김, 파주: 창비, 2005, 8쪽.을 생각한다면 감독이 의도하든 아니든 이미 이 개인들의 역사는 하나의 거대한 저항의 자리, 비판의 자리에 서게 된다. 하나의 역사, 즉 대문자 역사가 간과하고 있는 소문자 역사는 거대 서사가 아닌 미시 서사의 미세한 결 속에 살아 있다. 그 미세한 결 속에서는 사실과 기억뿐만 아니라 상상을 통한 의미의 재구축도 일어난다.* 그러므로 이 영화에서 지아장커는 '소문자 역사'들의 기억에 의지하여 대문자 역사에 대한 발언을 영화 화면에 '쓰고' 있는 중이다. 그래서 그를 '작가'라고 한 것이다. 국가·민족·권력·남성 서사에 의해 수없이 쓰여 온 '대문자 역사', 그 대문자 역사에 의해 가려지고 왜곡돼 버린 무명의 개인 역사, 그것도 변방의 변방에 자리한 하층노동자의 역사들, 그들의 잃어버린 과거의 편린을 수집하고 주워서 그 조각을 꿰맞추어 쓰고 있는 것이다.** 실제로 그는 청두의 공장노동자 500명을 직접 인터뷰했다고 한다. 그리고 그 가운데 가장

---

* 2008년 영화를 찍고 난 지 얼마 되지 않아 감독 지아장커는 이렇게 말했다. "세 여성의 허구적인 스토리와 다섯 구술자의 실제 경험(기억을 말하는 것이 아니라 현재를 말하고 있는 쑤나를 포함하면 9명—인용자)을 결합하여 이 영화의 내용을 만들었다. 동시에 기록과 허구 두 가지 방식으로 1958년부터 2008년까지의 중국 역사를 대면하는 것이 내가 생각할 수 있는 가장 좋은 방식이었다. 내 생각에, 역사란 사실과 상상에 의해 동시에 구축되는 것이다."(賈樟柯, 앞의 책, 249쪽.)
** 그는 이전 리얼리즘 예술론에서 운위되는 전형적인 인물에 별 관심이 없다. 너무나 사소한 인물들—샤오우(小武)와 같은—의 '전형'을 찾는 영상 문법이 〈24시티〉에서도 계속되고 있는 것이다. 단지 이전 영화에서는 소수의 샤오우들이 있었다면, 여기서는 다수의 인물이 똑같은 무게감으로 연결될 뿐이다.

상식적인 보통의 삶을 산 사람 아홉 명을 추려 그들의 개인사를 압축·편집하여 이 영화를 만들었다. 소문자 역사 없는 대문자 역사는 국가·민족·이념·정치에 의해 만들어진 권력의 역사이다. 지아장커는 카메라를 무기로 대문자 역사에 말없이 저항하고 있는 중인지도 모른다. 그것은 글에 의지해 이름 없는 최하층 약자, 아Q들의 해방과 인권을 위해 애썼던 루쉰문학의 리얼리즘 정신사와 1세기를 넘어 연결되고 있다.

리얼리즘 영화의 대가 지아상커는 이렇게 말하고 있다. "가장 좋은 시대든 가장 나쁜 시대든 그 시대를 겪은 개인은 홀시될 수 없다. 그런 면에서 〈24시티〉에 나오는—나나를 뺀—8명의 노동자는 분명 당신 자신일 수도 있다. …… 각각의 시대는 그 나름의 고유한 표현이 있다. 1970년대 말 개혁·개방이 된 이후 지금까지, 사실 우리가 만들려 노력한 것은 개인으로부터, 내면으로부터, 사적인 인간의 시각으로부터 본 표현이지 무슨 주류담론이 얘기하는 것에 기대어 한 일들은 아니었다. …… 1990년대 초부터 18년간 매우 많은 의미 있는 작품들이 나왔다. 나는 이들 작품이 우리 개인의 성숙된 표현과 반영에서 온 것이라고 믿는다."賈樟柯,『賈想 1996~2008—賈樟柯電影手記』, 257쪽. 이 복원의 경로는 온전히 개인의 기억과 기억의 흔적을 드러내는 데 있다. 이들 인물은 모두 기억 속에 갇혀 있으나 다른 한편 자기 자신에게만 속한 자신의 역사와 시간을 갖고 있다고 볼 수도 있다.賈樟柯, 앞의 책, 254쪽.

2. 만리장성 유전자와 단위(單位) 무의식

중국 문화 및 중국 정신사를 읽는 키워드 중 하나로 필자는 늘 '담'
墻을 생각해 왔다. 그것은 오랜 세월 중국을 상징해 온 만리장성으
로 대표된다. 외부로부터 자기를 방어하는 벽이자 경계이며 동시
에 외부로부터 차단된 갇힌 세계로서의 중국을 상징하기도 한다.
수백 년에 걸쳐 죽어라 담을 쌓고 그 안에서 자족의 문명권을 만들
어 왔다. 자만과 오만의 역사에 취해서 수천 년을 이어 온 중국의 고
대 문명. 그것은 분명 열린 광장 아고라의 문명, 아테네 광장의 문명
과 다른 문명이다. 담과 벽을 철옹성처럼 둘러친 자금성의 문명이
며, 사방 겹겹의 담장으로 주거공간을 분리한 사합원四合院의 문명이
며, 만리장성의 문명이다. 고대 중국인들에게 만리장성을 벗어나 서
쪽 끝에 자리한 자위관嘉峪關*을 넘어간다는 것은 황제의 은택이 미
치지 못하는 야만의 문명 속으로 던져지는 것과 같은 것이었다. 동
쪽 끝 산하이관山海關의 밖은 이른바 동이족, 만주족, 여진족이 출몰
하는 야만의 땅이었고, 몽골 아래 산시성을 경계로 가로지른 만리

---

* 간쑤성(甘肅省) 주취안현(酒泉縣) 자위산(嘉峪山)에 위치한 관문. 서쪽 끝에 있는 만리장성의 마
지막 관문이다.

장성 북쪽은 수천 년간 중앙아시아의 흉노족들이 먹을 것을 찾아 남으로 침입하고 신출귀몰하던 흉흉한 지역이었다. 알다시피 중국 인에게 만리장성의 밖은 모두 오랑캐였다. 동이, 서융, 남만, 북적 등 으로 표현되는 야만과 금수의 땅이었다. 봄빛도 양관兩關을 넘지 못 한다는 고대 시인의 노래나, 양관을 벗어나면 아는 이가 아무도 없 을 거라는 노래*는 서역 끝 모래사막에 대한 중국 민족의 두려움과 터부를 말해 준다. 그리고 그것은 자족적인 문명권으로서 만리장성 체제 안에 살아온 중국인들의 오만과 폐쇄성을 보여 주는 것이기도 하다. 20세기 초엽 서구로부터 수입된 근대화의 문턱에서, 폐쇄적이 고 자족적인 이 오만한 자국 문명에 대해 루쉰을 필두로 한 수많은 반전통론자들은 비판의 칼을 들었다. 루쉰의 말이다. "중국은 이미 자존自尊으로 세상에 널리 알려져 있는데, …… 부스러기 옛것을 껴 안고 지키고 있으면서 …… 중앙에 우뚝 서서 비교할 대상이 없었 기 때문에 더욱 자존은 커져 갔고, 자기 것만 소중하게 생각하며 만 물을 깔보는 것을 인정상 당연한 것, 도리에 크게 위배되는 것이 아 닌 것으로 여기게 되었다. …… 훌륭한 것을 보아도 배울 생각을 하 지 않게 되었다."루쉰, 「문화편향론」, 『무덤』(루쉰전집 제1권), 홍석표 옮김, 서울:그 린비, 2010. 79~80쪽. 자족과 자존의 세계, 내부에 안주하는 세계, 토지에

---

* 양관은 중국 하서주랑(河西走廊) 서쪽 끝, 북쪽으로 옥문관(玉門關)을 바라보고 있는 관문이다. 한대(漢代) 이후 형성된 실크로드에서 서역을 향해 가는 주요 관문이었다. 당대(唐代) 이후 국력 이 강해져 서역과의 왕래가 빈번해지자 양관도 매우 번화한 통로 구실을 했다. 그러나 양관을 벗 어나면 서쪽은 사막이다. 자연환경이 열악하여 문명이랄 것이 없는 열악한 땅으로 중국 내륙의 문명 세계와는 판이하게 대비되었다. 당나라 최고의 시인 왕유(王維)는 벗과 헤어지는 노래 「원 이가 안서로 떠남을 송별하며」(送元二使安西)라는 시에서 "서쪽으로 양관을 벗어나면 (술 권할) 친구도 없을 걸세"(西出陽關無故人)라며 친구에게 이별주를 권했다. 이 시는 「위성삼첩곡」(渭城三 疊曲)이란 이름으로 불리면서 당시 한·중의 송별자리에서 애창되는 이별곡이 되었다.

묶인 정착 문명의 유전자, 외부에 대한 무관심의 유전자가 분명 중국 전통문화에는 작동하고 있다. 그것이 고대 문명에서 담장이라는 물화된 형태로 드러났다고 한다면, 근현대 사회주의 혁명 시기에선 '단웨이'單位라고 하는 정치시스템으로 작동하였다. 공장이라는 하나의 단위, 회사라는 하나의 단위, 농촌의 생산대별 하나의 단위, 마을이라고 하는 하나의 단위, 한 단위에 속한 모든 이에게 그것은 자족의 세계였다. 〈24시티〉의 쑹웨이둥이 높은 긍지심으로 회고하고 있는 420공장의 자족적 단위가 그 전형이다. 그의 표현대로 그 단위는 "살기에 아주 좋았다"는 측면이 있는 반면, 외부 세계에 대한 무관심과 자기 폐쇄적 구조를 갖는 성격이 동전의 양면처럼 자리하고 있다.

　지아장커가 그리는 영상 세계, 그가 반영하는 중국의 어떤 한 부분은 분명 만리장성과 같이 무언가를 가두고 있는 '담' 안의 세계이기도 했다. '고향삼부곡'에서의 다퉁이나 펀양이란 지역이 그러했고, 〈세계〉에서의 '세계' 역시 그러했다. 물론 〈세계〉와 〈24시티〉는 두 개의 다른 세계다. 그러나 적어도 〈24시티〉까지의 지아장커 영화는 폐쇄성에 있어 모종의 유사한 구조를 갖고 있다고 보인다. 농촌, 토지, 가정의 구조로부터 자유를 향해 탈주한 젊은이들이 도시로 향해 나갔고('고향삼부곡'), 도시로 온 그들이 '세계'라고 하는 또 다른 속박 체제로 편입해 들어가는 구조를 그린 것이 영화 〈세계〉였다. 〈세계〉 속 하층노동자들은 다시 자신이 속한 단웨이, 공장으로부터의 탈주를 꿈꾼다. 〈24시티〉에 나오는 노동자들의 공장과 숙소는 또 다른 폐쇄 사회다. 그들은 공장이란 단웨이(현재 중국어에서는 직장이란 뜻으로도 사용한다) 속에, 국가 기밀에 속한 군수

산업체라고 하는, 장성長城 같은 구조 속에 갇혀 있다. 사회주의 시기 모든 중국인은 단웨이라고 하는 정치 조직 속으로 편입되어 들어갔다. 〈24시티〉 제작을 위해 지아장커가 공장을 조사하러 갔을 때, 또 그들을 인터뷰하러 갔을 때, 그는 그 공장이 당대의 중국 현실과 완전히 연결고리가 끊어져 있는 듯한 어떤 모습에 경악했다고 술회한 바 있다. 공장의 담장 밖, 당대 현실의 중국은 여행사, 상점, 디스코장, 피시방, 주점, 바 등 개혁·개방과 더불어 모든 것이 자유로운 세상이 되어 있었다. 그러나 공상노동자들이 사는 집의 가구들과 장식들, 화장실, 사진들, 모든 시설들은 담장 밖과 달랐다. 어떤 집은 70년대에, 어떤 집은 80년대에, 어떤 집은 80년대 중반에, 80년대 말에 머물러 있었다고 한다. 아직 사회주의 혁명 시기의 일상 패턴에서 벗어 나오지 못한 형국이다. 그곳은 담장 밖의 세계와 완전히 달랐다고 지아장커는 말한다.賈樟柯, 『賈想 1996~2008 — 賈樟柯電影手記』, 256쪽. 지아장커는 직접 〈세계〉와 〈24시티〉를 비교하면서 이렇게 말하기도 했다. "두 영화는 두 개의 다른 작업이었다. 〈세계〉를 찍으면서는 사람들에게, 꾸며지고 장식되고 있는 과정 속의 중국이 있음을 보여 주고 싶었고('세계'라는 미니어처의 축소된 세계 도시 공간이 장식되고 꾸며진 것이기도 함—인용자), 〈24시티〉를 찍으면서는 사람들에게 기억을 포함하여 갇혀져 가는 중국도 있음을 알려주고 싶었다."賈樟柯, 앞의 책, 256쪽.

기억 속에 갇혀지는 개인들,[*] 자신만의 기억 — 자신만의 시

---

[*] "갇혀진 개인들의 기억"이 아니라 "기억 속에 갇혀지는 개인들"이라고 한 것은 바로 앞에서 인용한 감독의 말 가운데, 감독이 이 영화를 통해 드러내고자 한 "갇혀져 가는 중국"을 달리 표현한 것이다.

간—속에 갇혀 가는 개인 역사들을 작가 지아장커는 카메라 렌즈와 조명등 앞으로 호명하고 있는 것이다. 그리고 작가는 이미 그 개인적 폐쇄성을 부수고 나오는 새로운 세대의 탄생을 이 영화 말미에 안배한 두 명의 인물로 분명하게 예고하고 있다. 제복에 대해 흠모하였고 마침내 제복을 입고 공장에서 연마공 실습도 하였지만—사회주의 혁명기의 단웨이 스타일의 삶·양식—폐쇄적인 공장의 단순 노동의 반복과 그에서 오는 권태로움, 그것을 참을 수 없어 공장을 탈주하는 신세대 노동자 자오강(1974년생)이 그중 한 명이고, 집과 부모로부터 탈출하여 혼자 자유로이 살아가는 자영업자 나나(1982년생)가 그러하다. 자오강의 기억과 구술이 끝나면서 나오는 대중가요 '외부세계'外面的世界는 이미 이런 만리장성 유전자에서 벗어나고 싶어 하는, 혹은 이미 벗어나 있는 중국의 신인류를 은유하고 있다. 이 노래는 치친齊秦이 작사·작곡한 곡이다. "아주아주 오래전 당신은 날 가졌었고 나도 당신을 가졌었지 / 아주아주 오래전 당신은 날 떠나갔네, 저 머나먼 하늘로 훨훨 날아갔네 / 외부세겐 너무나 멋있어." 외부 세상이 멋있다고 상상하는 이 신세대들은 집이나 공장, 직장에 얽매이길 온몸으로 거부한다.

영화는 나나가 어린 시절에 자신이 다니던, 지금은 폐교가 된 중학교 건물의 옥상에 올라가서 청두 시내를 내려다보는 것으로 끝이 난다. 청두시 전경이 화면 가득 들어오면서 완샤萬夏의 시「본질」本質 중 일부가 자막으로 올라간다. "네가 사라지는 것만으로도, 내 일생은 이미 빛이 나, 충분하게 족하다." 사라져 가는 과거와 앞에 기다리고 있을 것으로 희망하는 '영광의 삶'이 기대된다는 시. 그리고 다시 뜨는 자막은, '청두'成都 두 글자다. 나나는 집으로 돌아가지 않을 것이다. 때때로 집과 엄마를 그리워하겠지만 그녀는 그 도시에서 자신만의 '영광스런 일생'을 만들어 가며 살아갈 것이다. 더 이상 '만리장성'으로 은유되는 온갖 이념과 가족, 전통의 폐쇄 구조가 자신을 속박하길 거부할 것이다.

3. 영화의 문학화

〈24시티〉의 마지막 화면을 장식하는 것은 이런 시다. "네가 사라지는 것만으로도 내 일생은 이미 빛이 나, 충분하게."仅你消逝的一面, 已經足以讓我榮躍一生* 이것은 시 「본질」에 나오는 일부분인, "겨우 나의 부패한 일면, 그것이 네 일생을 향유하게 해, 충분히"仅我腐朽的一面 / 就够你享用一生를 지아장커 감독이 약간 변용한 것이다. 영화에서는, '네가 사라짐으로 인해 나의 삶이 빛날 수 있다'라는 의미로 주어를 바꿔 줌으로써 묘한 의미를 함축하게 만든 것이다. '너'는 앞에서 살핀바, 과거와 관련된 수많은 의미를 내포하고 있다. 이 부분도 역시 루

---

* 「본질」의 원문. "第一次和最后一次 / 人终究不尽完善 / 太多的机会都留在错误中 / 我们却在幸福里得到进步 // 说和做并非本质 / 喝酒的时候口含一颗樱桃 / 我们可能错读一本书 / 认识一群内心脆弱的人物 / 为那些被粉碎的东西伤心和痛哭 / 这些也不是本质 !/ 最高最完美的是一些残缺的部分 / 我们完美在两次事件之间 / 这一切又仅仅是过程 / 你祈求和得到的 / 仅我腐朽的一面 / 就够你享用一生"(baidu.com에서 검색) 해석하자면 이렇다. "최초와 최후에 / 사람들은 결국 완전하지 못해 / 아주 많은 기회들은 착오 속에 남아 있지만 / 그래도 우린 행복 속에 전진했지 // 말하는 것 일하는 것 결코 본질이 아냐 / 술 마실 땐 벚꽃 한 송이를 입에 물었지 / 아마도 우린 책을 잘못 읽은 것 같아 / 마음이 바스러질 듯 약한 사람들을 알고 있어 / 부서진 것들 땜에 우린 너무 슬프고 통곡을 해 / 이것들도 본질이 아냐 ! // 가장 아름다운 것은 부서진 잔해의 한 부분 / 우리의 완벽함은 두 번의 사건 사이에 있지 / 이 모든 것은 그저 그저 과정일 뿐 / 네가 기도하고 얻은 것은 / 겨우 나의 부패한 일면 / 그것이 네 일생을 향유하게 해, 충분히." '/'은 시행 바꿈의 표시이고, '//'은 시행을 한 행 띄움의 표시다.

5장 만리장성 유전자와 리얼리즘

쉰이『들풀』^{野草}의 서시에서 읊조린 시구를 그대로 연상시키게 만든다. "나는 이 썩음을 크게 기뻐한다. 이로써 (내 인생이 — 인용자) 공허하지 않음을 알기 때문이다."「제목에 부쳐」(題辭),『들풀』(루쉰전집 제3권), 한병곤 옮김, 서울: 그린비, 2011, 23쪽. 개인의 삶 층위에서뿐만 아니라 역사 속에서 그리고 사회 속에서 '청파그룹'과 같은 것의 사라짐이, 부모 세대들의 사라짐이, 과거 역사의 사라짐이, 현재와 미래의 삶을 빛나게 만들 수 있다는 것으로 읽히는 부분이다. 감독은 이것으로 영화를 마무리하고 있는 것이다.

이 영화는 잘 '읽어야' 하는 영화이다. 영화를 보는 것이 아니라, 보면서 들으면서 동시에 읽어야만 할 장면이 수시로 등장한다. 수시로 뜨는 자막의 문자를 보는 것 말고도 구술자가 거의 부동의 자세로 들려주는 말을 들어야 한다. 마치 호흡이 긴 산문의 낭독을 듣고 있는 듯한 착각이 든다. 이런 영화 감상은 언어에 의지하여 언어로 말하는 사람의 과거 삶을 '독자' — 관객 — 가 재구성하도록 요구하는 문학적인 과정이다. 등장하는 인물의 언어, 즉 화자의 언어와 자막으로 처리되는 문자를 통해 관객은 '독자'가 되고 '독자'는 그들의 언술에 기대어 상상으로 과거를 재구성하게 되는 것이다. 아마도 감독은 이 영화를 온전히 기억과 기억의 흔적에 의지하여 가능한 한 그대로 기록 영화에 가깝게 전달하고자 한 것에 더 큰 의미를 둔 것인지도 모른다. 왜 굳이 여러 가지 한계가 있을 수 있는 기록의 방법을 동원하여 영화를 만들었는가, 라는 한 평론가의 질문에 감독은 또 이렇게 답하고 있다. "작금의 영화는 갈수록 동작에 의지하고 있다. 나는 이 영화를 언어로 돌아가게 하고 싶었다. 촬영기로 포착된 동작으로서의 '이야기 서술'^{講述}은 언어로 하여금 복잡한 내면의 경험을 직접적으로 드러나게 해준다." 賈樟柯, 「〈二十四城記〉導演的話」, 『賈想 1996~2008 — 賈樟柯電影手記』, 249쪽. 영화를 언어로 돌아가게 하다니? 영화를 문학의 본령으로 돌아가게 하고자 하다니? 감독은 동작에 의지한 영화의 한계를 벗어나 문학성으로 회귀하고 싶은 것인가?

영화는 서사 중간중간에 시나 노래 가사를 화면에 '찍어서' 내보낸다. 어우양장허歐陽江河의 시 「유리공장」琉璃工厂, 예이츠William Butler Yeats의 「시간을 따라온 지혜」와 「뿌려진 우유」, 『홍루몽』紅樓夢 가운데 나오는 사詞 「꽃을 장사 지내며」葬花詞, 완샤의 시 「본질」, 그리고 드라마 주제가인 '누이는 오빠를 찾는다, 눈물 흘리며'妹妹找哥淚花流, 대중가요 '외부세계'外面的世界 등등이 등장한다. 이들의 시와 노래 가사는 동작이 극도로 자제된, 정지된 듯한 화면 사이사이에 등장하면서 영상을 언어화시키고 영화를 문학적 풍격으로 몰아간다. 공장의 꽃으로 불리던 상하이 출신 소녀 소화小花(구민화)는 수많은 공장 남성들로부터 우상시되고 흠모를 받았다. 그러나 모두 남자와 불행하게 헤어지거나 엇갈리게 된다. 그리고 그녀는 지금 과거의 기억을 먹으면서 홀로 살아가고 있다. 그녀는 혼자 사는 것이 좋다고 한다. 노래도 하고 마작도 하며 좋다고 한다. 하지만 그녀는 울먹인다. 그리고 이어지는 '누이는 오빠를 찾는다, 눈물 흘리며'의 가사 내용은, 허름한 공동 취사장에서 팔짱을 낀 채 음식이 끓는 것을 멍하니 바라보고 있는, 쓸쓸한 그녀 모습과 더불어 그녀의 복잡한 심리와 과거사를 대변하고 있다.

누이는 오빠를 찾는다, 눈물 흘리며妹妹找哥, 淚花流

오빠는 보이잖고, 수심만 수심만不見哥哥, 心憂愁, 心憂愁

　　감독은 이 영화 작업의 초반부터 그의 오랜 작업 동료이자 시인인 자이융밍瞿永明과 시 선정 작업을 함께하였다. "영화를 찍기 전 자이융밍과 대본을 갖고 토론했을 때, 나는 많은 시를 영화 속에 넣자고 했다. 이 영화를 언어가 가득한 영화로 만들길 희망했다. …… 인류는 사실 복잡한 정서와 감정을 갖고 있다. 아마 언어나 문자로 표현하는 것이 훨씬 더 분명해질지도 모른다. 그렇다면 우린 왜 언어로 돌아가고 문자로 돌아가는 그런 영화를 찍지 않는 것인가? 인터뷰한 배우들과 인물들, 그들의 삶을 언어로 되돌리자! 그래서 나는 어우양장허의「유리공장」에서 시구를 가져와 '비행기 제조창은 거대한 눈동자, 노동은 그 가운데 가장 어두운 부분'이라고 고쳐서 사용했고 완샤의 시도 골랐다. 예이츠의 시는 자이융밍이 골라 준 것인데 그녀가 그 시들을 내게 보여 주었을 때 나 역시 무척 감동하였다."賈樟柯,『賈想 1996~2008─賈樟柯電影手記』, 252쪽. 시와 문자 그리고 다큐멘터리 기법, 실로 지아장커가 이 영화에서 운용하고 있는 창작 방법은 기존의 영상 기법을 넘어서는 것 이상의 의외의 것들이다.

　　영상의 문학화 외에, 가장 독특하게 사용한 방법 중 하나가 초상화 기법처럼 인물을 찍는 것이다. 정지된 듯한 화면 속에 나오는 인물들을 고정시켜 놓고 찍는 것이다. 정지되어 있다. 그러나 인물들이 움직이지 않는 것은 아니다. 자세히 보면 눈동자나 머리 등 신체의 미세한 일부분이 조금씩 움직인다. 그러나 말없이 오랫동안 인물의 얼굴과 상체를, 또 어떤 때는 철골 제거 쇠막대를 들고 서 있는 여러 명의 노동자 모습을 한동안 말없이 롱테이크로 잡는다화보

사진 21(106쪽). 사진 혹은 초상화를 마주하고 있는 듯한 착각마저 든다. 이에 대해서도 감독은 또 이렇게 말하고 있다. "이 영화에는 모두들 보셨겠지만 말이 없는 많은 시간들이 있습니다. 이를테면 초상 같은 장면에서 말이지요. 이 말이 없는 시간이 아마도 언어에 대한 보충이 될 수 있을 겁니다."賈樟柯, 앞의 책, 254쪽. 솔직히 필자는 감독의 이 말을 보고 무척 놀랐다. 영화 제작자인 감독이 인간의 복잡한 역사와 정서를 담아내는 데 느끼는 영상의 한계를 이런 식으로 돌파하고자 한다는 사실에 놀란 것이다. 이는 '영화를 문학화'하는 것에서 한걸음 더 나아가, 중국 고전시학에서 말하는 '언어를 벗어난 언어'言外之言, '언어를 초월한 정취'言外之味라는 고전 미학을 영상에 활용하고 있는 것이 아니고 무엇이겠는가, 라는 생각이 든다. 지아장커는 영화를 문학화하는 것으로도 미흡하여 다시 언어의 밖에 있는 그 무엇을 '의도'하고 있는 것으로 보인다. 지아장커 영상의 문학으로의 경도와 미학적 취향을 단적으로 보여 주는 부분이다.

〈스틸 라이프〉에서 감독이 화면의 구도와 색감, 선과 질감을 통해 발휘한 바 있는 회화적 재능이 〈24시티〉에서는 문학적 재능으로 발휘되고 있는 것이다. 지아장커는 독자들이 정지된 화면 속에 들어 있는 수많은 말들과 침묵 속에 들어 있는 '언외지언'言外之言을 잘 독해하길 바라고 있으며, 이를 통해 표현하기 어려운 노동자의 역사 재현의 내밀한 지점에 도달하기를 요구하고 있는 것이다.* 이제

* 필자의 이런 관점에 대해 토론을 했던 한 연구자의 의견이다. "초상화 같은 롱테이크의 '언외지언'은 영상과 문학을 벗어난 제3의 것이 아니라 다시 역시 '영상' 아니겠가?" 이에 대한 필자의 생각은 이렇다. 물론 그렇게 볼 수도 있다. 그러나 롱테이크로 잡은 침묵하는 장면, 그 침묵의 긴 시간이, 언어에 대한 보충이길 원했다는 감독의 발언을 감안하지 않는다 하더라도, 기존 영상 문법

5장 만리장성 유전자와 리얼리즘

이들 개인사의 복원은 단순한 개인사 '들'의 복원을 넘어 종합적으로 그리고 최종적으로는 한 도시의 역사로 구성된다. 제작자의 의도와 관계없이 역사적 사건의 기록물이 된다. 보들레르의『악의 꽃』이 시인 개인의 내면 기록과 서정을 넘어 한 시대의 파리 역사의 기록이 된 것과 같다. 이는 영화가 갖는 기술의 효과를 통해 역사의 새로운 공간을 확장하는 것이기도 하다. 즉 영화의 사물 확대(클로스업)를 통해 보여 주고 있는 기록으로서의 혁명적 기능과도 같은 역할을 하고 있다. "우리에게 익숙한 사물의 숨겨진 세부적 사항에 초점을 맞추고, 카메라의 뛰어난 사물 파악 능력에 의지해 진부한 주위 환경을 천착함으로써, 한편으로는 사람을 지배하는 필연성에 대한 인식을 증대시키고 다른 한편으로는 우리가 전혀 상상하지 못했던 엄청난 공간을 확보해 주고 있는 것이다."발터 벤야민,「기술복제시대의 예술작품」,『발터 벤야민의 문예이론』, 반성완 옮김, 서울:민음사, 1983, 223쪽.

지아장커의 '매체 운용의 자유로움'跨媒介은 감독이 스스로 자각한 상황에서의 의도적 운용이란 점에서 이후 그 귀추가 주목된다. 이 감독이 어디까지 어느 정도까지 실험정신을 확장해 갈지는 아직 짐작하기 어렵다. 그는 자신이 만들고 싶은 영화가 있으면 어떤 방법을 동원할지를 고민하고, 그리고 나름의 적합한 결론에 이르는 것 같다. 사실 이러한 '인터 미디어'Inter Media적 운용은 앞서 영

에서는 발견하기 힘든 문학적 방법론으로서의 접근이라고 볼 수밖에 없다. 그것은 인간 내면에 작동하는 언어의 한계와 그것의 보충으로서의 말 없음(無言)이라는 장면의 설정, 다시 말해 언어의 밖을 끌어와 언어의 세계를 보충하고자 하는 방법이다. 이것이 바로 중국 고전시학에서 말하는 언외지언의 미학으로 언어의 한계를 돌파하고자 한 오래된 방법론이다. 물론 시학은 문학과 영상으로 나누어 거론할 필요가 없는 예술론이기도 하다.

화 〈스틸 라이프〉, 〈무용〉 등에서 이미 충분하게 선보이기 시작했다. 회화적 기법에서 설치 미술적 기법에 이르기까지, 그는 이미 다양한 실험을 통해 자신이 말하고 싶은 것을 말하고 있다. 또다시 감독의 말이다. "나는 이 영화를 만들 때 이 영화가 매체를 넘나들 수 있기를 원했다. 영화의 시간성과 영화 시각의 연속성은 '인터 미디어'의 가능성을 줄 수 있기 때문이다. 언어를 빌린 대량의 인터뷰 부분과 문자를 빌린 시와 노래 부분, 초상의 부분과 음악 부분을 포함해서 말이다. 사실 출발점은 가장 간단한 것이기도 하다. 즉, 여러 형식의 혼합을 통해 여러 층면의 복잡한 것을 드러내고 싶었던 것이 그 출발점이다." 賈樟柯, 『賈想 1996~2008─賈樟柯電影手記』, 258쪽.

　　이 감독에게 중요한 것은 어떤 매체를 쓰는가에 있는 것이 아니라 무엇을 드러내고자 하는가에 있다. 영화든 언어든 문자든 문학이든 그 모든 것은 통발이며 도구임을 그는 자각하고 있다. 통발이 담고자 하는 것은 '진리를 드러내는 일'載道임을 〈무용〉에서 이미 분명하게 자각하고 있다. 그는 옷을 통해서도 '진리를 드러낼' 수 있다고 생각하는 예술가이다. "옷은 몸을 가릴 수 있고, 감정을 전달할 수 있으며 진리를 담을 수도 있다." 賈樟柯, 앞의 책, 229쪽. 그에게 있어 진리란 다름 아닌 중국 사회 이면의 진실성, 사실성, 리얼리티다.

4. 영상 민족지(visual ethnography)

영화 〈24시티〉는 인류학적 보고서와 같은 성격을 갖는다. 영화의 시작은 2007년 12월 29일로, 청파그룹이 해산되고 화룬華潤그룹에서 '24시티'二十四城 아파트 건설을 시작하는 날이다.* 청파그룹 공장 정문에도, 아파트 건축 현장 외벽에도 '파룬 24시티'華潤 二十四城 현판이 나붙었다. TV 아나운서는 이렇게 보도한다. "청파는 시 한가운데 있어 그곳에 다시 공장을 짓는 것은 타당치 않습니다. 파룬 건설사는 214억 위안을 들여 청파그룹의 840무畝의 땅 개발권을 사들였고 …… 청파그룹은 땅 매각자금으로 전면적인 기술 혁신을 단행, 50년 항공 기술이 낙후되지 않도록 노력할 것입니다." 영화 전반에 흐르는 다큐적 기법은 공장의 내외부와 노동자들의 생활상을 비춘

---

* 이 아파트 이름은 다음 고시(古詩), "이십사성에 부용꽃 가득하니, 금관성(錦官城, 지금의 청두)은 예로부터 꽃성으로 불렸다."(二十四城芙蓉花 , 錦官自昔稱繁華)에서 왔다. 청두의 옛 명칭이 이십사성(二十四城)이다. 이 고시는 송나라 사람 조변(趙忭)이 『청두고금기』(成都古今記)에서 다음과 같이 말한 것에 근거하고 있다. "오대(五代) 때 맹촉 후주(後主)가 청두성 곳곳에 부용을 심었다. 매년 가을이 되면 사십 리가 비단으로 수를 놓은 듯 아름다웠다. 그래서 금성(錦城, 비단성)으로 이름 지었다." "이십사성에 부용꽃 가득하니, 금관성은 예로부터 꽃성으로 불렸다"는 이 시구는 나염생(羅念生)의 『부용성』에서도 언급한 바 있으나 그 처음 출처는 불확실하다. 명나라 심소(沈韶)의 『비파가우』(琵琶佳遇)에는 "오중(吳中) 땅은 예로부터 꽃성으로 불렸으니 십 리를 빙 둘러 모두 연꽃이었다"는 기록이 있다.(baidu.com에서 검색)

다. 쇠 제련공장에서부터 프로펠러 조립 라인까지, 노동자들이 쓰던 낡은 공구에서부터 식탁과 의자 모서리까지, 기름때에 찌든 벽과 전등, 옷과 수건, 식권과 신분증 등에 이르기까지, 실로 모든 자료를 사진으로 남기고 있다. 감독이 도모하는 바의 영상 목적을 위해 수많은 질료와 자료가 집적되고 전시되고 있는 영화다화보 사진 19, 20(106쪽). 베르그송은 『물질과 기억』에서 인간의 기억 구조를 논하며, 기억은 경험의 철학적 구조에 결정적인 것이며, 이때의 경험이란 것은 의식조차 되지 못한 자료들이 축적되어 나타나는 모종의 종합적인 기억이라고 말하고 있다. 즉 경험은 "기억 속에서 엄격하게 고정되어 있는 개별적인 사실들에 의해 형성되는 산물이 아니라 종종 의식조차 되지 않는 자료들이 축적되어 하나로 합쳐지는 종합적 기억의 산물"이라는 것이다.발터 벤야민, 『발터벤야민의 문예이론』, 121쪽. 지아장커 감독은 사회주의 혁명기의 기억 저편에서 사라져 가고 있는 질료들을 렌즈로 건져 올려 호명하고 있는 것이다.

신인류에 속하는 나나가 자신이 다니던 중학교—지금은 폐허가 되어 철거를 기다리는—건물로 걸어 들어가 회고에 젖는 장면에서 죽 훑어가는 교실과 복도 내부의 정경은 당시의 교실 모습을 상상할 수 있게 한다. 복도에 걸린 천문학자 코페르니쿠스의 초상화와 허리선까지 페인트칠된 교실 벽의 녹색. 이 녹색은 중국 현대사의 색이며 감독 기억 속에 있는 '유년의 색'이다. 이 색은 사회주의의 색이기도 하다. 화가 장샤오강張曉剛이 1970년대 기억을 그린 일련의 작품 속에 사용된 색이며, 소비에트의 우체국에서 사용한 등고선의 색깔이기도 하다. "우리는 그것을 우체국의 녹색郵政綠, 1.2미터의 우체국녹색이라 불렀다. 중국의 표준 높이는 1.1미터였으며 중국만의 기준과 색의 농도가 있었다. 이 녹색은 일종의 사회주의의 산물이다."賈樟柯, 『賈想 1996~2008 — 賈樟柯電影手記』, 251, 261쪽. 이렇게 감독은 정지된 사물과 흔적을 통해 한 시대를 온전히 드러내고자 의도한다. 그것은 인류학자가 한 지역을 탐사하여 그들 삶과 지형지물, 그것들의 필연적인 관계망을 가감 없이 수집하여 촘촘하게 작성한 보고서와도 흡사하다. 이 영화에서 지아장커는 결코 가벼이 볼 수 없는, 지금의 시공간과 긴밀하게 연결되어 있는 한 시대, 한 지역의 역사와 공간을 기록하고 있는 것이다.

다른 한편 이 영화는 사라지는 것에 관한 기록이기도 하다. 이 영화는 50년 동안 살아온 한 공장이 사라져 가고 있으며, 다른 새 도시 즉 새로운 주거공간이 들어설 것임을 말하는 것이기도 하다. 상하이, 랴오닝, 선양 등의 지역에서 이주해 온 노동자들은 독립되고 자족적인 하나의 세계를 건설했다. 그들은 50년 전 고향을 떠나 온 후 고향을 상실했고, 여기에 이상적인 도시를 세우고자 하였다. 그러나 50년이 지난 후 지금 여기, 이 모든 것은 존재하지 않게 되어 버렸다. 영화는 인물들의 기억과 서사 내내, 철거 중인 거대한 군수공장을 계속 틈틈이 보여 주고 있다. 엄연하였던 현실과 실제의 역사가 신기루처럼 사라져 가고, 또 다른 신기루처럼 고층 아파트 건물이 올라가고 있음을 대비하며, 이런 현상에 대해 감독은 에둘러 이렇게 조용히 말하기도 한다. "아주 재미있다"很有意思賈樟柯, 앞의 책, 261쪽.고. "아주 재미있다"는 '아주 의미 있다'는 뜻이기도 하다.

과거를 회고하는 출연자들은 씩씩한 태도로 분명하고, 확실해 보이는 기억과 안락하고 행복한 현재의 삶(쑹웨이둥 같은 경우)을 구술하고 있다. 그럼에도 그들 모습은 관객들에게 안개비와 같은, 운무와 같은 이름 모를 무거운 비애를 던진다. 그 비애의 정체는 무엇인가. 사라짐, 역사의 허무를 알고 있는 감독의 정서가 렌즈에 스며들어 보는 이에게 알게 모르게 전달되고 있는 것은 아닌지. 생생하게 기억해야 마땅한 개인 역사와 애환, 그것의 복원과 공유를 위해 작업하는 '작가 감독' 지아장커에게는 앞서 살핀 대로 나름의 고유한 철학이 있다. 그리고 그 철학에 정직한 영상 문법이 있다. 그러나 그것들과 무관하게 시간은 흐르고 역사는 과거의 흔적으로 퇴색되고 사라져 간다. 이는 감독이 〈스틸 라이프〉에서, 창장 수몰 지역에서 사라져 갈 수천 년의 역사와 그것을 간직한 도시들, 그들의 사라짐을 쓸쓸하게 재현하고 있던 것에서도 보여 주었듯, 그의 영상미학에서 다시 작동되고 있는 '허무 리얼리즘'의 빛깔은 아닌 것인지[*] 하는 생각이 든다.

그렇다면 우리에게 남는 질문이 있다. 과연 '기억과 기억의 흔적을 공유하기 위하여'는 궁극적으로 무엇을 위한 공유여야 하는 것인가? 무엇을 위한 '소문자 역사들'의 복원이며, 그것을 기억해야 할 주체는 누구인가? 지아장커를 읽는 이들은 이 질문으로부터, 역사 허무주의적인 '유혹'으로부터 자유로울 수 없을 것이다.

---

[*] 필자는 이 책 2장에서 지아장커 영화의 리얼리즘 정신에 대해, 루쉰 문학이 도달한 리얼리즘의 성격과 비교하여 설명한 바 있다. "지아장커의 '고향삼부곡'이 보여 준 영화 창작 방법은 주도면밀하게 짜인 것으로서 리얼리즘의 원리에 충실하면서도 그 최종적 정취에 있어서는 '허무'의 미학에 도달하고 있는 것이다. 혹은 '허무'의 미학에 갇혀 있다고 말할 수도 있겠다. 그것은 감독이 의도한 것이든 의도한 것이 아니든 관계가 없다. 리얼리즘의 숭고한 정신에, 현실 재현에 충실한 그의 독특한 영상 기법이 만들어 낸 예술적 성취다."(이 책, 58쪽.)

6장

도시

리얼리즘

1. 뷰(view) 욕망과 조감(鳥瞰)의 시선

인간이 가지고 있는 여러 가지 욕망 가운데 '보고 싶다'는 것은 오
감이 지닌 가장 기본적인 욕구 가운데 하나다. 보고 듣고 만지고 사
유함으로 인해 우리는 이 세계를 인식한다. 풍경을 바라보게 될 때
우리는 풍경의 끝 간 데까지, 수평선이나 소실점이 사라지는 지점
까지 우리의 시선을 달리게 하기 마련이며, 산 위에 올라가서는 산
의 등고선을 타고 횡으로는 물론, 산 아래의 모든 정경을 눈에 넣고
자 한다. 이는 우리가 살고 있는 이 세계를 가능한 한 온전히 알고
싶어 하는 욕망 때문이다.

　　인간이 도시를 만들고 도시에 모여 살기 시작한 시기는 의외로
한참을 거슬러 올라간다. 도시를 어떻게 규정할 것인가에 따라 견
해에 다소 차이가 날 수 있겠지만, 의식주의 기본 원재료 대부분을
현재 살고 있는 공간이 아닌, 주변 지역에서 만들어 가져와 써야 하
는 사람들이 모여 사는 공간을 도시라고 규정한다면 그 역사는 이
미 오래전에 시작되었다.[*] 중국의 도시를 잘 나타내는 단어, '성'城은

---

[*] 도시의 개념 및 도시 형성의 조건과 기원에 대해서는 존 리더, 『도시, 인류 최후의 고향』, 김명남
옮김, 서울:지호, 2006, 26~57쪽 참조.

진시황이 천하를 통일하기 수천 년 전 갑골문의 시대에 이미 쓰이기 시작했다. 사방이 벽으로 둘린 공간의 모양을 하고 있는 갑골문의 형상을 보면 처음 도시가 생긴 목적은 주로 방어에 있었던 듯하다. 진시황 이후의 도시는 전통을 수호하고 계승하는 자로서의 군주의 권위를 상징하는 최고의 물적 근거가 되었다.** 산업혁명 이후 급속하게 진행된 도시화는 인간 삶의 시스템 전체를 바꾸어 놓았으며 인류는 이 공간 안에서 자신들이 만든 모든 물질과 제도와 문명을 소비, 가동시키고 있다. 도시화는 지금도 세계 곳곳에서 진행되고 있으며, 도시 전문가들은 수년 후 인류의 80%가 도시에 살게 될 것이라 전망한다. 개미가 본능에 의해 개미굴을 만들 듯, 인간이 도시를 만든 것은 이제 '자연스러운 일'처럼 인식되고 있다.

인간의 세계 인식에 대한 욕망이 도시 인식에 대한 욕망으로 확장된 것은 근세에 이르러서다. 도시학이 발전하게 된 계기 역시 여기서 출발하였을 것이다. 도시학은 모든 학문과 가설과 이론이 움직이는 복합 학문의 필드가 되었으며 인류 미래의 가능성과 불가능성을 저울질할 수 있는 사유의 출발 지점이자 그 방법론이 작동되는 문제적 공간이 되어 가고 있다. 그러나 도시를 인식하는 일은 아직 그리 간단하지 않다. 제대로 된 인식을 하기 위해서는 우선 '보는' 일이 선행되어야 한다. 그러나 도시를 보는 일 역시 간단한 일이 아니다. 한 학문의 분야로 읽기에는 너무 복잡하고 두 눈으로 읽기

** "짐은 주나라 문왕이 세운 도시 풍읍과 무왕이 세운 도시 호경을 들어 알도다. 풍읍과 호경과 같은 도시들이야말로 황제의 도시라 할 만하다.(`Steinhardt, Nancy Shatzman, *Chinese Imperial City Planning*, Honolulu:University of Hawaii Press, 1990, p.50. ; 존 리더, 앞의 책, 127쪽에서 재인용.)

6장 도시 리얼리즘

에는 너무 넓다. 다초점 광각 렌즈가 필요할 뿐만 아니라 깊이를 들여다 볼 수 있는 여러 개의 잠망경도 필요하다. 그런 것이 충족된다 하더라도 깊이와 넓이를 동시에 파악하기란 요원한 일이다. 여기에 도시학의 한계가 자리하고 있으며 동시에 새로운 학문적 접근의 가능성이 자리하고 있다. 이러한 연장선에서 보면 영화 한 편으로 도시를 논한다는 것은 시작부터가 아예 어불성설이긴 하다. 그럼에도 불구하고 전체성에 대한 인간의 인식 욕망은 보고 듣고 경험한 것을 끊임없이 이야기로 만들어 서사해 왔고 다양한 방법으로 기록해 왔다. 문학이 언어에 기댄 이야기 서사라면 영화는 이야기와 영상 이미지의 교차 서사다. 그 이미지와 서사가 만들어 내는 작품 속에서 인간이 욕망하는 상은 어떤 형식을 만나, 한순간에 전체상 혹은 그 일부를 드러내기도 한다. 우리는 그 순간을 '뷰'view하기 위해 예술작품 순례를 멈출 수 없는 것인지도 모른다. 이 영화는 한 도시와 관련 있는 인물들을 인터뷰함으로써 그 도시의 역사와 삶과 문화를 '뷰'하고자 한다. 즉 전체상을 파악하고자 한다.

이 장에서는 지아장커가 〈해상전기〉海上傳奇, 국내에 개봉된 제목은 〈상해전기〉를 통해 보여 주고자 하는 '상하이' 상은 어떤 것인가를 매우 제한적으로 고찰할 것이며, 그가 만일 영화 제작의 변모를 시도하고 있다면 이 영화를 계기로 어떻게 변모를 시도하고자 하는 것인가에 대해서도 살펴볼 것이다. 이는 중국의 한 부분인 상하이 도시성에 대해 이해해 가는 과정이기도 하지만, 도시영화가 갖는 의미와 한계를 비판적으로 고찰하는 작업이기도 하다. 지아장커가 이전 영화에서 줄곧 중국 사회의 하층인sub과 타자altern, 즉 서발턴subaltern과 사라져 가는 공간과 시간, 사라져 가는 기억과 풍경들을 기록하는 데 관심을 가졌다고 한다면 〈해상전기〉를 통해 그는 어디로 나아가고 있는 것인지, 그는 또 왜 다른 도시가 아닌 상하이를 선택했는지에 대해서도 더불어 고민해 보고자 한다.

20세기 자본주의 문명이 가져온 혼돈과 폭력 정치의 시스템 속에 살면서 그런 폭력과 혼란을 가져온 문명의 뿌리를 성찰하고자 했던 발터 벤야민은, 도시 속으로 걸어 들어갔다. 그는 도시의 빌딩 숲과 아케이드를 산책하면서 자본주의 문명의 초기 흔적들과 그것이 만들어 낸 '가공할' 문화현상들을 일일이 자세하게 시시콜콜 기록하였다. '도시의 산책자'wanderer는 도시 문명을 향유하는 사람이 아니라, 그러한 문명이 드리운 어둠과 그늘을 우려하면서 그 속에 깃들어 살 수밖에 없는 인간 삶의 부조리함을 간파하고자 하는 눈을 가진 사람이다. 파리의 보들레르가 그러했고, 베를린의 벤야민이 그러했으며, 피렌체의 괴테가 그러했다. 그리고 상하이의 루쉰, 도쿄의 나쓰메 소세키가 그러했다. 물론 루쉰은 상하이의 다국적 식민정치하에서 자유로운 산책자가 될 수는 없었다. 하지만 그래도 그는 조계租界의 거리와 서점의 골목에서 때때로 자유로운 산책을 할 수 있었고 그것들을 기록으로 남겼다. 루쉰은 1935년 12월 5일 상하이에서 쓴 「상하이 소감」上海所感이란 글에서 이런 말을 하고 있다.

중국은 변화가 무쌍한 곳이지만 어떻게 변화되고 있는지 느껴지질 않는다. 변화가 너무 많으면 오히려 빨리 잊어버리게 된다. 이렇게 많은 변화를 다 기억하자면 실로 초인적인 기억력이 아니고서는 불가능한 일이다. 『집외집습유』(『루쉰전집』 제9권), 이주노·유세종 옮김, 서울:그린비, 2016, 552쪽.

6장 도시 리얼리즘

변화무쌍한 도시 속에서 단자單子로 살아가는 고독한 인간은 자신이 살고 있는 시공간의 압도적인 변화에 대한 불안과 그 전모를 알고 싶은 인식의 욕구 사이에서 서성인다. 그는 글을 쓰거나 그림을 그리거나 산책을 하면서 자신이 본 것을 기록한다. 그리고 그것들은 대부분 기억이라고 하는 불완전한 인간 두뇌의 반추 작용에 의지하게 마련이다. 도시의 여기저기를 산책하면서 도시를 경험하는 인간의 행위, 그가 인식한 도시는 그가 아는 만큼만 보일 것이며 그가 경험한 만큼만 인지될 것이며 또 그가 기억한 만큼만 기록될 것이다. 도시에서 태어나 도시에서 죽어 가는 사람들은 누구나 도시의 산책자이기도 하다.

영화 〈해상전기〉는 배가 상하이의 어떤 항구에 들어서고, 하선을 기다리는 수많은 사람들을 비춘 다음, 이 영화를 이끌어 갈 한 산책자에게로 서서히 앵글이 맞춰지면서 시작된다. 때는 2009년 여름, 그녀(자오타오趙濤 분)는 작은 부채를 펼쳐 태양빛을 가리고 하늘을 올려다본다. 그리고 멀리 와이탄外灘이 보이는 도심을 향해 걸어 들어간다. 비가 내린 듯 물이 고인 길을 걸어서 도시로 들어가는 그 뒷모습이 길게 잡힌다. 그녀는 영화 〈스틸 라이프〉에 등장했던 한 여인을 기억나게 한다. 창장댐 건설 현장에 일하러 가서는 돌아오지 않는 남편을 찾으러 창장 수몰 지구에 갔다가, 남편의 외도를 확인한 여인. 남편과 헤어지며, 그녀는 남편에게 상하이로 갈 거라고 말한다. 산시성에서 왔던 그 여인이 〈해상전기〉의 그 사람이다. 배우도 같은 배우이며 계절도 같은 여름이다. 말하자면 지아장커는 자신의 영화 공간을 산시에서 창장으로 이동했다가, 창장에서 다시 상하이로 이동했다. 그리고 한 외부자의 신분으로 이 도시를 산책하게 만들고 있는 것이다. 다시 말하면 산시성(황허의 중류가 흐르는 지점)에서 창장댐 수몰 지구(창장의 중류가 관류하는 지점)로, 거기서 다시 창장이 바다와 만나는 지점에 위치한 창장 하류의 국제도시 상하이로 한 산책자를 배치하고 있는 셈이다화보 사진 24, 25(107쪽).

영화 내내 그녀는 17명의 인터뷰 대상들이 출연하는 사이에, 그들이 회고하는 과거의 어떤 장소와 관련이 있거나 혹은 관련 없는 상하이의 어떤 풍경 사이에 잠깐씩만 출연한다. 그녀의 시선은 영화 내내 우려와 근심과 초조와 불안, 회고와 향수의 눈빛 사이에 놓여 있다. 냄새가 나는 듯한 푸둥浦東 건설 현장의 옆, 포크레인과 노동자들, 기계음이 들리는 곳에서 부채로 코를 가리거나 햇빛을 가리며 그녀는 산책자의 속도로 천천히 걷는다. 극장의 객석에 앉아 옛날을 회고하고 있는 사람을 바라보고 있거나, 영화가 상영되는 스크린을 바라보다가 갑자기 거리로 나가 비를 맞거나 급히 걸어가거나 한다. 그녀의 시선이 증권회사의 대형 간판이 있는 거리에 멈추면, 영화는 주식 투자와 관련 있는 한 인물의 회고로 연결된다.

영화의 형식은 마치 중국의 전통소설, 장회체章回體 소설 형식과도 비슷하다. 인터뷰 대상자 한 명의 회고담이 한 장章의 소설을 이루고, 장과 장 사이에 배치된 운문처럼 말없는 산책자와 노동자들의 모습이 사이사이 등장한다. 계속 말을 하며 과거를 재구성하고 있는 인터뷰 대상자들과 달리, 산책자와 노동자들은 말없이 표정과 몸짓으로만 영상의 이음새 부분에 등장하여 서로 다른 회고자들을 연결한다. 마치 소설의 장과 장 사이를 연결하는 시처럼 묘한 여운의 서정적 역할을 하고 있는 것이다. 장회소설이 '시에서 시작하여 시로 끝나 듯'以詩爲始, 以詩爲結 이 영화는 산책자에서 시작하여 산책자로 끝을 맺는다.[*] 산책자는 영화의 마지막에 이르면, 엘리베이터를 타고 상하이의 상징이 된 동방명주 전망대 위로 올라간다. 높이 내려다보이는 상하이시, 빌딩숲과 아파트숲, 여러 복층으로 이뤄진 고가도로와 그 위를 질주하는 차량들. 마치 도시의 혈관에 피가 흐르는 듯 도로에는 차량들이 쉼 없이 흐르고 있다. 그녀는 높은 건물 위에서 이 도시를 내려다본다. 조감鳥瞰: 새가 하늘에서 내려다보는 시선을 하고 있는 것이다. 그녀의 눈은 여기에서, 상하이 일상을 깊이 있게 서사하고 있는 전형적 상하이 작가 왕안이王安憶가 그녀의 장편소설 『장한가』長恨歌에 배치한 '비둘기'의 눈과 흡사하다. 이 소설 전반부에서 비둘기는 상하이 상공에 높이 떠, 상하이의 거리와 골목, 골목과 집안을 들여다보고 그 정경들을 기록해 나가고 있다. 도시 전모를 보고자 하는 인간의 욕망은 조감의 시선을 자기 것으로 전유한다. 상하이를 조감하고자 하는 산책자의 눈은 세계의 전모를 '뷰'하고자 하는 인간 보편의 욕망을 대변하고 있다.

---

[*] 중국 문학사의 서정 전통이 지아장커 감독 영화의 정신적 연원임을 주장하는 글은 아래의 논문을 참고하라. "이 변화의 시대를 흐르는 강물에 비유한다면 그(지아장커—인용자)는 배 위에 선 시인처럼 이렇게 읊조린다. '수많은 배들이 사람들을 싣고 오고 수많은 배들이 사람을 싣고 가네. 도시의 모든 공간은 변하지만 쑤저우허(蘇州河)와 황푸장(黃浦江)은 변하지 않으리'."(王倩,「〈海上傳奇〉的私人敍史」,『南國早報』, 2010, 제48판; 林友桂,「「有情'的書寫:論賈樟柯的記錄電影」,『藝術評論』, 48쪽에서 재인용.)

2. 도시의 인터(inter), 시민

그런데 산책자가 아무리 조감의 시선을 갖는다 해도 그가 볼 수 있는 도시의 모습에는 한계가 있다. 기껏해야 도시의 외관과 스카이라인, 빌딩숲과 거리, 강물과 다리, 뒷골목들과 여기저기 출몰하는 인간 군상이다. 물질성과 외관에 갇혀 있을 수밖에 없다. 상하이를 구성하고 있는 물질 너머의 것,—어떤 성격, 어떤 정신 같은—만일 도시의 '정신성' 같은 것이 있다고 한다면 그런 것들을 보기란 거의 불가능하다. 그것은 처음부터 조감의 시선이 갖는 한계이기도 하다. 물질성에 갇힌 산책자의 눈, 그 인식의 창이 갖는 한계를 감독 지아장커는 인터^{inter}에 대한 집요한 시선으로 넘어서고자 한다. 인터란 사람과 사람 사이, 물질과 물질 사이, 모든 것의 '사이'를 지칭한다. '사이'를 들여다보고자 하는 것은 인식 대상의 속살, 즉 결^裏을 보고자 하는 일일 것이다. 물성을 넘어 도시의 진정한^眞 속살^裏에 다다르고자 하는 일을 이 영화는 '감히' 수행하고자 하는 것이다.**

** 산시가 고향인 지아장커는 그의 상하이에 대한 최초의 인상이 모두 '물질'에서 왔다고 회고한 바 있다. "엄마가 길에서 사탕 한 봉지를 사가지고 왔는데 이 사탕이 바로 다바이투(大白兎, 흰토끼) 사탕이었고 아빠가 피운 담배는 상하이표 담배였다. 상하이에 대한 나의 인상은 모두 이런 물질에서 비롯되었다. 계획경제하에서 물자들이 부족했을 때 상하이는 내륙의 도시들과 비교되며

6장 도시 리얼리즘

'사이'를 두고 한쪽이 한쪽에게 질문하고 대답하는 형식을 우리는 인터뷰라고 한다. 질문자와 질문을 받는 대상자 '사이'에서 정보와 정서를 주고받음으로써 상대에 대한 인식의 수준을 높여 가는 행위, 이를 인터뷰라고 한다면, 이 영화에는 질문자interviewer가 한 번도 영상에 등장하지 않는다. 질문자의 목소리(화면 밖의 음)도 존재하지 않는다. 카메라 밖에 철저하게 숨어 있다.* 질문을 받은 인터뷰 대상자는 대개는 앉아 있는 자세로, 자신과 상하이의 관계사를 이야기한다. 영화는 상하이와 개인 '사이'에 무슨 일이 벌어졌었는지를 이야기하게 하고 있다. 그 틈에 들어 있는 '대문자 역사'와 '소문자 역사'의 이야기들을 집요하게 추적하여 도시라는 거대한 공간의 공간성과 시간성의 얼개를 드러내고자 한다. 영화는 그것을 알고자view 하고 보여 주고자 한다. 그러므로 감독의 인터뷰에 대한 관심은 질문자와 대상자 사이의 '사이'에서 일어나는 인식 활동에서 나아가, 선택된 그 개인과 도시 사이의 '사이'에 있는 모종의 경험과 인식을 역사화하고 재구성한다. 다시 말해 그 '사이'에 일어났던 사건들과 사회 배경을 추적하고 그것을 경험한 사람—대개의 경우 화자의 아버지와 어머니—이 흘리는 눈물과 그리움, 회한 등등의 정서를 통해, 이 도시가 갖고 있는 모종의 '정신사'를 재구성하고자 하는 데에 이 영화의 초점이 모아져 있다.

그러므로 이 영화는 상하이와 관련된 개인사 인터뷰를 다큐로

공업화, 현대화, 서양화를 상징했다."(「聽賈樟柯講述〈海上傳奇〉」, 策劃 陽天東, 2010. 05, 〈海上傳奇〉專題, http://i.mtime.com/926069)
* 영화 마지막 자막에 나오는 인명에 'interviewer 린쉬둥'이라고 나올 뿐이다.

기록한 영화처럼 보이지만 사실은 상하이를 구성하고 있는 물질성 너머의 어떤 '정신사'를 기록하고 있는 것이다. 상하이와 관계있는 사람 17명의 개인사를,** 파편화된 개인사들을 조각조각 이어붙임으로써 상하이 과거 80년의 역사(1930~2010)를 압축·재현하려 시도한다. 그러므로 영화는 지아장커 영화가 보여 주는, 예의 그 '지루한' 인터뷰 기록과 그것을 담으려는 카메라의 조용한 고정 사이에서 내내 불안하게 흔들린다. 그러나 그런 형식이 주는 묘한 긴장감은 지루함을 뚫고 화면 밖으로 나와 종종 섬광처럼, 관람자를 1930년대 어떤 총살의 현장으로 데려가기도 하고, 환호하는 인파 속의 해방군 대열로 안내하기도 한다. 회고자의 감정과 회한과 희로애락이 만든 '정서 소통'의 캡슐을 타고, 관객은 수시로 역사적 사건의 과거 현장 속에 섬광처럼 개입하고 돌아오게 마련이다. 돌아오는 지점에서 관객은 매번 흔들리는 카메라 속의 산책자를 따라 뜨거운 여름 햇빛과, 그리고 그녀의 불안한 시선과 조우한다. 그 시선을 따라 잠시 다시 상하이의 물질성에 눈을 돌리고 그리고 다시 다른 사람의 회고 속으로 걸어 들어간다. 그렇게 반복을 거듭한다. 이제 도시의 산책자는 배우 자오타오가 아니라 관객 자신이 된 것 같은 착각에 들게 한다. 관객은 상하이 현재의 물신성과 그것을 구성하고

** 중국판 DVD 표지 앞뒤 면에는 이런 설명이 있다. "풍운과도 같았던 18명의 과거사와 백 년 동안 전해져 온 기이한 얘기들이 그 비밀의 문을 연다. 상하이의 아름다운 전설과 중국인들의 뼈에 사무친 향수. …… 18명이 겪은 경험은 마치 장편소설의 18장과 절처럼 우리에게 1930년대부터 2010년까지의 상하이 고사(故事, 스토리)를 들려준다." 그러나 실제 영화에 등장한 인터뷰 대상자들은 17명이다. 영화의 엔딩 타이틀에서도 인터뷰 대상자 명단이 17명으로 되어 있다. DVD 케이스의 표지에 나온 18명 명단 가운데 영화 속에서 빠진 사람은 장링윈(張凌雲, 1927년생)으로 현재 타이완 신주시(新竹市) 중전신춘(忠貞新村)의 촌장으로 되어 있다. 아마 두 가지 버전의 DVD가 있거나, 출시 이후 재편집의 과정이 있었던 것으로 보인다.

있는 과거의 정신사 사이를 수없이 오고 간다. 이 영화를 다 보고 난 뒤 온몸에 묵직한 피로의 느낌이 든다면 그 까닭은 아마도 산책자와 함께 수많은 거리를 함께 걸은 듯한 착각이 몸의 느낌으로 오는 것인지도 모르겠다.

다시 말해 이 영화는 도시를 대상으로 한 인터뷰이자 도시의 회고록이다. 도시를 인터뷰하고 그러한 방법으로 도시의 회고록을 쓴 것이다. 만일 개인이 회고록을 쓴다면 계획 단계에서 가장 중요한 사건들, 중요한 인물들을 중심에 놓고 그것을 결락시키지 않으려고 얼개를 짜게 될 것이다.* 그러므로 이 영화에 등장하는 17명의 인터뷰 대상자들은 이 도시와 관련하여 모종의 중요한 역사 사건과 관련되거나 특정한 분야의 일과 관련된 사람들의 자녀나 손자들이다. 중요한 사건과 특정한 분야가 상징하는 이념, 개념이 상하이 정신사의 축을 형성하게 된다. 회고는 기억에 의존한다. 기억의 주체가 누군가에 따라, 무엇을 위한 기억의 소환인가에 따라 그 기억의 담론 성격이 달라진다. 기억의 파편을 집요하게 추적하여 수집하고 그러한 파편들을 이어 붙여 전체상을 만들고자 시도하는 노력, 이어 붙인 기억의 파편들이 만든 얼개로 어떤 리얼리티로서의 실제 전체상의 대강을 그리고자 시도하는 작업, 인물들을 섭외하고 촬영하고 가위질하는 과정은 취사선택에 있어 집중력과 냉정함이 요구되는 작업이다. 그리고 그 전체상이 완성되는 지점은 최종적으로

---

* "〈해상전기〉를 촬영하기 전에 지아장커는 100여 명의 방문객 명단을 작성했다. 그 기준은 전문가와 학자들을 찾는 것이 아니라 역사 사건의 실제 경험자를 찾는 것이었다. 그는 모두 88명을 탐방하였고 그 결과 최종적으로 18명을 골랐다."(萬佳歡, 「賈樟柯, 讓歷史變成傳奇」, 『中國新聞周刊』, 2010.7.5, 73쪽.)

영상에서가 아니라 관객의 인식의 장에서다. 이 영화를 본 관람자에게 상하이 상이 어떻게 생성되는가 하는 문제이기도 하다.

기억의 주체가 누구인가의 문제는 이 영화에서 인터뷰 대상자들이 누구인가의 문제로 좁혀진다. 그들은 어떻게 선택되었는가. 그들 17사람이 만들어 낸 17가지의 이야기 장^章은 상하이라는 텍스트를 구성하기에 대표적이고 전형적인 인물들이었는가. 이것에 대한 대답의 실마리가 이 영화의 제목 〈해상전기〉^{海上傳奇}의 '전기'^{傳奇}에 있다. 감독은 왜 소박하게 '상하이 이야기'^{海上故事}라 하지 않고 전기라고 했는가. '해상고사', '해상소설'이라 하지 않고 굳이 '해상전기'라고 하였는가. 다 알다시피 전기는 당대^{唐代}에 나타난 서사 형식이다. 기이한 것, 재밌는 이야기를 전하는 이야기의 양식이다. 즉 '쉽게 볼 수 없는' 이야기, '흔히 볼 수 없는' 그런 이야기를 전하는 서사문학의 양식이다.^{**} 이 영화의 회고인 17명의 이야기는 결코 흔하게 발생할 수 있는 이야기가 아니라는 점을 감독은 은연중에 말하고 싶은 것이다. 상하이 도시 읽기는 결코 보편적인 도시민의 일상적인 이야기를 통해서는 도달하기 어려운 것임을 말하고 있는 것이다. 다시 말해 20세기의 상하이 정신사는 일상사의 총합으로서의 도시 문명사라기보다 특이한 일, 일상적인 일을 넘어선 일들이 일어난 역사의 도시라는 점, 그것에 그 방점이 찍힌 것 아니겠는가.

그런데 이러한 논리는 만일 베이징을 대상으로 한 도시 서사라

** 필자의 이런 생각과 관련하여 한 눈문 심사자는 "상하이의 전기(傳奇)는 장아이링(張愛玲) 이후 상하이와 연결된 특수한 문화 형태가 되어 버렸다. 그래서 리어우판(李歐梵)은 이를 형식적인 특성까지 고려한 형태로 보아야 한다"고 말하면서 상하이 문화 표현의 독특한 형식성에 주목할 것을 요구하였다.

해도 마찬가지일 것이다. 그 도시만의 고유한 특성을 잡아내지 않고서는 어느 도시의 서사란 것은, 당초부터 특성을 잡아내기가 어려울 것이기 때문이다. 다른 도시와 변별되는 그 도시만의 고유한 특성, 고유의 정신사를 보기 위해서는 다른 도시에선 '쉽게 볼 수 없는', 결코 '흔하게 볼 수 없는' 그 도시만의 고유한 사건성과 특수성에 주목해야 하고 그것에 관련한 서사에 착목해야 할 것이다. 그러므로 그것은 '전기'가 될 수밖에 없을 것이다.衛西諦,「從上海到海上」,『董事文化』, 112쪽. 감독 역시 이렇게 말하고 있다 "나는 상하이처럼 이렇게 중국의 사건들이 한곳에 밀집되어 있는 도시는 더 이상 없을 것이라 생각한다. 그래서 나는 이 도시 이야기를 〈해상전기〉라고 불렀다."聽賈樟柯講述『海上傳奇』」 그는 "'전기'를 찍겠다는 야심을 가지고 있었다. 그래서 찍고 찍으면서 '상하이'上海라고 하는 이 제목이 너무 작다는 생각이 들어 '해상'海上으로 바꾸었다. …… 지아장커가 자신의 시야를 넓은 곳에 놓고 밖을 향해 촬영을 시작하자, 즉 그의 시선을 상하이 역사의 교차로에 올려놓자, 어떤 사람은 상하이에 남고, 어떤 사람은 타이완으로 가고, 어떤 사람은 홍콩으로 간 것을 알게 되었다. 이것은 제목 '상하이 전기'를 '해상전기'로 고치게 만들었다. 홍콩 빅토리아 항구와 타이완 기선의 풍경은 상하이를 투사하는 하나의 거울이 되었다. (그는—인용자) 상하이를 떠나 돌아오지 않는 사람들을 촬영함으로써 이산과 혼란의 중국 근대사에 대한 응답을 하고자 했다. '전기' 이 두 글자에는 글자가 지닌 협의의 의미를 초월해 몇 대에 걸친 이 도시 사람들의 기쁨과 고통, 번영과 이산의 아픔이 뒤섞여 있다."衛西諦, 앞의 논문, 112쪽.* 감독은 왜 다른 도시의 전기가 아닌 상하이의 전기를 '쓰고자' 했는가? 물론 이에 대해서는 이 영화를 만들게 된 구체적인 계기가 된, 상하이 세계박람회expo 개최에 즈음하여 상하이 관련 영화 제작을 의뢰받고 만든 작품이라고 하는, 영화 제작의 실질 배경과 무관할 수 없다.[**] 그러나 이런 이유는 이 영화를 만들게 된 외적 조건 외에는 아무것도 말해 주지 못한다. 감독은 자신의 영화사적 맥락에서 이미 오래전부터 상하이를 염두에 두고 있었던 것으로 보인다. 그 이야기의 출발은 〈스틸 라이프〉에서 시작한다. 〈스틸 라이프〉의 두 이야기 축 가운데 하나의 축을 만들고 있는 타이위안에서 온 선홍은 2년 동안 집으로 돌아오지 않는 남편을 찾아 창장변의 도시, 펑제로 간다. 그녀는 그곳에서 남편을 찾았지만 남편의 외도를 알고 헤어지기로 결심한다. 창장댐 건설의 허허로운 건설 현장에서 어디로 갈 거냐는 남편의 애정 없는 물음에 그녀는 무심하게 "상하이로 간다"고 말한다. 이는 앞서 이 책 3장에서 이미 언급한 대로다.

'상하이로 간다', 이 말은 중국현대사 100여 년 동안 도시 이주와 관련하여 중국의 여러 지역에서 아마도 가장 빈번하게 사용되었을 말일 것이다. 상하이는 고향을 떠나 새로운 삶을 도모하고자 하는 사람들을 마치 블랙홀처럼 자신에게로 빨아들여 왔다. 모든 도시는 이주민에 의해 형성된 도시이지만 상하이만큼 단시간에 다양

---

[*] '하이상'(海上)은 '바다에서'의 의미로 확대된다.
[**] 이 영화가 상하이 엑스포용으로 제작된 영화, 즉 관방용 영화였다는 것과 관련하여 한 연구자의 다음과 같은 견해를 참고할 수 있다. 지아장커의 〈해상전기〉는 "그가 지금까지 견지해 온 문제의식이 희석화된 감"이 있으며, 동시에 "중국 당국에서 유포하고 있는 무비판적인 화해의 맥락에 닿을 수도" 있다는 것. 그러므로 "지아장커의 자리가 위태로운 느낌이 드는 것도 사실"이라는 것. 그러나 "다행히 이 영화는 당국에 의해 소외된 자오타오의 시선에 의지해 전개되고 있어 지아장커 본래의 영화의 힘이 지탱되고 있는 것"이 아닌가 하다는 것이다.

한 동기와 목적으로 사람들을 빨아들인 도시는 세계사에 드물 것이다. 그만큼 상하이의 도시 성격은 중층적이며 복합적이다. 창장댐 건설 수몰 지구의 유랑노동자로 살다가 건물 잔해에 깔려 최후를 마감하게 된, 〈스틸 라이프〉의 소년 샤오마거는 '상하이탄'上海灘을 즐겨 불렀었다. "강물은 달려간다. 강물은 흘러간다. 도도하게 흘러간다. 수만 리 물길을, 쉬지 않고 영원히……" 그 창장이 수천 킬로를 흘러 바다와 만나는 지점에 모래 도시 상하이가 있고 모래사장 상하이탄이 있다. 바다와 강이 민나는 '사이', 바다와 육지의 '사이'에 세워진 상하이에는 창장이 실어 나른 생명의 퇴적층이 자리해 있고 창장의 마지막 젖줄이 흐르고 있다. 아편전쟁 이후 급격한 도시화가 진행된 상하이는 150여 년간 중국 내륙의 여러 지역으로부터, 전 세계 전쟁과 정치 탄압의 여러 지역으로부터 흘러 들어온 도망자, 망명자, 이주민들의 천국이었으며 노동자들의 천국이었다. 지아장커의 영화 촬영 행보가, 그의 초기 영화 '고향삼부작'을 찍었던 산시성에서 베이징의 가상공간을 거쳐(〈세계〉) 창장 싼샤댐 건설 현장으로 나아갔을 때(〈동〉, 〈스틸 라이프〉), 그는 이미 상하이를 염두에 두고 있었음이 분명하다.

주지하다시피, 상하이는 경제 중심의 도시인 것만은 아니다. 식민지 조계가 있었고 이념 전쟁으로 민족이데올로기가 가장 첨예하게 부딪혔던 정치 공간이었으며, 혁명과 암살, 암흑가와 음모, 애국자와 간첩이 동거하며 민족 출로를 놓고 수십 년간 격돌한, 중국인의 '이상과 꿈의 시험 무대'였으며, 노동자와 자본가, 정객과 군인, 영화와 예술, 패션과 모던걸 등이 혼거하며 새로운 역사를 만들어 간 근대화의 최첨단 시험 공간이기도 하였다. 그곳에서 격돌했던 인물들은 홍콩으로, 타이완으로, 동남아로 이주하기도 하고 다시 돌아오기도 했으며 돌아오지 못하기도 했다. 돌아오지 못한 이들은 그곳에 남아 상하이를 기억하고 반추했다. 그러므로 상하이의 역사는 상하이인만의 것이 아니다. 상하이와 홍콩, 상하이와 타이완, 상하이와 다른 어느 외국 도시의 '사이'를 가로지르고 있는 역사이며 기억이고, 현존하고 있는 기억의 주체가 재구성하고 있는 역사의 뒤안길과 현재의 삶 '사이'를 넘나드는 기억이다. 기억에 의한 공간의 확대와 전이가 가장 빈번하게 일어나는 도시이며 그러한 문화와 정감에 기댄 '소역사'들이 끊임없이 재구성되고 재발화되는 문제적 장소이기도 하다.

6장 도시 리얼리즘

3. 상하이 정신사

도시에는 그 도시 고유의 정신사 같은 것이 과연 존재 가능한 것인가? 그 단서를 이 영화 〈해상전기〉는 첫 인터뷰 대상자와 마지막 인터뷰 대상자 '사이'에서 암시한다. 첫 회고인은 천단칭陳丹靑이다. 그는 1958년생으로 세칭 천재 화가이자 베이징의 명문 칭화靑華대학 교수였다. 지금은 교수직을 그만두고 자유롭게 살고 있다. 아버지 대에 광둥성 타이산台山에서 상하이로 이주한 이주민의 후예로 그는 상하이에서 태어났다.* 그는 문화대혁명 시작 전후의 상하이 풍경을 담담히 회고한다. 문혁 이전 담장 너머로 훔쳐본 자본가들의 화려한 삶과 문혁기에 그러한 자본가를 타도하고 그들의 재산을 몰수했던 혁명의 어두운 역사를, 당시 골목에서 뛰놀던 어린 아이의 눈으로 회고한다. 그의 회고에서 주목되는 점은 문혁의 폭력성을 직접적으로 언급하지 않는다는 점이다. 감독은 그의 회고 장면에 한 단락의 삽화처럼, 어떤 어린 아이를 등장시켜 간접적으로 발언한다. 인간 내면에 자리하고 있는 폭력성과 패권 다툼의 본능, 골목대

---

* 천단칭에 대해서는 자젠잉, 『80년대 중국과의 대화』, 3장 참조. 이 책에는 그의 출생연도가 1953년으로 되어 있다.

장이 되고 영웅이 되고자 하는 심리, 타인 지배와 자기과시의 본능, 그러한 것이 인간의 보편적이고 본원적 심성 가운데 하나가 아닌가 하는 것을 감독은 간접적으로 표현하고 있다. 즉, 문혁의 폭력성이나 혁명 이념의 폭력성을 인간의 본원적 속성 가운데 자리하고 있는, 지배욕과 영토 의식에서 바라보고 있는 것이다. 마치 이 도시가 그러한 정신의 바탕 위에 세워진 것이라도 되는 것처럼 골목을 휘젓고 있는 이 어린 골목대장(천단칭이 아닌, 익명의 어린이)을 감독은 영화 초입에서 자못 오랫동안 비춰 준다. 첫 인터뷰 대상자로 천단칭이 소개된 것은 여러 가지 면에서의 고려가 있었겠으나 근거리 시간대의 이주사—아버지 대의 이주사—를 강조하는 점도 있다고 하겠다.[**] 이주의 역사와 더불어 이 도시를 휩쓸고 지나간 혁명의 역사, 그것이 남긴 상흔에는 인류가 지닌 모종의 보편 욕망이 자리하고 있음을 그는 힘주어 암시하고 있다.

마지막 인터뷰 대상자는 1982년에 상하이에서 태어난, 대중작가이자 카레이서이기도 한 한한韓寒이다. 그는 체육특기생으로 시市 중점 고등학교에 입학했으나 학교 생활에 불성실했고 자포자기의 상태에서 자퇴를 했다. 그러나 당시 지옥 같은 입시 제도와 교육 현장을 그린 소설 『삼중문』三重門으로 작가로 데뷔하여 일약 인기 작가의 반열에 올랐다. 그는 소설 인세로 경주용 차를 사고 카레이서가

[**] 시간대를 길게 확장한다면 모든 도시는 기본적으로 이주민에 의해 형성된 공간이라고 할 수 있다. 그것에 비해 상하이의 이주민 역사는 1840년 아편전쟁 이후 150여 년에 걸쳐 단기간 내에 압축적으로 일어났다는 점에 그 특성이 있다. 영화 자막으로 이런 내용이 나온다. "19세기 태평천국의 난 때, 부유한 장쑤성(江蘇省)과 저장성(浙江省) 지역의 많은 사람들이 상하이 조계로 몰려와 화양잡거(華洋雜居, 중국과 서양의 혼거)가 시작되었고 상하이 시가 번성하게 되었다."

되었다. (촬영 당시) 이제 갓 서른의 이 청년 작가는 아무런 거침이 없고 구속이 없는 중국의 바링허우八零後: 1980년 이후 출생한 사람 세대의 우상이 되었다. 한마디로 개성 있고 잘나가는 청년이다. 그는 인터 뷰 내내 '개성 있는' 경주차를 고르기 위해 신경 썼던 일을 이야기 한다. 그의 아이콘은 '거침없는 개성'이다. 과거의 어떤 역사나 부모 세대의 역사적 부채로부터 그는 완전 자유롭다. 구질구질한 기억이 나 정치적 상처로부터 자유로운 신인류, 이것이 현재의 진짜 상하 이 토박이라는 것을 감독은 말하고 있다. 그리고 이러한 천단칭과 한한 '사이'에는 수많은 '전기'적 인물이 부침·소멸하고 있고 그 사 이에 상하이가 존재한다.

수많은 개인의 가족사가 대역사의 수레에 깔리기도 하고 처형 을 당하기도 한다. 그 상처로 그들은 지금도 아프다. 오래된 상처지 만 기억만으로도 아프다. 국민당에 잡힌 공산당원 구출에 힘쓰다 암살당한 아버지 양싱포楊杏佛* 밑에 깔려 있다 살아난 아들, 양샤오 포楊小佛가 그러하다. 그가 기억하는 1930년대의 프랑스 조계지 화 이하이로淮海路 풍경, 쑹칭링宋慶齡·린위탕林語堂·쑹쯔원宋子文의 활동 모습에는 상하이 정치혁명사가 겹친다. 1920, 1930년대 상하이는 중국 민족자본가와 매판자본가의 각축장이었다. 민족자본가인 할

---

* 이름은 양취안(楊銓, 1893~1933). 싱포는 자(字). 장시성(江西省) 린장(臨江, 지금의 칭장淸江) 사람. 쑨원(孫文)의 비서 생활을 한 혁명가. 4·12쿠데타 이후 애국인사에 대한 국민당의 체포·구금이 심해지자, 쑹칭링, 차이위안페이(蔡元培), 루쉰 등과 같이 중국민권보장동맹(中國民權保障同盟)을 만들고 간사가 되어 그들을 보호하는 활동을 했다. 1933년 6월 아들과 함께 외출하였다 상하이 아얼페이로(亞尔培路)에서 국민당 특무에게 암살당했다. 당시 루쉰은 신변의 위협에도 불구하고 그의 장례식에 참석했고 비분강개한 마음을 시로 남겼다.(「양취안을 애도하며」, 『집외집습유』루쉰전집 제9권, 599쪽.)

아버지('미원대왕'味精大王으로 불린 장이원張逸雲)의 수많은 공장과 사업 확장, 항일전쟁기에 국가에 헌납한 독일 전투기, 화려했던 어린 시절과 개인용 요트를 회고하는 장이원의 손자 장위안쑨張原係이 등장하기도 한다. 이들의 회고 사이에, '1842. 8. 29. 중영中英 '난징조약' 체결**, 1843. 11. 17. 주상하이 영국영사 밸푸어Balfour 부임, 상하이항 정식 개항, 조계가 들어서고 방회幇會. 갱단가 생겨나기 시작, 16개 상회 개설' 등등의 정치적 사건들이 자막으로 처리된다. 식민지화와 더불어 시작된 개항과 산업화에 대한 개인의 기억 파편들. 그 자막 사이사이로 노동자의 행렬이 지나간다.

상하이에는 누가 뭐라 해도 암흑가의 인물이 빠질 수 없다. 그들 '민족깡패'들은 혁명 세력과 손을 잡기도 하고 매판과 손을 잡기도 했다. 그 정점에 있었던 인물 두웨성杜月笙의 딸 두메이루杜美如가 아버지를 회고한다. 그의 불우했던 어린 시절과 보스가 된 이후 암살의 공포 속에 살던 모습이며, 140개의 여권을 가지고 있었으며 보디가드를 데리고 홍콩으로 피신하고 다시 타이완으로 이주했다가 결국 상하이로 돌아오지 못한 부친에 대한 기억. 한편 지하 공산당원이었던 왕샤오허王孝和의 딸은 얼굴도 보지 못한 아버지를 지금도 그리워하고 있다. 아버지의 공산당 활동상을 요약하고, 사형당한 아버지와 홍콩 『대공보』大公報에 실렸던 아버지의 처형 전후의 사진을 보여 준다. 아버지 사망 후 자살을 시도하다 미쳐 버린 모친은 1949

** 1840년 영·중 간의 제1차 아편전쟁에서 중국이 패배한 후 체결된 '난징조약'. 이 조약으로 중국은 홍콩을 1997년까지 영국에게 할양당하였고 5개의 항구(상하이, 광저우, 샤먼, 푸저우, 닝보)를 조차항(租借港)으로 개방당했다. 도시로서의 상하이의 발전은 '난징조약'을 계기로 본격적으로 시작되었다고 할 수 있다.

년 해방군이 난징로에 입성하자 그 행렬을 따라가며 아버지 이름을 부른다. 그러한 어머니를 기억하며 평생 동안 아버지 관련 자료를 수집한 왕페이민王佩民의 눈물 어린 회고. 그리고 혁명과 관련된 영화가 자막으로 처리된다. 왕빙王氷의 영화 〈상하이에서의 전쟁〉戰上海 (1959)과 영화 속에 재현되는 전쟁과 거리의 총격전, 그리고 해방군의 입성(1949. 5. 27). 상하이의 대역사 속에서 생장소멸해 간 한 가족사의 불행한 '전기'의 간접 서사라 할 수 있다.

전쟁과 혁명을 피해 타이완으로 이주했다 상하이로 돌아가지 못하고 기억 속 상하이를 살고 있는 사람들도 있다. 1948년 학교가 폐쇄되자 타이완으로 이주하기 위해 부두에서 배를 탄 타이완의 영화감독 왕퉁王童, 그는 당시의 기억에 기대 영화 〈붉은 감〉紅柿子 (1996)을 만들었다. 아비규환 속에서 구사일생으로 배를 타고, 다시 트럭을 타고 '빛'의 도시 타이완에 도착했던 기억이 있다. 2009년의 현재 타이완 모습과 영화 속 과거의 시간이 몽타주 기법으로 그의 기억 사이사이에 삽화처럼 자리한다. 항일전쟁시기의 상하이에서, 이웃집 자본가와 장군을 회고하는 현 타이완의 칭화靑華대학 총장 리자퉁李家同, 군벌 우페이푸吳佩孚 밑의 이인자였던 아버지의 피살을 회고하는 쩡궈판曾國藩의 외증손녀 장신이張心漪, 소설 『해상화열전』을 바탕으로 만든 영화 〈해상화〉海上花의 촬영 당시 경험을 회고하는 타이완의 영화감독 허우샤오셴侯孝賢……. 이들은 모두 상하이의 기억을 가진 타이완 사람들이다. 과거와 현재 '사이', 상하이와 타이완 '사이', 그 사이를 연결하고 있는 유일한 것은 오로지 이들의 기억뿐이다.

타이완에서 상하이를 기억하는 사람들이 부모 세대 혹은 자기의 유년기 경험에 기댄 상하이 기억을 구술한다면, 1949년 중화인 민공화국이 들어선 이후의 기억의 주체들은 모두 본인 자신이다. 1972년 당으로부터 안토니오니^{Michelangelo Antonioni}의 영화 〈중국〉의 중국 현지 촬영을 도우라는 명을 받고 그를 도왔다가, 그 영화가 당에 의해 '독초'로 평가되면서 문혁 종료까지 한간, 간첩, 반혁명의 모자를 썼었다는, 그러나 정작 자신은 지금까지도 그 영화를 본 적이 없다며 냉소 어린 회고를 하는, 상하이 TV 기자였던 1942년생 주첸성^{朱黔生}. 1931년 상하이 출생으로 상하이 방직공장의 노동자였으며, 전국노동모범으로 영웅시되어 마오쩌둥의 치하도 받고 그와 함께 공연관람까지 했다는, '영광스러운' 기억을 가진 황바오메이^{黃寶美}. 그녀는 해외 유학도 다녀왔다. 그러나 귀국 후 다시 노동자로 돌아가 노동자로서 자부심을 갖고 산다고 말한다. 사회주의 사회에서 노동자는 명예로운 이름이었다. 그녀를 소재로 한 영화(셰진^{謝晉} 감독의 〈황바오메이〉, 1958)까지 만들어졌다. 상하이는 산업화와 더불어 수많은 노동자들이 필요한 도시였다. 중국 최초의 노동운동과 대규모 파업, 그들을 대변했던 공산당의 도시 노동자운동이 이 도시에서 일어났다. 또, 영화배우 상관윈주^{上官雲珠, 월극의 황후로 불림}의 아들 웨이란^{韋然}은 항일전쟁 시기 상하이에서의 모친의 화려한 배우 생활과 3번의 결혼, 그리고 자살을 회고한다. 그의 어머니는 지금도 월극^{越劇}의 신화적인 존재이다. 그 어머니를 그린 영화(셰진의 〈무대자매〉^{舞臺姐妹}, 1964)가 그의 회고를 돕는다. 1918년생인 원로 영화배우 웨이웨이^{韋偉}는 광둥성 중산^{中山}에서 차^茶 무역을 하던 부친과 함께 상하이로 이주했다. 배우로 활약하면서 페이무^{費穆} 감독의 〈작은 도시의 봄〉^{小城之春}에 출연하게 된 배경을 회고한다. 이들의 현재 삶 속에서는 과거의 역사가 아직도 진행 중이다. 상하이가 노동자들의 도시임과 동시에 예술과 영화의 도시이기도 하다는 것을 감독은 간접 서사하고 있다.

상하이의 기억을 지닌 채 홍콩에서 과거의 삶을 살고 있는 사람도 있다. 영화 〈작은 도시의 봄〉이 국난國難 시기에 회색영화라 평가받자 그러한 분위기 속에서 전 가족이 홍콩으로 이주했다고 하는 영화감독 페이무의 딸 페이밍이費明儀가 그렇다. 그의 회고와 함께 홍콩의 상하이거리上海街가 배경으로 나온다(왕자웨이王家衛의 〈아비정전〉阿飛正傳). 1949년 모친을 따라 상하이에서 홍콩으로 이주했고 홍콩에서의 고된 어린 시절을 회고하는 홍콩의 가수이자 배우였던 판디화潘迪華는 상하이로 돌아갈 생각에 홍콩에서 임시로 살 수 있었다고 말한다. 그녀는 아주 자랑스럽게 "난 네이티브 상하이인이다"라고 한다. 지난 세기, 수많은 이산가족들의 애환과 비애가 서렸을 홍콩 빅토리아 항구가 뱃고동 소리 속에서 여전히 건재한 모습으로 회고하는 인물 사이에 비춰진다. 중국 근현대사에서 상하이와 홍콩은 서로 거울과 창구의 역할을 하며 상호 견인하기도 하고 경쟁하기도 하면서 피난과 도피, 민족 대이동이 수없이 일어난 도시였다.

그리고 영화는 1980년대 개혁·개방 이후 폭발적으로 성장한 상하이 경제가 한 사람을 어떻게 벼락부자로 만들었는지를 어떤 평범한 시민을 통해 상징적으로 보여 준다. 1988년까지 두 부부의 월급을 합해도 72위안이고, 1년에 고작 48위안을 저축했던 한 가난한 가장이 어떻게 증권시장에 투신하여 국책을 거래했으며, 수표와 신용카드가 없던 시대에 어떻게 상자에 현금을 들고 이동하였는지를 생생하게 들려준다. 1950년 상하이 출생의 주식 거래의 귀재인 양화이딩楊懷定이 바로 그다. 그는 150여 년 만에 한적한 시골 어촌에서 굴지의 국제도시로 급성장한 상하이 도시성의 어떤 특성을 한 몸에 함축하고 있다. 그리고 마지막 인물, 바링허우 세대의 대표적인 인물인 한한이다. 천단칭과 한한 사이에는 공간적으로 상하이, 타이완, 홍콩 등으로의 민족 대이동이 있었으며, 시간대로는 1920년대에서 30년대를 거쳐 1949년 이후의 사회주의 중화인민공화국 시절, 그리고 이어지는 1980년대 개혁·개방 이후의 중국의 면면들이 단편소설처럼 압축적으로 기록된다. 혁명과 정치, 근대화와 산업화, 경제적 성공, 음악과 영화, 예술과 문화, 그 '사이'에서 명멸하다 사라져 간 사람들. 대문자 역사와 소문자 역사의 수레바퀴가 맞물리고 부서지는 가운데 그들은 사라져 갔거나 사라져 가고 있다. 이들의 회고 '사이사이'에는 그들의 삶과 시대를 기록했던 영화들이 등장하여, 이 기억 주체들의 '불완전한' 기억들을 보충해 주는 역할을 하고 있다. 이 영화 속에서 거론되는 영화들은 다음과 같다. 러우예婁燁의 〈쑤저우허〉蘇州河(1999), 왕빙의 〈상하이에서의 전쟁〉, 왕퉁의 〈붉은 감〉, 허우샤오셴의 〈해상화〉(1998), 안토니오니의 〈중국〉(1972), 셰진의 〈황바오메이〉, 페이무의 〈작은 도시의 봄〉(1948), 셰진의 〈무대자매〉, 왕자웨이의 〈아비정전〉(1990). 이 영화들은 상하이의 시간과 공간, 상하이인의 삶을 재현해 주고 있는 영화사의 경전 작품들이며, 동시에 상하이의 영화 역사가 바로 중국 영화의 역사임을 웅변해 주고 있다.

앞의 2절에서 필자는 지아장커가 〈해상전기〉를 통해 상하이가 지닌 외관과 물질성 너머에 존재하는 도시의 어떤 정신사에 주목하면서 그것을 드러내고자 수많은 대립항의 '사이'에 주목하고 있다고 했다. 과연 그 정신사라는 것은 무엇을 말함인가? 도시의 정신사라는 것이 가능하기나 한 것일까? 지금까지의 고찰을 바탕으로 그것을 잠정하여 정리한다면 이런 정도로는 말할 수 있지 않을까? 과거의 여기 상하이에서, 그리고 지금의 여기 상하이에서 생성becoming되어 성장·소멸되어 갔거나, 생장·소멸해 가고 있는 중인 집단 역사History와 개인 역사history의 총합, 그리고 그것들이 만들어 내고 있는 기억과 정감의 교집합, 그런 모든 것들이 만들어 내는 모종의 아우라.

그러니 이 정신사는 무정형으로 '변화'되고 있는 중의 그 무엇이다. 앞서 거론한 바, 루쉰은 상하이 공간이 지닌 변화의 무상함에 대해 "변화가 너무 많으면 오히려 빨리 잊어버리게 된다. 이렇게 많은 변화를 다 기억하자면 실로 초인간적인 기억력이 아니고서는 불가능한 일이다"「상하이 소감」, 『집외집습유』(루쉰전집 제9권), 552쪽.라고 했다. 도시는 본래 그 속성상 변화의 속도가 농촌보다 훨씬 급속하게 진행되는 공간이다. 중국의 대도시 가운데, 세계 도시로서 1세기 동안 영욕을 거듭한 홍콩이나 신흥 경제특구로 급부상한 선전深圳을 제외한다면 가장 복잡하고도 측량하기 힘든 변화가 일어나고 있는 곳은 상하이라고 할 수 있다. 여기서 우리는 한 평론가가 지아장커가 만든 모든 영화의 주제를 '변화'라는 키워드로 요약한 것에 주목할 필요가 있다. "고향은 사라지고 결혼, 이웃, 친구 관계는 모두 변질되고 있다. 이 변화 주제와 불확정성의 주제를 따라 불변하는 것과 확정성의 무엇을 추구한다.……감정 부정은 감정 보존으로 변하고 고향은 그것의 소멸로 인해 비로소 영화 속에 존재하게 되는 것이다. 고향은 상상의 세계로 변하고 감정은 신념으로 변해서 우리 가슴에 뿌리를 내린다.…… 지아장커의 영화는 군상의 집단 운명을 보여 준다. 집중적으로 한 인물을 조명하지만 이 인물은 군상과 유리된 인물이 아니다.…… 그의 영화의 주인공은 변화다. 대규모의 집체적 변천이다. 개인 운명의 부침은 그 속에서 대규모의 집체적 변화의 일부분으로 드러나기도 한다. 바로 그렇기 때문에 그의 인간 변화에 대한 표현 방식은 도약과 축약이다." 어떻게 그렇게 변화되었는지 그 과정을 보여 주는 것이 아니라 "영화가 강조하여 묘사하는 것은 변화 그 자체다".王暉,「賈樟柯的世界與中國的大轉變」,『鄉土中國與文化研究』, 薛毅 編, 上海書店出版社, 2008, 594~595, 597쪽.

그러나 이러한 변화와 변천에 대해 보통 사람들의 저항은 그 효력이 미미할 뿐이다. 거대한 역사의 소용돌이는 개인이 부정하든 긍정하든 그 변화를 막을 방법이 없다. 없는 것으로 보인다. 그리고 동시에 소소한 삶은 지속되기 마련이다. 개인은 자신의 태도와 위치를 정해야 하는데 그것은 완전히 자기 고유의 삶에 속하는 실존적인 문제다. 개인은 변화 속에서 어떤 결정을 내려야만 하고 어떤 미래를 향해 삶을 지속해야만 한다. "변천은 자연스런 과정은 아니다. 하지만 개인이 반항하여 저지할 수 있는 것 역시 아니다. 변천은 이렇게 가장 일반적인 보통 사람들의 삶 속으로 침투해 들어간다." 王暉, 앞의 논문, 600쪽.

평자의 분석에 기대지 않는다 해도 감독이 영화 곳곳에서 공간의 변화상을 의도적으로 포착하고 있는 것을 쉬이 발견할 수 있다. 그는 그것을 관객에게 '일부러' 보여 주고자 한다. 상하이의 중심을 흐르면서 상하이 도심 북쪽과 남쪽을 가르는 쑤저우허蘇州河, 그 주변의 오래되고 낡은 집들과 누추하게 퇴색한 다리, 와이바이교外白橋

밑을 지나가는 낡은 배와 다리 위의 누추한 행색의 사람들. 감독은 러우예의 영화 〈쑤저우허〉에서의 장면들을 그대로 영화 속으로 끌어들여 보여 준다. 그 다음 바로 다음 화면 자막에 '2009'를 내보내며 10년 후의 달라진 쑤저우허 주변 풍광을 이어 붙인다. 말끔하게 대리석으로 단장한 듯한 와이바이교와 완전하게 정비된 강변 건물들, '까르푸' 등의 대형 간판이 보이는 달라진 주변 거리의 풍경, 빠르게 달리는 도심 전철의 모습. 10년의 시간 격차와 달라진 모습의 대비를 통해 관객으로 하여금 그 '변화'에 주목하게 만든다.

4. 하층 타자(subaltern), 도시의 건설자

지아장커는 한 신문사의 칼럼에 쓴 글에서 노동의 낭만화를 가장 혐오한다고 말했다. "노동을 낭만화하여 그린 문학 작품을 나는 특히 혐오한다. 노동이야말로 정말 고통스럽기 때문이다. 중학교 때부터 시작해 나는 매년 여름에 밀을 수확하는 친구나 친척들을 도와야만 했다. 밭에 나가면 낫 하나씩를 나눠주고 '이쪽은 네 책임' 하고 명령한다. 그때의 그 절망감이란. 오후에 밀을 다 베고 나서 허리를 펴면 허리는 거의 끊어질 듯 아팠다." 賈樟柯, 「我特別痛恨將勞動浪漫化」, 『世界觀』, 新周刊主編, 上海: 文匯出版社, 2010, 131쪽. 지아장커의 모든 영화를 관통하고 있는 가장 중요한 것 가운데 하나는 하층 타자subaltern에 대한 시선이며, 그들 삶에 대한 애환이라고 할 수 있다. 그리고 그들이 짊어진 노동의 무게에 대한 진지한 시선일 것이다. 지아장커는 자신의 모든 영화에서 육체노동에 대해 담담하면서도 따뜻한 시선을 거의 빠뜨리지 않고 내보인다. 그것은 때로 '경외감' 같은 것을 띠고 있기도 하다. 노동에 대한 묘사는 영화의 전면 서사로 등장하거나 아니면 잠시 배경으로, 때로는 삽화와 같은 장면으로 간접 처리되기도 한다. 앞서 살핀 바, 〈세계〉, 〈동〉, 〈스틸 라이프〉, 〈24시티〉, 〈무용〉에서 모두 그러하다.

〈해상전기〉는 도시에 대한 회고록이자, 기억을 통한 도시 역사와 개인 역사의 재구성이다. 이 영화에 노동은 저만치 있을 법하다. 그러나 이 영화 역시 육체노동의 서사에서 예외가 아니다. 영화가 시작되는 장면이다. 석재더미가 쌓인, 파헤쳐진 도로 사이로 철모를 쓴 채 철제 구조물을 들고 가는 노동자의 모습이 슬로우 모션과 롱 테이크로 잡힌다.

이것 말고도, 이 영화에서는 주목을 요하는 장면이 또 하나 있다. 세번째 등장인물인 장위안쑨과의 인터뷰가 끝나고 네번째 등장인물인 두메이루로 넘어가는 사이에, 앞뒤의 인물 회고와 아무런 서사적 연관 없이 나오는 장면이다. 쑤저우허 강변의 변화된 모습이 보이고 건물 철거 현장의 망치 소리와 드릴 소리가 들린다. 그 가운데 육중한 시멘트 포대를 짊어지고 힘겹게 움직이는 노동자 행렬이 그것이다. 시멘트가루가 범벅이 된 잿빛의 옷과 얼굴, 그들이 통과하도록 두터운 철문을 열고 서 있는 무표정하게 굳은 얼굴의 노인동자, 시멘트 포대의 노동자 행렬이 아주 천천히 움직이는 슬로우 모션으로 처리되면서 화면을 가득 채운다. 마치 그들의 숨 가쁜 호흡인 듯, 비장하고도 가파른 리듬의 배경 음악이 함께 흐른다. 포대 무게에 짓눌린 한 노동자의 위태로운 자태와 어지러운 듯한 표정이 클로즈업된다. 그리고 다시 이어지는 자막, "1842. 8. 29. 중영 '난징조약' 체결. 상하이를 통상항구로 개항." 다시 이어지는 노동자 행렬, 부릅 치켜 뜬 노동자의 눈과 출렁이는 화면. 이어지는 자막, "1843. 11. 17. 주상하이 영국영사 밸푸어 부임, 상하이 정식 개항." 다시 이어지는 노동자의 행렬. 무거운 시멘트 포대에 짓눌린 어깨와 목, 얼굴은 아예 아래로 꺾여 있다. 좁은 층계를 한 걸음 한 걸음

무겁게 걸어 오르는 노동자들의 행렬을 따라 무거운 음악이 흐르고 카메라는 그들의 뒷모습을 천천히 오랫동안 비춘다. 이어지는 자막, "조계가 들어서고 방회가 우후죽순처럼 생겨나기 시작." 다시 이어지는 노동자 행렬. 회색으로 칠갑을 한 노동자들이 층계를 올라가는 장면이 거대한 건물의 얼룩진 회벽의 틈새로 보이는데, 이 역시 오랫동안 카메라에 잡힌다. 또 이어지는 자막, "16개 상회 개설." 다시 이어지는 그들의 행렬, 잿빛의 긴 작업 외투와 모자를 눌러 쓴 노동자들. 그들은 '수많은' 시간의 경과에도 불구하고 '아직도' 계속 계단을 오르고 있는 듯하다. 옷으로 보아 겨울이다. 근대 도시로 도약하는 식민지 시기 상하이 역사 속, 그 역사의 회고 사이사이에, 이 육체노동자들을 계속 등장시켜 무거운 잿빛의 '삽화'로 편집한 감독의 의도는 무엇일까? 그것은 이 노동자들의 어깨 위에서 이 도시의 역사가 가능했음을 분명하게 명시하고자 함은 아닐까. 이 도시의 건설자들이 이들임을 정확하게 전달하고자 함이 아닐까화보 사진 26, 27(108쪽).

노동자들이 시멘트 포대를 등에 지고, 정확하게는 목 뒤에 올려지고 얼굴을 숙인 채 힘겹게 층계를 올라가는, 이 길고도 정지된 그림과 같은 화면은 슬로우 모션으로 처리되고 있으면서 각도를 달리하여 여러 차례 반복하여 편집됨으로써 장중하고도 슬프고 장엄한 화면으로 구성된다. 이 도시를 밑바닥부터 손으로 쌓아올린 사람들. 그들의 노동은 장엄하고 비장하기까지 하다. 지아장커는 이전에 이렇게 말한 적이 있다. "나를 빨아들이는 것은 황금의 광채가 아닙니다. 착한 사람의 존엄입니다."賈樟柯在滬答問錄, 「吸引我的不是黃金的光澤而是好人的尊嚴」, 13쪽. 그가 말하는 착한 사람은 물론 육체노동에 기대어 정직하게 살아가고 있는 하층노동자들이며, 경제 성장의 중심에서 밀려난 주변부의 타자들이며 경쟁의 '낙오자'들이다. 대부분은 저임금을 받는 하층노동자들이다. 그의 영상에서 그들은 모두 말이 없다. 그들은 자신을 설명할 언어를 갖고 있지 못하다. 그럴 기회가 주어지지도 않았을뿐더러 기회가 주어져도 자기 설명의 언어를 상실한 '소외'의 집단이다. 1980년대 이후 중국식 근대 자본주의 사회가 철저히 소외시킨 사람들이다. 지아장커의 전작 영화에서도 그들 노동자에 대한 지아장커의 '헌화' 같은 화면은 예외 없이 등장해 왔다. '고향삼부곡'에 등장하는 탄광노동자들과 열악한 막장 노동의 현장, 〈세계〉에서의 타이성과 타오의 고단한 노동과 죽음의 마지막 장면, 〈동〉, 〈스틸 라이프〉, 〈무용〉에서 재현되고 있는 육체노동자들의 노동과 몸에 대한 클로즈업 등이 그러하다.

*   *   *

이 영화는 도시를 서사한 영화이자 도시의 정신사를 추적한, 도시기억의 인터뷰 기록이다. 기억의 층위를 헤집어 올라오는 부유물처럼, 부유하는 도시민의 삶에 대한 기록이다. 다른 한편 이 영화는 이 도시를 구축하고 있는, 이 도시의 정신사의 한 축을 형성하고 있는 문화사의 어떤 면을 재구성하고 있다. 중국 현대사의 시대상을 반영하고 있는 대표적인 역사 사건들과 그것을 담고 있는 영화의 역사를 몇 개의 단단한 징검돌로 연결하고 있다. 말하자면 영화로 영화사를 간접 정리하고 있으면서 영화로 상하이 역사를 정리하고 있는 셈이기도 하다. 또 한편 이 영화는 시민들의 일상적 미시 생활상을 세밀하게 그리고 있다. 어떤 경우에는 영상으로 묘사하지만 대부분의 경우 기억 주체들의 언어 묘사에 의해 설명된다. 그래서 이 영화는 영상과 문학 '사이'를 넘나든다. 영상 구성의 대부분이 기억 주체들의 구술에 기댄 '언어 서사'라는 점에서 또한 문학적이라고 할 수 있다.

지아장커 감독이 이전의 영화에서 사라져 가는 변방 도시의 모습과 풍경, 그 속에서 탈출하지 못하고 사는 하층 타자와 그들의 비애를 기록하고 그러한 그들에게 자신의 영화를 헌정했다고 한다면 〈해상전기〉에서 그는 보다 더 큰 공간에서 일어났던 중국의 역사와 가족사, 그리고 사라져 가는 기억과 그에 대한 애환을 가감 없이, 촘촘히 기록하고자 시도했다. 도시의 역사(변화사)를 기억과 영화 속의 과거사를 통해 '재구성'함으로써, 또 현재의 삶 속에 진행되고 있는 과거를 '재현'하고 '발화'하게 함으로써, 도시 변화의 속도와 그 사건과 정서를 기록하고자 한다. 영화의 주 형식이 기억에 기댄 인터뷰에 의지하고 있다는 면에서 이 역시 그의 이전 영화가 보여 준 강한 문학적 성격, 즉 언어에 기댄 풍부한 서사성과 일맥상통하는 점이 있다.

산책자는 말없이 시선으로만 암시하고 인터뷰 대상자는 끝없는 말과 그 말에 묻어 나오는 감정과 정서로 이 도시 공간의 정신을 실어 나른다. 17명의 인터뷰 대상자와 그들 사이를 세세하게 메우고 있는 현재 상하이의 풍경과 재현된 과거 상하이의 풍경은 마치 한 편의 다큐멘터리처럼 혹은 인류학적 보고서처럼 치밀하고도 세밀하고, 풍부하고도 복잡하다. 시대상의 세부 묘사에 있어서도 이 영화는 압도적이다. 예를 들면 이런 식이다. 양싱포가 암살당할 당시 그 시대의 쑹즈원*은 어떤 수트를 입고 있었고 무슨 모자를 썼다는 식이다. 당시 자동차의 모습은 어떠했으며 요트의 내부에는 어떤 것들이 있었고 침대 모양은 어떠했고…, 이는 언어 구술에 의한 묘사의 풍부성에서 가능한 것이기도 하다. 도시의 속살에 대한 이러한 촘촘한 서사는 이 영화가 담고 있는 매력이며 이를 통해 도시 리얼리즘은 그 풍부한 리얼리티를 획득하고 있다.

지아장커는 영화를 통해, 인간 사회의 진정한 모습을 남김없이 모조리 드러낼 수 있다고 믿는다. "영화는 진실한 인류 사회 모습을 빠짐없이 모두 드러낼 수 있다. 당신의 얼굴, 표정, 공기, 일몰과 일출, 비바람과 눈서리, 밥 먹는 모습, 밥 그릇 속의 열기, 당신의 피로한 표정이나 흥분한 얼굴, 우리 삶의 물질 세계를 가장 큰 수준에서 재현할 수 있다." 나아가 그는 영화를 현실을 반영하는 정직한 재현의 매체로 인식하면서도 현실 문제의 해결을 역사적 맥락 위에서 바라보려는 또 다른 눈도 갖고 있다. "해결할 수 없는 문제를 만나면 나는 아주 좋은 길을 찾아 나선다. 그것은 처음부터 끝까지 역사를 배우는 것이다. 명료하게 정리되지 않는 현실 속의 문제들, 순조롭게 처리되지 않은 현실 문제들은, 역사적 맥락을 따라가다 보면 반드시 그 근거를 찾을 수 있다. 그 근거로부터 오늘을 다시 보면 모든 게 분명해지곤 한다. 백 년이 한순간 같다." 賈樟柯, 「我特別痛恨將勞動浪漫化」, 132쪽. 역사로부터 현실 문제 해결의 혜안을 찾고 있는 그는, 영상 리얼리즘을 통해 시간과 공간에 대한 유장한 미학관을 구사한

---

* 쑹즈원(宋子文, 1891~1971), 상하이 사람. 유명한 송가(宋家)의 쑹자수(宋嘉樹)의 아들. 금융가이자 정치외교전문가. 쑨원의 부인 쑹칭링, 장제스의 부인 쑹메이링(宋美齡) 등과 남매다.

다. 그에게 있어 영화는 시간과 공간을 드러내는 유효한 수단이자, 시간과 공간 속에서 사라져 가는 것들과 슬픈 존재들을 향해 고요한 찬사와 따뜻한 시선을 투사할 수 있는 유용한 매체이다.

7장

폭력과 복수의

리얼리즘

느리게 보여 주는 시간 미학과 날 것을 조용히 드러내는 영상 미학으로, 1994년부터 중국의 현실을 리얼하게 반영해 온 지아장커는 〈천주정〉天注定(2013)에 이르러 지금까지 사용해 온 방법을 바꾸어 버렸다. 바꾼 것이라기보다는 이전의 미학적 방법을 버리지 않을 수 없었던 것으로 보인다. 이는 현실 반영에 충실해야 하는 리얼리즘 정신의 속성상 자연스럽게 따라온, 즉 내용의 변화에 따른 형식의 변화이며 미학 방법론을 규정하게 마련인 재현코자 하는 현실의 성격이 가져온 귀결이라 할 수 있다.

7장에서는 〈천주정〉을 중심으로 폭력적 일상에 노출된 21세기 중국 하층 시민의 삶과, 변화된 감독의 시선과 서사 전략을 알아보고자 한다. 이로써 가능하다면 변화된 중국 사회의 이면 혹은 일반 사람들의 일상적인 삶에 대한 '들여다보기'와 그를 통한 중국 전체상에 대한 '인식의 지도 그리기'Cognitive Mapping도 시도해 볼 수 있겠다. 2013년에 발표하여 66회 칸영화제 등 국제영화제에서 상을 받는 등 국내외의 비상한 주목을 받았음에도 불구하고* 중국 국내에서는 상영이 금지되는 '불운'을 겪은 〈천주정〉은 지아장커 리얼리즘이 보여 주는 또 다른 진경進境으로 나아가고 있었다. 〈천주정〉은 감독이 스스로 언명하였듯 살인 기사가 난 신문 몇몇을 보고 처음으로

---

* 이 영화를 21세기를 대표하는 25편의 영화 가운데 한 편으로 선정한 *New York Times*의 "Political Film Society"에서는 "현대 중국의 모습을 보고 싶다면 〈천주정〉을 보라"고 했고, *Boston Herald*는 "감독은 비탄에 빠진 국가의 영혼을 포착한다"고 했다. *Chicago Reader*는 "〈천주정〉에서 마음을 사로잡는 것은 더 이상 참을 수 없을 정도로 혹사당한 외로운 고통"이라고 평했다. 국내 평론으로는 "고도 성장통에 가려진 중국 현대사의 아픈 생채기를 드러낸 지아장커의 용기에 박수를!"(김현우), "거장의 완벽하게 멋진 스타일의 변신 …… 〈스틸 라이프〉에서 정지되어 있던 삶이 〈천주정〉에서 살아 움직이는 삶으로 변했다."(윤영섭) 등이 있다.(이정훈, 「쟈장커 영화의 궤적과 〈천주정〉의 새로운 시도」, 『중국어문학지』 제60집, 2017, 1장 참조.)

이것을 영화로 만들어야겠다는 생각을 했다고 한다.[**] 영화는 4개의 서로 다른 이야기를 평행, 순차적으로 서사하면서 중국 사회의 어떤 모습을 관통하고 있다. 그리고 이 이야기들은 모종의 공통적 방향성을 보이면서 세계적인 시장경쟁체제에 깊숙이 들어와 있는 목하 중국 사회의 '하층 타자들', 그들의 생존 환경, 부조리, 황당무계함을 적나라하게 드러낸다. 영화는 자정의 능력을 상실한 중국 사회를 폭로한다. 준법징벌이 이뤄지지 않는 민간 영역의 방대한 공간을 횡단하며 중국 사회 하부의 내면 풍경을 서사한다. 비판적 리얼리즘의 아우라가 이들 서사를 이끌어 가는 주된 선율로 작동하면서 또다시 우리로 하여금 과연 지아장커에게 '영화란 무엇인가'를 다시 생각하게 만든다.

서술의 편의상 〈천주정〉의 4개 서사를 구분하여 첫번째, 두번째, 세번째, 네번째 이야기로 약칭하기로 한다. 첫번째 이야기는 산시의 우진산 탄광촌에서 다하이大海(장우姜武 분)가 6명을 살인한 사건, 두번째는 오토바이를 탄 싼얼三兒(왕바오창王寶强 분)이 산시성 탄광촌 외곽도로에서 3명, 충칭에서 1명을 죽인 사건, 세번째 이야기는 이창 부근의 도시 위엔산에서 샤오위小玉(자오타오趙濤 분)가 1명을 살해한 사건이고, 네번째 이야기는 주장 삼각지 부근의 도시, 둥관東莞 공장에서 일하는 샤오후이小輝(뤄란산羅藍山 분)가 생계를 위해 전전하다 자살로 생을 마감하는, 시간과 공간의 구조로 되어 있다.

[**] "지아장커 감독의 최신 영화 〈천주정〉은 중국에서 발생한, 신문에 보도된 4개의 사건에서 소재를 취했다. 그는 시각언어를 가지고, 후원하이(胡文海) 사건, 덩위자오(鄧玉嬌) 사건, 저우커화(周克華) 사건, 푸스캉(富士康) 사건의 괴이하고도 황당한 이야기를 복원시켰다."(汪琳,「賈樟柯 : 命運本身難道是天注定?」,『紐約時報國際生活』, 2013. 10. 30, 1쪽.)

7장 폭력과 복수의 리얼리즘

1. 권력에 저항하는 방식, 다하이와 아Q

첫번째 이야기가 시작되는 곳은 눈 내리는 한겨울의 우진산烏金山[*] 마을, 탄광촌이다. 영화의 풍경은 지아장커 이전 영화들의 배경이 었던 그의 고향 산시를 방불케 한다. 이 탄광마을들의 광산은, 사회주의 경제하에서 오랜 세월 그 마을의 공동 소유이자 주요 경제 수입원이었다. 그런데 1980년대 이후 개혁·개방이 실시되면서, 각자가 노력한 만큼 개인 소득이 인정되는 청바오제承包制^{**}가 범국가적으로 허용되고, 경제 발전의 견인을 위한 개인 투자가 활성화되자 탄광은 정치 권력 및 금융 권력을 등에 업은 자산가의 소유로 들어가게 된다. 그에 따라 탄광에 대한 독점적 경제권이 행사되기 시작하

---

[*] 우진산은 산시성 타이항산(太行山) 시옌(西線)산맥에 자리하고 있는 국가 지정 산림공원으로 위츠시(楡次市) 북쪽 17킬로미터, 타이위안시 동쪽 22킬로미터 지점에 위치하고 있다. 영화의 배경이 되는 우진산읍(縣)은 행정구역상 진중시(晋中市) 위츠구(楡次區) 외곽순환도로의 북쪽에 자리하고 있다.(www.baidu.com) 현재는 늘어나는 여행객들을 위한 여러 가지 오락 시설들이 발달돼 있지만 그 이전에는 지아장커 영화의 단골 배경이 되는 산시성의 다른 중소도시들처럼 탄광 지역이었던 것으로 보인다.

^{**} 청바오제는 1980년대 초 중국 농촌에서 실행된 기본 경제정책이었다. 사회주의 혁명기의 공동생산 공동분배 정책에서, 가족 단위로 토지를 분배하고 그에서 나온 소출을 개인소득으로 인정한 것으로 '제11기 삼중전회'(十一届三中全會) 이후 농촌 개혁의 상징이 되었고 이후 점차 도시로 확대되었다.

는데, 이 영화의 주인공 다하이大海는 이에 저항한다. 그런데, 마을의 다른 주민들은 개혁·개방 후의 변화된 세상 '논리'에 순응하여 저항을 포기하고 거기서 떨어지는 경제적 수익이라도 챙길 요량으로 자산가에 동조하며 아부하고 그 행정잡무에 동원되는 사람으로 변신한다. 그런데 오로지 주인공만은, 이것은 대대로 이 지역의 공동 소유물이고 공동의 자산인데 왜 정당한 대가를 주지 않고 한 사람이 독식하는가, 하는 '상식'적인 질문을 던진다. 이에서 시작하여 다하이는 이견을 내고 저항을 시도한다. 상부에 고발하는 자세도 취해 보지만 마음대로 되지 않는다. 그리고 그것은 마을 공동체 곳곳에서 튀는 행동으로 인식되고 그는 마을의 질서를 어지럽히는 골칫거리로 변해 버린다. 심지어 놀림거리가 되기도 한다. 자기 혼자만 마을로부터 소외되어 가는 형국이 되자 그는 마침내 장총을 둘러메고 탄광 약탈의 '주범자'와 이에 협조하는 마을 사람들을 응징하러/죽이러 나선다. 한걸음에 5명을 처단함으로써 이 서사는 막이 내린다. 길가에서 우연히 마주친, 마부를 처단한 것까지 포함하면 6명이다. 움직이지 못하는 말에게 잔인한 채찍질을 하던 마부를 물끄러미 바라보던 다하이가 "쌍놈 새끼" 하면서 방아쇠를 당긴다. 이 순간 그는 말과 자신은 약자로, 마부는 자신이 죽이고자 하는 '짐승들'과 동일시한 것이다.

그런데 이러한 다하이의 저항은 어딘지 어설프고 바보스럽고 아둔하기 그지없어 보여서, 보는 이로 하여금 마냥 그를 동정하기에는 묘한 거리감과 불편함을 줄 뿐만 아니라 저렇게 하는 저항이 과연 성공하겠는가 하는 답답함을 느끼게 한다. 계속되는 다하이의 바보 같은 헛발질에 화가 나고, 다하이는 우진산의 '아Q'가 아닌가,

7장 폭력과 복수의 리얼리즘

하는 생각마저 든다. 이것은 백 년 전 루쉰이 쓴 「아Q정전」의 주인공, 웨이좡^{未莊} 마을 아Q가 그 마을의 권력층 자오^趙 집안과 첸^錢 집안에 대해 시도했던 어떤 저항과 그 저항의 몸짓이 전달하는 돈키호테적 바보스러움, 그것이 주는 파토스와 유사하게 겹치는 부분이기도 하다. 이 책 2장에서 〈샤오우〉를 통해서도 언급하였지만 지아장커 영화 인물들에게 어른거리고 있는, 루쉰식 인물의 아우라는 그가 묘사하고 있는 주 인물이 중국 사회 최하층의 인물이기 때문만은 아닐 것이다. 이를 드러내는 글쓰기의 방식이나 영화적 기법이 지닌 어떤 미학적 유사성이 백 년의 시간을 넘어 이어지고 겹쳐지는 부분이 있기 때문일 것이다.

사회주의 경제 평등, 준법징벌에 대한 기억

영화는 무한 경쟁 자본주의 사회로 진입한 2013년 현 중국 사회를 비춤과 동시에 곳곳에서 사회주의 중국의 잔재를 여과 없이 전달한다. 그 대표적인 것이 바로 다하이가 등장하는 영화의 앞부분 풍경이다. 흰 눈이 내리는 한겨울, 우진산 마을 어귀인 듯한 사거리, 사거리 한가운데는 마오쩌둥의 동상이 '아직도' 서 있고 외지에서 온 듯한 삼륜트럭이 차를 멈추고 우진산 가는 길을 묻는다. 여기가 우진산이라는 대답이 돌아온다. 그러자 트럭이 U턴을 하는데 차 뒤 짐칸에는 아기 예수를 안은 커다란 성모상 그림 액자가 실려 있다. 어딘가로 배달을 하려는 모양. 성모상 액자가 사라지는 화면 가득 마오상은 손을 높이 쳐들고 서 있다. 사회주의 혁명기 온 중국은 유물주의 이데올로기로 통일되어 있었기에 ― 적어도 공식적으로 그러했기에 ― 신이나 종교의 자리가 있을 수 없었다. 삼륜차의 성모상은 달라진 현재의, 적어도 공식적으로 종교의 자유가 보장되고 있는 현 21세기의 자유 중국을 암시한다. 그런데 첫번째 이야기의 주인공 다하이는 사회주의적 정치·경제 평등에 대한 기억에 도저하게 갇혀 있다. 그가 자본가에 저항하는 유일한 논리의 근거는 자산의 공유와 생산 및 이익의 평등한 분배라고 하는 공산共産의 이념이다. 마을 공동의 소유였던 탄광을 왜 한 개인(성리그룹의 자오 사장)이 점유하여 이익을 독점하는가, 하는 것이 그의 반항논리다. 그리고 자오 사장에게 협조하는 모든 이들은 그의 공모자들이라는 것. "촌장은 공동 자산을 헐값에 넘겼다", "뇌물을 받고 국가 자산을 팔았어. 그건 20년형이야", 사장이 타고 다니는 아우디 자동차 역시 거기에는 "마을 사람들의 몫도 있다". "공용 탄광을 안 주었으면 차를 뭐로 샀겠어?" 다하이의 말이다. 다하이는 촌장에게 항의한다. "우진산 탄광을 성리에게 하청 줄 때 배당금을 준다고 했었잖아. 당신이 탄광 팔았을 때, 해마다 배당금을 당신이 약속했잖아." 사회주의적 경제 평등에 대한 다하이의 기억과 이의 위반에 대한 다하이는 분노는 구체적인 행동으로 이어진다.

그는 자신의 논리가 마을에서 전혀 먹혀들지 않을 뿐만 아니라 오히려 자신이 비아냥거림의 대상이나 타매당하는 ― 촌장 왈, "그러니 평생 그 꼴로 살지." ― 처지에 빠지자 다른 행동에 나선다. 이른바 '베이징기율위원회'에 가서 자오 사장에게 협조한 촌장과 성리그룹을 고발하여 끝장을 내겠다는 것. 베이징 중난하이中南海의 중앙기율위원회로 고발장을 부치려던 다하이는 우체국 창구직원에

7장 폭력과 복수의 리얼리즘

게 낭패를 당한다. 우체국 직원이 받는 이의 '정확한 주소'와 우편번호 등을 요구했기 때문이다. "중난하이, 하면 다 아는 거 아냐?" 다하이의 응대에 "안 돼요, 다 적어 오세요" 하고 창구직원은 사무적으로 대한다. 문제는 그 다음이다. 다하이는 제대로 된 주소를 찾아 쓰려는 노력은 하지 않고, "너도 촌장 편이냐? 아니면 돈 받아 치먹었냐?" 하고는 발길을 돌려 버린다. 그것으로 그는 그 일을 포기한다. 마을의 모든 인간들은 다하이의 사유 회로 안에서 다하이의 방식으로 정리가 된다. 마치 웨이좡 마을의 모든 사람들이 아Q의 사유 회로 안에서 아Q식으로 정리가 되고, 그에 따른 그의 행동이 현실에 대한 어리석은 판단으로 귀결되는 것과 같다. 그래서 다하이식 저항과 아Q적 혁명은 우스운 해프닝, 희망 없는 몸짓이 된다. 살인자가 된 다하이와 억울하게 사형당하는 아Q가 그것이다. 사회주의 일정 시기 동안 행해진, 법에 의한 형벌의 공평성과 '정의로웠던 사회'에 대한 다하이의 기억은 개혁·개방 시기의 변화된 현실 속에서 다만 과거의 일이 되었을 뿐이다. 신해혁명이 가져온, 혁명에 대한 장밋빛 이상에 들떠 혁명에 투신해 보려 했던 아Q의 빗나간 현실 판단과 어리석은 행보의 비애를 지아장커 감독은 이 영화에서 다하이의 몸짓에 오버랩시키고 있는 것이 아닌가. 다하이식 저항과 아Q식 저항이 주는 어떤 종류의 순수성과 어리석음이 주는 모순의 미학은, 그것이 불러일으키는 슬프고도 코믹한 풍자로, 그러나 그런 종류의 인간이 분명 있었을 것이라는 믿음을 주는 리얼리티의 획득을 가능케 한다. 다하이는 자본가에게, 아Q는 웨이좡 지배세력에게, 거의 저항이 불가해 보이는 상대를 향해 '감히' 대적하려는 자세를 갖는다. 비록 돈키호테적이긴 하지만 대항의 자세를 취해 본다.

물론 아Q를 저항의 인물로 볼 수 있는가에 대해서는 이론의 여지가 있다. 정신승리법이라는 회로에 갇혀 현실의 실패를 정신의 승리로 둔갑시켜 철저히 자기 위로나 일삼았던 아Q가 무슨 저항을 하였던 가? 자오 사장이 비행기를 샀다는 소식을 들은 다하이가 "비행기를 사?" 내 이놈을 "땅에 발 못 붙이게 하려 했더니!" 하는 장면에서 보이는 그의 눈을 부릅뜬 기개는—최하위층 노동자의 이러한 반항과 기개는—비록 현실적으론 무위로 귀결되지만 영화 속에서 계속 등장한다. 웨이좡 안에서 끝내 패착으로 끝남에도 소소한 저항을 끊임없이 하였던 아Q의 모습이 오버랩 되는 지점이다.

그러나 루쉰은 아Q식의 어불성설 저항이, 노예적 근성을 지닌 '무망해 보이는' 저항이, 언젠가 제대로 된 저항으로 변화되는 시점에 이르러야 중국 국민이 제대로 된 혁명을 할 수 있을 것임을 간접적으로 언명한 바 있다.[*] 「아Q정전」을 국민성 비판이나 정신승리법이 아닌, 한 사회의 최하층에 위치한 인물의 저항 텍스트로 다시 볼수 있어야 한다. 그래야 비로소 우리가 배운 '공식'의 대문자 역사는, 도도하게 흐르는 강물의 표피에 지나지 않음을 알 수 있다. 역사라는 강물의 심층 깊은 물길 속에는 변하지 않은 수많은 아Q와 다하이들이 여전히 구태의연한 습속에 갇힌 채 희망 없는 일상을 살아가고 있다. 거대한 흐름이 되어 두꺼운 두께로 흘러가고 있다. 그러므로 진정한 혁명은 우리 몸에 밴 오래된 사유 습관과 관습적인

---

[*] "중국이 혁명하지 않았다면 아Q는 혁명당이 안 됐을 것이지만 혁명했다면 혁명당이 됐을 것이다. …… 이후에 다시 개혁이 있다면 아Q와 같은 혁명당이 또 등장할 것이라고 생각한다."(루쉰, 「「아Q정전」을 쓰게 된 연유」, 『화개집속편』 루쉰전집 제4권, 박자영 옮김, 서울:그린비, 2014, 471쪽.)

행동이 변화되어 일상적 삶 속에서 마음과 감정, 행동 하나하나가 변화되었을 때 가능함을 알아야 한다. 리쩌허우李澤厚식 어법으로 말하면 한 사회의 '문화심리구조'가 완전히 바뀌었을 때야 비로소 진정한 혁명이 가능한 것이다. 그런 의미에서 우진산은 웨이좡의 다른 이름이기도 하고, 다하이는 1세기를 건너온 아Q의 다른 모습이기도 하다.루쉰, 「총명한 사람, 바보, 종」, 『들풀』(루쉰전집 제3권), 91쪽. 바보처럼 보이는 민중이 진정으로 각성하고 새로운 인간으로 태어나는 시점, 루쉰은 이때에 대해, 나는 그날이 언제 올지 모른다, 그러나 그런 날이 오면 아마 아Q도 진정으로 혁명/갱신하게 될 것이라고 하였다.루쉰, 「「아Q정전」을 쓰게 된 연유」, 『화개집속편』(루쉰전집 제4권), 471쪽.

아Q의 저항에서 보이는 공격성과 동시에 그에게 어른거리는 노예적 비굴함과 누추함은 다하이에게도 나타난다. 싸워야 할 대상에게도 다하이는 "돈 좀 줘"라는 말을 한다. 끊임없이 투덜대면서도 자기에게 동조할 사람들을 이리저리 타진해 보는 비루한 모습, '그러니 평생 그 꼴로 살지' 하는 비아냥에 대한 무대응 등등이 그러하다. 또한 다하이와 우진산 마을, 아Q와 웨이좡 마을, 아Q와 다하이와 그들에게 비정한 대다수 마을 사람들의 관계는 전형적인 일대다一對多의 구도로 되어 있다. 마을 하층에 자리한 주인공의 반대편에 자리한 다수의 우두머리는 우연인지 아니면 지아장커 감독의 고의인지 똑같이 자오趙(「아Q정전」의 자오 영감, 〈천주정〉의 자오성리)씨다. 사회주의적 인민 평등을 위한 기나긴 혁명 과정을 거쳤으나 마치 역사는 되돌아간 듯한 느낌마저 들게 한다. 그 긴 혁명의 역사가 경과했음에도, 웨이좡의 자오 영감나리가 21세기 자본주의 중국에서 승리(승리勝利의 중국어 발음이 '성리'. 탄광 사장 이름이 '성리'다)

하였다는 것을 암시하고자 한 것은 아닌지. 지아장커의 영화에는 루쉰의 문학 세계가 때론 실루엣처럼 불분명하게, 때론 데칼코마니처럼 똑같은 대칭적 모습으로 분명하게 드러나곤 한다. 처음부터 끝까지 중국 사회의 하층에 자리한 인물들을 부각시키고 그들의 애환을 드러낸다는 점에서, 그 드러냄의 방식이 '비판적 리얼리즘'의 전략 아래 이뤄진다는 점에서, 또한 보는 이로 하여금 불편한 리얼리티에 다가가기 위해서는 긴 시간을 감내해야 한다는 점에서('느린 미학'), 지아장커는 '영화계의 루쉰'이라고 할 수 있다.

7장 폭력과 복수의 리얼리즘

2. 『수호전』무송의 복수 미학 복제

물론 〈천주정〉의 다하이와 「아Q정전」의 아Q 사이에는 분명하게 다름이 존재한다. 그것은 다하이의 복수가 현실적으로 실행된다는 것이다. 그는 자오성리 일파에게 심하게 얻어맞고 입원을 한다. 그리고 '그답지 않게' 화해의 의미로 보내온 회사의 화환과 위로금은 물론 정중한 사과도 받지 않는다. 그것이 저들의 얄팍한 술책임을 알고 있는 듯하다. 그것을 받기에 그의 자존감은 아Q 못지않게 무척 높다. "그는 이런 인사가 적의 무기라는 것을, 피 한 방울 흘리지 않고 사람을 죽이는 무기라는 것을 잘 안다." 수많은 사람들이 그런 거짓 화해 때문에, "그것 때문에 멸망한" 것도 잘 알고 있다.루쉰, 「이러한 전사」, 『들풀』(루쉰전집 제3권), 88쪽. 마을 사람들에게 배척당하고 그들의 웃음거리가 되고 매를 맞기도 하는 모습은 아Q와 같지만 다하이는 목숨을 건 복수의 길에 나선다.* 결사항전을 하기 전, 마지막으로 누나를 만나 보고 우진산으로 돌아온 다하이는 한 손을 높이 쳐

---

* 그는 복수하기 전에 누나를 찾아간다. 누나가 정신 차리라며 "네가 (자오)성리보다 독할 수 있어?"라고 하자 그는 이렇게 말한다. "독하기로 말하면 내가 촌장, 성리보다 한 수 위야." 이미 사생결단을 결심한 듯한 어투다. 현 중국의 자본주의적 삶의 생태 환경은 독한 사람만이 성공(?)할 수 있다는 역설 아닌 역설로도 들린다.

든 마오상—사회주의 평등시대의 기억물—앞을 천천히 지나서 집으로 향한다. 그런데 집으로 돌아가는 골목의 한가운데 간이무대에서는 마침 중국의 대표적인 전통극『수호전』水滸傳이 공연 중이다. 길가에 서서 공연을 구경하던 마을 사람 하나가 뒤돌아보며 "골선생 왔어?" 하고 다하이를 놀린다. 골선생은, 자오 패거리에게 얻어맞은 것을 놀리기 위해 사람들이 만든 별명이다. 이제 다하이는 마을 전체에서 외로운 늑대의 길을 가지 않을 수 없는 처지가 되었다. 무대 위의 배우는 극중 대사를 읊조린다. "나는 린충林沖이다. 일시적인 분노로 검을 뽑아 죽였도다. 가오치우,** 그 간신배 역적 놈을. 다행히도 차이 나으리께서 내게 편지를 한 통 써 주셔서 (나는 지금) 량산梁山으로 향하노라." 마을 사람들의 비아냥거림에 아무 대꾸 없이 다하이는 집으로 간다. 장롱문을 열어 장총을 꺼내고 거기에 총알을 장전한다. 그리고 호랑이 그림(담요인지 커튼인지 커다란 천 위에는 매서운 눈의 호랑이 그림이 있다. 이것은『수호전』의 호랑이 이미지를 연상케 한다)을 엽총 허리에 둘러서 총신을 숨긴 후, 호랑이 무늬를 깃발처럼 날리게 하여 긴 총을 어깨에 둘러멘다화보 사진 30(110쪽). 그리고 보무도 당당하게 집을 나선다. 호랑이가 포효하는 효과음은 다하이의 확고한 복수심과 '정의감'을 대변하고 있다. 그는 마치 서부영화에 등장하는 건맨의 포즈로 전장에 출전하는 용사처럼, 정의를 실현하러 가는 영웅처럼 그렇게 집을 나선다.『수호전』을 익히 알고 있는 관객이라면 이 장면에서 너무도 당연하게『수호전』식

** 가오치우(高俅)는 자신의 양아들 가웨이네(高衙內)가 린충의 아내를 겁탈할 수 있도록 린충의 친구를 이용하여 린충을 유인하는 계책을 세우는 등, 악랄하게 린충을 핍박한 탐관오리다.

7장 폭력과 복수의 리얼리즘

의 '티톈싱다오'替天行道: 하늘을 대신해 정의를 실행한다를 연상하게 만드는 매우 상징적인 장면이다.

지아장커는 말한다. "나는 영화 제목을 중시합니다. 제목은 영화의 주제와 결을 대변하니까요. 마치 작문에서처럼 글의 제목은 창작 당시의 어떤 상태로 당신을 인도하게 해줍니다. 우리가 『수호전』을 떠올리면 곧바로 '티톈싱다오'를 생각할 수 있는 것처럼 어느 날 저는 (영화 제목으로) '천주정'(하늘이 결정한다)을 생각하게 되었습니다. 이 영화는 돌발적인 폭력 사건에 관한 영화니까요. 이런 합법성(의 세계)에서 하게 되는 돌발적인 폭력 행위는 결코 단순하게 순간적으로 '뚜껑이 열려서' 하는 것만은 아닙니다. 중국어에서 '천주정'은 두 가지의 확연히 다른 의미망을 가집니다. 하나는 '하늘의 뜻이다. 그래서 나는 이렇게 했다'이고, 다른 하나는 반문이지요. '운명이란 것이 설마 하늘이 정한 것일까?'라고 하는, 일종의 어찌할 수 없었음이 전제된 질문 말입니다. 전자는 행동력의 원인을 말한 것이고 후자는 어찌할 수 없잖아 하는 반문인데 저는 여기서 아주 미묘함을 느낀답니다. 저를 이야기의 언어 속으로 데려갈 수 있게 함은 물론, 저로 하여금 서사의 뉘앙스를 찾아가게 해줍니다. 그래서 저는 이 제목을 사용한 것입니다."汪琳,「賈樟柯 : 命運本身難道是天注定?」,『紐約時報國際生活』, 2013. 10. 30. 2쪽. 다하이가 총신에 호랑이 그림 천을 걸쳐서 그것을 깃발처럼 들고 가는 행위는 『수호전』에서 식인 호랑이를 때려잡으러 가는 무송武松의 용맹과 정의로운 행동에 자기 자신을 빙의하는 제의와 같은 것이다. '돈키호테'와 같은 다하이의 복수를 위한 출정은 '하늘을 대신해서 도를 실행하지 않을 수 없다'는 것으로 은유되고 있는 것이다. 이러한 미학 장치는 이를 바라보는 관람자에게 다하이의 행동이 돈키호테 같기도 하지만 과연 돈키호테처럼 무모하기만 한 것인가, 하는 모종의 모순된 감정을 불러일으키면서 저럴 수도 있겠구나, 하는 수긍의 감정을 유발시킨다. 영화를 통해 맞닥뜨리게 되는 현 중국 사회의 정의롭지 못한 현실에 대해 분노와 착잡한 감정을 불러일으키게 된다.

'짐승 같은 인간들'을 응징하러 간 다하이는 매우 신속하고도 성공적으로 일을 '해치운다'. 자오 사장의 충직한 심복, '자본가의 주구'인 회계 담당자 리우(다하이는 리우가 촌장의 비리를 제일 잘 알고 있다고 생각함)를 쏘고, 달려온 리우의 부인을 쏘고, 자신을 '골선생'이라 조롱한 직원을 쏘고, 길에서 만난 촌장을 쏘고…, 마치 전자 게임을 하듯 이들을 쏜 후, 회사 건물 주차장에 세워져 있는, 자오성리 사장의 아우디 자동차 안에 숨어 그가 오길 기다렸다가 그를 쏜다. 그리고 비로소 피범벅이 된 얼굴로 만족스럽게 웃는다. 영화는 여기서, 예의 지아장커가 자신의 다른 영화에서도 그래 왔듯이 매우 묵시적인 화면을 내보낸다. 앞의 다른 영화에서는 그것들이 정지된—사실은 정지되어 있지 않았지만—한 장의 '그림'처럼 제시되었다면, 여기서는 격렬한 동영상으로 제시된다는 점이 다르다면 다르다.

말과 채찍의 은유

다하이가 최종적인 '응징' 대상자인 자오 사장을 죽이기 위해 밭 사이를 가로질러 공장으로 가고 있다. 이미 네 명을 살해한 상태에서

7장 폭력과 복수의 리얼리즘

총을 멘 채 급하게 뛰어가다가, 그는 길가에서 말과 마부를 만난다. 이 장면은 움직이는 화면이면서 동시에 반복되는 동작으로 인해 움직이지 않는 정지 화면과 같은 인상을 관객에게 준다. 수레는 정지되어 있고 말은 꿈쩍 않고 서 있다. 말은 말의 소임인 짐수레를 끄는 것을 멈추고/거부하고 있는 것이다. 마부는 말에게 채찍질을 가하고 있다. 그는 움직이지 않는 말에게 계속 채찍을 내리친다. 아무런 동정심도 없이 냉혹하리만치 무심하게, 쉬지 않고 잔인하게 채찍을 내리친다. 그런데 이 장면은 다하이의 스토리가 시작되는 전반부 초입에 이미 등장했던 화면의 재연이다.

스바완[18촌]에서 발생한 권총살인사건의 범인을 색출하기 위해 경찰은 외지인 출신을 포함한 모든 탄광노동자들을 한곳에 집합시키고 하나하나 신분증을 검사하기 시작한다. 심문 범위가 좁혀지자 초췌하게 생긴 한 소년노동자가 도망치기 시작한다. 경찰이 그를 향해 공포탄을 발사하고 그는 계속 도망치는데 갑자기 화면이 옆으로 이동하며 다른 장면이 제시된다. 눈이 희끗희끗 쌓인 탄광의 야적장에 야트막한 동산처럼 여기저기 석탄가루가 쌓여 있는 곳, 그 사이를 다하이가 휘적휘적 걸어가다 화면 밖으로 사라지면 한 마부가 수렁에 빠진 마차의 바퀴를 빼내려 안간힘을 쓰는 장면이 나온다. 그는 채찍으로 말의 엉덩이를 사정없이 내리친다. "이 짐승 같은 새끼"를 연발하면서. 말은 사력을 다해 발길질을 해보지만 마차는 꿈쩍도 하지 않는다. 마부는 쉼 없이 잔인하게 채찍질을 가하고 그리고 마침내 말은 쓰러져 일어나지 못한다[화보 사진 28(109쪽)].

물론 이 장면은 감독이 의도적으로 집어넣은 삽화다. 자오 사장을 죽이러 급히 가던 다하이의 눈에 들어온 말과 마부, 이를 한참 바라보던 다하이는 마부를 주저 없이 총으로 쏴 죽인다. 예정에 없던 살인이다. 총을 어깨에 올려 메고 마을을 떠나기 전 마을 친구들—한싼밍 등—이 그들 곁을 지나가는 다하이에게 "다하이 뭐해?" 하고 묻자 그는 거침없이 "짐승 잡으러 간다"고 한다. 그리고 맞닥뜨린 말과 마부. 짐승은 말이고 마부는 인간이나 다하이에겐 마부가 짐승으로 보인 것이다. 그리고 방아쇠를 당긴 것이다. 말하자면 다하이는 그 순간 약자인 '말'과 자신을 동일시하고, 말 못하는 말을 괴롭히는 '마부'와 자오 사장과 그에게 빌붙은 마을 인간들을 짐승으로 동일시한 것이다. "쌍놈 새끼." 발사와 함께 그의 입에서 나온 욕이다. 화면이 바뀌면 다하이가 자동차 안에서 자오 사장을 죽이고 피범벅이 된 얼굴로 웃는 모습이 오버랩되고, 다시 바로 화면이 바뀌면 마부에게서 풀려난 말은 아주 가볍고 천천히, 경쾌하기까지 한 발걸음으로 갓길을 달려서 차도로 나서고 이어서 대로로 나선다. 가벼워 보이는 수레를 끌며, 말은 천천히 아주 평화롭게 타닥타닥 길을 간다.

감독은 여기서도 이 말과 수레에게 역광으로 햇빛을 비춰 준다. 마치 〈세계〉에서 고된 노동에 지치고 미래가 없는 삶에 지친 공장의 연인 타이성과 타오가 이제 자살을 생각할 수밖에 없는 마지막 지점에 이르렀을 때, 쓸쓸하고도 담담하게 대화를 나누는 장면에서, 초라한 방에 놓인 따뜻한 황색등을 통해 그들의 모습을 부드럽게 비춰 준 것과 같은 빛의 미학이다. 지아장커에게는 어쩔 수 없는 비극과 불행에 처한 약자를 위로하는 빛/역광의 미학이 있다. 갑과 을의 세계에서 더 이상 내려갈 수 없는 가장 밑바닥에서 살아가야 하는 '을'들에게 보내는 감독의 위로와도 같은, 흐리지만 한없이 따뜻한 불빛이다. 이에 대해서는 앞에서 몇 차례 언급한 바 있다. 말에게 가하는 마부의 폭력이 주는 은유와 묵시는 이 영화의 세번째 이야기인 샤오위의 이야기에서, 여성에게 가해지는 남성 폭력으로 재연된다.

묵시록과 같은 이 장면은 가혹한 자본가와 잔인하게 착취당하는 노동자 사이의 노사 구조를 압축하여 제시한다. 자본가에게는 목적만 있고 동정이나 배려, 멈춤은 없다는 냉혹한 사실을 직시할 것, 마부를 제거하지 않는 한 말/노동자는 죽임/자살의 끝으로 내몰린다는 냉혹한 현실을 직시할 것, 마부는 자오 사장이기도 하고 자본가이기도 하다는 것…, 이런 것을 암묵적으로 제시하고자 감독은 짐짓 이런 삽화를 넣고 있는 것이다. 억울한 죄명을 뒤집어씌워 아Q를 조리돌림당하게 만들고 마침내 그를 총살형에 처함으로써 불완전한 (신해)혁명의 위선적인 명분을 만천하에 알리고 싶었던 루쉰. 일벌백계라는 낡은 계몽 전통과 위선적인 관행을 답습함으로써 고리타분한 신분 질서를 유지하며 가진 자들만의 질서를 찾아가는 웨이촹 마을을 보라. 백 년 전의 웨이촹/중국의 시스템은 20세기 개혁·개방 정책을 거쳐 개인의 자유와 언론의 자유가 인정되고 정치·사회·경제적 자유가 공인된 21세기에서도 시스템만 바뀌고, 내용만 바뀌어 재연되고 있는 것이다. 변질된 유교적 전통 이념이 수많은 권력 서열을 정치 질서라는 이름으로 당연시하였고 공고히 함으로써 이천 년 역사를 '식인의 역사'로 만들어 왔으며 그 권력 서열의 맨 아래 있던 아Q를 희극적으로 잡아먹었듯이, 효율성과 이윤 극대화라고 하는 근대 산업혁명의 발전 이데올로기와 자본주의 신화가 만들어 낸 이데올로기는 권력 없는 다하이, 한쌴밍들에게 여전히 식인의 시스템으로 작동하고 있는 것이다. 아Q는 바보처럼 사라지지만, 다하이는 '티톈싱다오'의 피의 잔치를 한바탕 벌이고 감옥으로 간다는 것이 다르다면 다르다 할 수 있겠다. 수레를 끄는 말이 가벼운 걸음걸이로 사라진 길 위에는 무슨 평화의 상징처럼, 수녀 두 명이 서서 얘기를 나누며 한가로이 서 있고, 멀리 해가 지는 노을을 배경으로 공장의 굴뚝에선 연기가 올라가고 있다. 그리고 다하이 사건을 해결하러 달려가는 것으로 보이는 3대의 경찰차가 요란한 경고음을 내며 화면을 가로지르면서 다하이의 이야기는 끝난다.

7장 폭력과 복수의 리얼리즘

3. 농민 루저의 유랑과 폭력

1980년대 개혁·개방 이후 중국이 받아들인 자본주의식 경제 발전 모식은 기본적으로 농촌을 희생시키는, 도시 중심의 제조산업 육성과 시장경제였다. 초기 개혁·개방 시기에 연안 지역의 대도시를 중심으로 했던 자본주의 경제 개혁의 성공은 이후 내륙의 대도시 중심으로 확산되어 갔고 광대한 농촌 지역은 경제 발전에 필요한 값싼 노동력과 생산 소재를 제공하는, 낙후한 '산업예비군'의 잠재 장소로 전락하게 된다. 도농 간의 극심한 빈부 격차를 배경으로 한, 도시산업의 값싼 임금 노동에 몰려든 '유랑농'은 거대한 물결이 되어 대도시의 기층을 떠받치는 인적 토대로 자리하게 된다. 이들의 주거 및 교육 등 도시에서의 생활과 신분에 대한 부당한 대우는 물론, 노동가치 대비 형편없이 저렴한 임금 수준은 수년 동안 중국 국가 발전의 필수 불가결한 요소가 되었으며 동시에 여기에서 발생하기 시작한 여러 가지 사회적 비용은 도농 간, 계층 간의 갈등으로 비화되면서 중국이 해결해야 할 최대, 초미의 사회 문제로 자리하고 있다. 사실, 지아장커의 모든 영화는 이 기층 민중에 포커스를 맞추고 있는 것이다. 거대 중국, 거대 도시의 건설을 가능하게 하였던 이들 사회적 '약자'들의 모습을 고집스럽게 촬영하고 있는 것이다. 근대

민주국가의 토대가 링컨이 말한 바, '국민을 위한, 국민에 의한, 국민이 하는' 국민 주체성의 호환과 참여에 의해 가능한 것이라고 한다면, 이제 보다 더 복잡해진 계급·계층 구조하에서는 그 국민 가운데에서도 국가 근간을 만드는 기본 노동력의 제공자인 대다수 기층 민중에 의한 국가 운영으로 나아가야 함이 마땅하다. '갑'이 아닌, "을을 위한, 을에 의한, 을이 하는"* 민주주의 혹은 공생·공영의 국가 운영으로 나아감이 옳다. 그럼에도 목하 전 지구적 자본의 메커니즘 하에서의 약자인 '을'들은 여전히 질곡과 부당대우 속에서, 주체로서의 권리 행사에 배제되어 있다. 지아장커는 지속적으로 이들을 재현하는 영화 서사 및 영화 미학에 자신의 모든 재능과 기술, 재원을 쏟고 있고 바로 이 점이 우리가 지아장커의 영화에 주목하지 않을 수 없는 것이기도 하다.

〈천주정〉의 두번째 이야기는 농민이면서 농민이 아닌, 도시 유랑농인 듯하나 유랑농도 아닌 싼얼의 이야기다. 농촌 출신이고 농촌에 가족과 집이 있으니 농민이지만 농사일을 하지 않고 있으며, 여기저기 도시를 돌아다니고 있어 유랑농인 듯하지만 노동을 하지 않고 있다. 그는 영화 속에서 돈을 위해 살인을 서슴지 않는 극악무도한 강도다. 자기 보호를 위해, 돈을 갈취하기 위해 4명을 죽이는 것으로 그려지지만, 영화 서사 밖을 상상하면 그 외에 다른 사람도 더 죽였을 거라는 짐작을 쉽게 할 수 있는 인물이다. 두번째 이야기

---

* 진태원, 「을을 재현하기/대표하기 : 을의 민주주의에 대하여」, 『혁명과 이행』(2017년 제8회 맑스 꼬뮤날레 자료집. 2017. 5. 14.)의 2장. '을을 위한, 을에 의한, 을의 민주주의' 참조. 물론 여기의 을은 항상 '병'이나 '정' 등 또 다른 위계 관계를 내포하는 등 동질의 의미를 갖지 않으며, 본질적으로 복수적이란 측면에서 또 다른 '갑'의 위치에 있기도 하다.

는 돈을 위한 권총 살인과 도주의 이야기다. 도시 변방의 농촌에서 루저가 된 농민 가장이 생계를 위해 저지르는 살인과 약탈의 이야기다. 사실 영화 초입에 이미 싼얼은 등장한다. 싼얼은 산시성 우진 산 부근의 산과 산 사이, 도로 위로 높은 교각이 건설 중인, 아무도 없는 작은 탄광 도시 외곽의 포장도로를 오토바이로 질주한다. 그런데 갑자기 작은 손망치를 든 청년 3명이 길을 가로막고 그에게 돈을 요구한다. 싼얼은 권총으로 그들 중 2명을 그 자리에서 사살하고 도망가는 1명도 뒤쫓아 가서 마서 사살한다. 싼얼은 마치 파리 몇 마리를 죽인 듯 무표정하게, 아무 일 없었다는 듯 가던 길을 달린다. 목격자는 산과 바위뿐이다. 양심과 괴로움 같은 것은 아예 없다. 그리고 영화는 첫번째 이야기로 이어지고 싼얼은 두번째 이야기의 주인공으로 등장한다화보 사진 34(112쪽).

그가 처음 등장하는 것은 창장을 오가는 배 위다. 한싼밍이 싼얼에게 담뱃불을 요구하고 싼얼은 없다고 대꾸한다. 그리고 카메라는 검은 빵모자를 쓰고 누런 배낭을 멘 싼얼의 뒤를 따라간다.* 그는 배에서 내려 오토바이로 충칭 인근의 농촌, 고향으로 향한다. 어머니인 저우 노인의 칠순잔치에 참여하러 가는 것. 잔치에 늦게 도착한 그는 겨우 인사를 올리고 집으로 돌아온다. 어머니는 아들의 등장을 하나도 반기지 않는다. 아내와 다른 가족들도 마찬가지인 눈치. 부인은 그의 행적을 의심한다. 어느 쪽에서 왔어? 보낸 돈 다 받

---

* 관객은 이 장면이 영화 〈스틸 라이프〉의 첫 장면 ― 한싼밍이 집 나간 아내를 찾아 충칭을 거쳐 펑제로 가는 배 위 장면과 그대로 겹침을 알아차릴 수 있다. 〈스틸 라이프〉에서는 렌즈가 주인공인 한싼밍을 쫓아가지만 여기서는 〈천주정〉의 주인공이 되는 싼얼에게로 앵글이 고정된다.

았어. 13만 위안. 마지막 돈은 산시에서 보냈던데…. 부인의 의심스런 눈빛과 조심스런 타진. 쌴얼은 거짓말로 대답한다. 우한에서 일하고 산시에서 보냈다. 당신 돈 필요 없어, 라고 대꾸하며 말없이 창가로 향하는 아내. 창밖 가득 아름다운 채마밭이 펼쳐져 있고 멀리 보이는 강 건너에는 도시의 빌딩숲이 마치 신기루인양 떠 있다.

도시와 농촌의 머나먼 간극

감독은 쌴얼의 고향인 농촌의 모습과 도시의 경관을 대칭적으로 화면에 배치한다화보 사진 29(109쪽). 이것은 매우 의도적이다. 그리고 메시지를 전달하고 있다. 쌴얼이 오토바이 한 대로 수많은 지역을 통과하며 돌아가고자 했던 고향은, 도시 옆의 강을 건너서야 비로소 도착할 수 있는 농촌임을. 고향집이 있는 공간에는 초록빛의 넓고 넓은 채마밭이 평화롭게 펼쳐져 있고 붉은 옷을 입은 부인이 있고 따뜻한 햇살이 가득하다. 산업화와 도시화에 뒤처진 농촌의 선한 사람들을 향한 감독 고유의 따뜻한 시선은 여기서도 예외가 없다. 이렇게 따뜻하게 그려서/편집 배치한다. 강 저 멀리에는 도시의 고층빌딩이 서 있는데, 원경의 도시 모습은 환영처럼 농촌 공간을 빙 둘러 포위하고 있다. 마치 다하이가 등장하는 장면에서, 멀리 공장의 굴뚝이 수시로 등장하는 것처럼. 이러한 화면들은 관객에게, 이 서사의 주인공들은 도시화가 안 된, 낙후된 이편의 농촌 혹은 광산촌, 시골마을에 존재하는 사람들임을 명시적으로 드러내고 있는 것이다. 그들은 아직 자본주의 근대화를 받아들이기 이전의 어떤 단계에 머

7장 폭력과 복수의 리얼리즘

물러 있는 듯하다. 도시화와 산업화, 자본주의화의 급속한 팽창과 성장에서 떨어져나간, 상대적 박탈감과 절망감을 가진 존재들이기도 하다. 그들의 어떤 의식과 일상은 과거에서 벗어나지 못하고 있다. 마치 다하이가 사회주의적 평균에 대한 기억을 여전히 '바보스럽게' 가지고 있는 것처럼. 그런 점은 싼얼 형제들도 마찬가지다.

어머니 칠순잔치가 끝나고 싼얼의 집으로 건너온 큰형과 둘째 형. 그들은 모두 타지에서 일하고 있다. 큰형이 먼저 싼얼 앞에서 칠순잔치 비용을 정산한다. 잔치에 들어온 축의금 총액은 10,270위안, 생신상 비용 6,477.33위안, 사회자 수고비 800위안, 기타 등을 합산한 지출 총액이 7,485.42위안, 남은 돈은 2,784.58위안이다. 남은 돈을 엄마와 3형제 몫으로 4등분하여 나눠 갖자고 하는 큰형. 매우 자연스러운 일인 듯 그는 이미 현금으로 다 나눠 가지고 왔다. 공금으로 산 담배를 꺼내 남은 아홉 개비를 셋씩 나누면서 "형은 무슨 일이든 아주 공평하게 처리해"라고 하는 장면에 이르면, 이들이 모두 무슨 '공평'의 덫에 걸린 좀비처럼 보이기조차 한다. 담배 개비마저 공평하게 나누어야만 하는 흘러간 혁명 시대의 기억과 관습. 형제 간의 우애와 따뜻함이라고는 전혀 찾아볼 수 없다. "만사는 저울로 달아서 처리"하는 공평함, 평균의 기계들…. 씁쓸한 느낌을 지울 수 없는 장면이다. 이들은 아직도, 정확하게 계산해서 공평하게 나누었던 사회주의 혁명 단계에서의 집단 삶의 기억과 관습을 매우 자연스럽게 받아들이고 있다. 그렇기 때문에 그 기준에서 벗어나면 불공평하고 불의하고 정의롭지 못한 것이 된다. 그런 것을 못마땅하게 바라보는 싼얼은 "내 몫 필요 없어, 엄마 드려" 한다. 아내에게 생활비로 13만 위안을 부친 그에게 몇백 위안은 푼돈인 것이다.

담배 세 개비를 가지고 형제와 헤어진 싼얼은 자기 방에서 담배 개비에 가지런히 불을 붙인 후 머리 위로 올리고 동서남북을 향해 엄숙하게 절을 한다. 스바완에서 죽인 3명 청년을 위한 기도다. "원망하려거든 하느님을 원망하고, 억울한 게 있으면 그분께 말해봐." 신을 믿지 않지만, 자기 손에 죽은 청년들이 마음에 걸리는 것이다. 돈 때문에 타인의 목숨을 해쳤다는 마음의 불편함, 양심의 가책 같은 것이 싼얼의 마음에 작동하고 있는 장면이다. 하느님을 원망하고 하느님에게 말해 봐, 왜 이런 세상이 되었는지, 어떻게 이런 세상을 살아간단 말이야, 내가 이렇게 된 것, 너희가 그렇게 일찍 죽어 버린 것, 다 이런 세상 때문이야 하는, 죄의식의 전가 같은 싼얼의 무의식이 보인다. 이런 정경은 무한경쟁의 시장경제에서 낙후되어 버린 농민 루저들의 상대적 박탈감과 절망감, 금전만능의 세상에 대한 개인적 울분과 좌절감이 중국 사회에 얼마나 만연해 있는지를 보여 주는 단면이기도 하다.

남편이 무얼 하는지 다 알고 있는 부인을 뒤에 두고 싼얼은 다시 고향을 뜬다. "마을에 숨어서 밖에 안 나가면 안 돼?" "그럼 재미없잖아." "뭐가 재미없단 거야?" "총성이 울릴 때 재밌거든." "미얀마에 가선 뭐 하려고?" "더 빠른 총 사려고." 이제 싼얼은 날치기와 살인으로 가능한 '용이한 돈벌이'의 중독에서 빠져나올 수 없다. 그는 그 길로 계속 걸어 들어가고 있다. 충칭역 버스터미널에서 광저우, 난닝南寧, 이창宜昌 가는 여러 방향의 표를 산 뒤 충칭 시내에서 한 건을 더 해치운다. 은행에서 나오는 부유한 부부의 뒤를 미행하다가 대로변에서 총을 쏘고 날렵하게 가방을 탈취한 뒤, 상가에서 옷을 갈아입고 오토바이를 타고 유유히 도시를 벗어난다. 몇 초 만에

7장 폭력과 복수의 리얼리즘

순식간에 흔적도 없이 '일을 한다'. 그는 충칭에서 이창 가는 고속버스에서 도중하차하고 영화 밖으로 사라진다. 쌴얼의 이야기는 여기서 끝난다. 쌴얼이 내린 버스 안에 있던, 핸드폰을 하던 한 남자(장유량)가 이창에서 내린다. 그리고 그와 사귀고 있는 샤오위의 이야기가 〈천주정〉의 세번째 이야기로 이어진다.

4. 하층 타자 여성의 살인

편재한 폭력 속의 한 농민 루저 가장의 생존 방식이 된 권총, 그것의 목적은 오로지 돈이다. 돈을 벌고 돈을 지키기 위해서이다. 그의 돈 끝에 자리하고 있는 것은 가족이고 그는 가장으로서 가족을 부양한다. 원시공산사회에서 진화해 온 인류는, 농경 출현 이후 정착과 잉여물의 탈취를 통해 종족 보존을 도모해 왔다. 인간은 혈연, 지연 등을 기반으로 한 민족 공동체 혹은 상상의 공동체 의식을 갖게 되었다. 혈연의 경계, 민족의 경계, 국가의 경계를 만들어 왔고 이러한 의식은 종종 경계 밖의 타자에 대한 배타성을 동반했다. 자기 경계 안의 사람이 아닌 타자에 대한 배타성은 궁극적으로는 전쟁과 폭력을 불러왔다.야마기와 주이치, 『폭력은 어디서 왔나 ― 인간성의 기원을 탐구하다』, 한승동 옮김, 서울:곰출판, 2015 참조. 자기 이외의 타자, 자기 가족 외의 타자, 자국 이외의 타국, 자기 종교 이외의 타 종교… 등등. 인간들은 무수한 타자를 생산해 왔고 이에 대한 배타적 방어와 폭력은 평화, 질서, 협력, 우호 등의 수많은 미명 아래 자행되어 온 것이 사실이다. 이것이 원시공산사회를 벗어난 이후의 인류 역사의 폭력 풍경이기도 하다.

부정한 자본 권력에 저항하는 다하이의 방식이 아Q적이고 바보스러운 느낌을 지울 수 없는 '돈키호테'적인 방법이었다고 한다

7장 폭력과 복수의 리얼리즘

면 영화의 세번째 이야기인 샤오위小玉의 방식은 이성적이고 자기방
어적인 폭력이다. 물론 다하이의 방법 역시 총살 응징이라고 하는
극단의 폭력이었고, 또 이 영화에서 서사하는 4가지 이야기의 주인
공 모두 폭력의 희생자이면서 동시에 폭력의 가해자이기도 하지만
폭력 행사의 형태와 성격은 그 양상을 달리하고 있다.

샤오위는 장유량의 내연녀(중국어로는 얼나이二奶)이다. 조정래
의 소설『정글만리』에서 이미 적나라하게 묘사한 바 있지만, 중국
대도시의 졸부들이 바람 피우는 일은 이미 중국 사회의 익숙한 풍
경이 된 지 오래다. 얼마나 많은 첩을 거느리는가가 중국 남자의 '성
공'을 가늠하는 지표처럼 되어 버렸다고 한다. 21세기에, 경제적 취
약 계층의 여성이 돈 있는 남성들의 성상품으로 전락한 것이다. 장
사장은 광저우에서 공장을 운영하는 사람이다. 그가 어떻게 샤오위
와 사귀게 되었는지에 대해선 영화에서 설명하지 않는다.* 다만 이
미 만난 지 오래인 듯, 이창에서 이들은 가벼운 실랑이를 한다. 같
이 광저우로 가자는 장사장에게 샤오위는 그 여자(부인)와 이혼하
든지 나와 헤어지든지 결단을 내리라고 촉구한다. 잠시 후 이들은
반 년간 다시 생각해 보기로 하고 이창의 기차역에서 헤어진다. 장
사장이 탄 차는 이창에서 광저우로 가는 934편 특급열차. 헤어진 샤
오위의 모습이 우리의 주의를 요한다. 씩씩한 걸음걸이에 자의식이
아주 강한 눈빛이다. 야무지게 다문 입매, 질끈 묶어 말총처럼 늘어

---

* 공항 건축 현장에서 인부들을 위한 식당일을 하는 엄마를 샤오위가 찾아간 장면에서 엄마가 샤
오위에게 말한다. "광저우에서 몇 년 일했으면 밑천 좀 모았을 거잖아?" 샤오위가 장유량 사장을
만난 것이 광저우임을 암시한다.

뜨린 긴 머리, 어딜 봐도 자존심이 매우 강한 성격임을 알 수 있다. 어쩌다 장 사장을 사랑하게 된 것일 뿐이리라. 그와 헤어진 샤오위는 자동차가 다니는 긴 대로변을 걸어서 지하도 같은 곳에서 이르러 벽에 기대 마른 빵을 먹는다. 그러고는 망망한 표정으로 화려하고 거대한 교량을 올려다본다. 그 다리는 '성공'한 인간들이 타고 가는 광저우행 특급기차가 지나갔을 법한 다리. 그것은 샤오위가 사는 세상이 아닌 성공한 경제 도시 '광저우'를 향해 가는 꿈의 철로와 같은 것. 15년여 전 영화 〈플랫폼〉에서 광저우는 소년들에게 '번화한 세계'花花世界로, 갈 수는 없지만 가고 싶은 선망의 장소였다. 고속철로를 마치 다른 세계의 별인양 망연하게 올려다보는 샤오위, 그녀는 일터로 돌아온다. 그녀는 당당하고 독립적인 사랑을 원했던 것일 뿐이다.

그녀의 일터는 이창 부근의 작은 도시 위엔산에 있는 '야귀인'夜歸人이란 사우나 겸 안마소다. 안마소로 들어가는 입구 앞 작은 마을 공터에는 이동 매춘 차량이 서 있고 매춘 호객 행위를 공공연하게 하고 있다. 차 안의 바닥에는 살아 있는 뱀들이 놀고 있고, 유리 안에는 매춘 여성들이 '진열'되어 있다. 마치 인형처럼 손님들에게 팔려 갈 기다리고 있다. 장 사장 마누라라고 하는 한 여성과 남자가 안마소로 샤오위를 찾아와서는 "나 유량의 마누라야" 하며 다짜고짜 샤오위를 구타하자 샤오위가 황급하게 피해 들어간 곳이 바로 이 매춘 차량이다. 샤오위의 시선으로 차량 내부가 죽 보여진다. 바닥엔 살아 있는 뱀들, 유리상자 안엔 상품처럼 앉아 손님을 기다리고 있는 소녀들. 그들이 입술이 터진 샤오위에게 티슈를 건넨다. 야귀인으로 돌아온 샤오위는 '친구들 같은' 20대 매매춘 여성들 사이

7장 폭력과 복수의 리얼리즘

에 누워 잠시 휴식을 취할 수 있었다. 그러나 젊은 여자를 잠재적인 매춘의 대상으로 생각하는 환락의 공간에서, 아무리 생활력 강하고 독립적이며 자존심 강한 샤오위라고 해도 결코 자유롭지 않다. 위태롭고 불안하다.

말과 채찍의 재연

샤오위가 손님이 없는 객실 목욕탕에 앉아서 빨래를 하고 있다. 두 남성(건장한 A와 안경 쓰고 키가 작은 C)이 빨래하는 샤오위에게 다가간다. A가 묻는다. 너는 몇 번이냐? ―안마소에서는 안마사들의 호출번호를 부른다. 샤오위, 전 번호 없어요. A, 네가 나 안마해 줘. 샤오위, 저는 할 줄 몰라요, 3층으로 가 보세요. A, 난 비전문가가 좋아, 어때, 풀 서비스해줘(성매매까지를 암시), 팁 많이 줄게. 샤오위, 죄송해요, 전 카운터 직원이라 할 줄 몰라요. 샤오위는 문을 닫고 하던 빨래를 계속한다. 잠시 후 A와 C가 같이 문을 열고 들어와 시비를 건다. A, 사람 깔보지 마. C가 나선다. 돈 많이 준다니까. 샤오위, 나가 주세요. C, 씨발! 너 어디서 아닌 척이야, 난 너 찍었어. 샤오위, 저는 안마사 아니라구요! A, 늙고 못생겨서 싫다는 거야? C, 돈 안 줄까 봐 그래? 샤오위, 난 몸 파는 여자가 아니라구요! 격하게 두 남자를 문 밖으로 밀어낸다. 다시 들어온 C. 샤오위는 급기야 벌떡 일어서면서 "안 해요" 외친다. C가 샤오위를 힘으로 눌러 앉히고 샤오위는 다시 일어선다. C는 다시 샤오위를 강압으로 앉히고 샤오위는 다시 일어서고를 반복하다 마침내 C가 샤오위의 뺨을 때리기 시작한다. 고개를 똑바로 세우며 저항하는 샤오위에게 C가 100위안 권 돈다발을 들고 때리기 시작한다. 사정없이 샤오위의 뺨과 뒤통 수를 후려친다. 마치 첫번째 이야기에서 마부가 서 있는 말에게 움 직일 때까지 사정없이 채찍을 휘두르는 것과 같은 동작으로 때린다. 30여 차례 계속 뺨을 맞던 샤오위는 마침내 품속에 있던 단도를 꺼 내 C의 가슴 정중앙을 깊이 긋는다. 이 칼은 이창 고속철도역에서 짐 검사를 했을 때 장유량의 짐에서 나온 과일 깎는 칼로, 샤오위가 가지고 나온 것이다. 다시 무섭게 달려드는 C의 하복부를 깊이 찔 러 칼을 뺀 샤오위는 C의 면상 부위를 다시 긋는다. 이미 그녀는 정 상의 인간이 아니다. 인격과 자존이 갈기갈기 찢겨 최후의 한계 상 황에 이른, 자위 본능과 분노로 인해 이성을 잃은 상태다. 그가 죽인 것은 사람이 아니라 돈과 성에 찌든 졸부, 짐승이었던 것이다. 이것 은 앞에 두 차례나 관객에게 제시되었던 '말과 마부' 영상과 오버랩 된다화보 사진 31(110쪽).

이성이 돌아온 샤오위는 흰 셔츠에 피가 낭자한 상태 그대로, 불안과 공포심에 가득한 얼굴로, 칼을 가슴 쪽에 꼬나든 채, 안마소 를 나와 어둑해진 밤거리를 걸어간다. 벌벌 떨고 있지만 주위에 아 무도 없다. 행인도 없다. 누구라도 달려들면 바로 찌를 태세다. 주변 을 매섭게 살피면서 천천히 마을을 벗어난다. 그리고 마침내 핸드 폰으로 신고한다. "110 치안센터입니다. 말씀하세요." 샤오위, "내 가 사람을 죽였어요".

5. 저항의 무기로서의 자살

네번째는 광저우 의류 공장에서 일하는, 후난의 한 시골 출신 소년 샤오후이小輝의 이야기다. 그는 학교를 다녀야 하는 나이지만, 공장에서 노동을 해야만 하는, 집안에 생활비를 보내줘야 하는 처지다. 그 공장의 사장은 앞서 샤오위 스토리에 등장하는 샤오위의 애인 장 사장이다. 핸드폰이 없는 샤오후이는 동료 창링의 핸드폰을 선망한다. 동료 창링은 작업 도중 둥관의 친구를 찾아가는 방법을 묻는 샤오후이에게 대답을 해주다가 그만 재봉틀 기계에 손가락이 들어가는 사고를 당한다. 이 일로 사장은 창링의 치료비는 회사에서 부담하나 창링이 입원하는 2주간의 회사 손실금을 샤오후이의 월급에서 뺀다고 경고한다. 그 길로 둥관 친구에게 가 버린 샤오후이. 그는 자초지종을 설명하며 "마침 월급을 받아서 그냥 도망쳐 왔어, 나 손해는 안 봤어" 하고 천진스럽게 말한다. 푸른 제복을 입은 둥관 친구는 마침 사람을 뽑고 있는 셩쓰 중화 오락성에 샤오후이를 소개하여 취직하게 도와준다. 오락성은 홍콩, 타이완 등지에서 성매매를 하기 위해 찾아오는 손님을 접대하는 곳이다. 온갖 공연을 하면서 술을 팔지만 여러 가지 시설 속에서 공공연히 성매매를 하는 거대한 매춘기업이다. 변형된 군복을 입은 소녀들은 가슴과 허벅지를 드러낸 채 손님 앞에서 군가풍의 행진곡을 부르고, 손님들은 밀폐된 방에 들어가 여성들에게 부여된 번호를 선택하여 맘에 드는 여자로부터 성 서비스를 받는다. 여자라기보다는 어린 소녀들이다.

샤오후이가 여기에서 만난 여자 친구 리엔롱은 698번의 성노동자다. 샤오후이가 천진스런 눈빛으로 묻는다. 밤에 손님 많아? 글쎄 한 시에 한 팀, 세 시에 한 팀, 다섯 시에 한 팀. 무심하게 답을 하면서 그녀는 태블릿 피시를 들여다보며 혼잣말처럼 중얼거린다. 산시, 내몽골엔 눈이 왔네. 설마, 둥관은 24도였는데! 마치 리엔롱의 영혼은 이 지옥 같은 현실을 벗어나 다른 세계를 달리고 있는 듯하다. 태블릿 피시를 보며 이어지는 둘의 대화다. 둥베이 한 토지관리국 국장 집에서 루이비통 가방이 130개나 나왔대. 여자래.……댓글 써야겠다. 뭐라고 쓰지? 씨발이라고 써. 씨발, 200만 위안은 되겠다.……또 뭐가 있어? 산시에 탄광이 폭발해서 십여 명이 죽었대. 댓글 써. 뭐라고? 씨발.……근데 너 닉네임은 뭐야? 작은 새…. 샤오후이의 대답을 듣자마자 리엔롱은 갑자기 방으로 들어가 물이 담긴 비닐봉지에 든 금붕어를 가지고 나오면서 말한다. 내일 방생할 거야. 너 불교 믿어? 광둥인들은 우리 업을 '날로 먹기'라고 불러. 그래서 우린 좋은 일을 많이 해야 해탈할 수 있대, 알겠니, '작은 새'小鳥야? 내 닉네임은 '물을 찾는 고기'尋水的魚야.

두 사람은 옷차림도 정갈하게 하얀 빛으로 갈아입고 제의라도 치르는 것처럼, 멀리 걷고 걸어서 물가에 도착한다. 리엔롱은 순하고 고운 눈빛으로 금붕어를 방생한다. 그것을 옆에서 지켜보는 샤오후이. 악업을 소멸하기 위해 방생을 해야 한다고 믿는 소녀와 그 곁을 지키는 소년. 그들 일터가 주는 현란한 부도덕성과 쾌락의 노예가 된 어른들의 썩은 세계가 주는 억압적인 이미지, 그리고 두 아이들의 닉네임이 주는 자유롭고 깨끗한 생명 이미지는 서럽고도 슬프게, 아름다운 모순의 대조를 이루면서 관객에게 먹먹한 느낌을 준다. 새는 하늘을 자유로이 날아야 새이며 물고기는 물을 찾아 자유로이 유영을 해야 물고기다. 새일 수도 없고 물고기일 수도 없는 이들의 현실. 샤오후이는 살아갈 수 있는 최소한의 물을 찾고 싶은 것이다. 그러나 그는 최소한의 물도 찾을 수 없는 열악한 조건에 갇혀 있다. 그래도 둘은 잠시나마 사랑을 한다. 손님에게 홍콩 돈으로 팁 100위안(한화 만팔천 원가량)을 받은 샤오후이는 리엔롱과 시내로 데이트를 나간다. 샤오후이는 리엔롱에게 뽀뽀도 하고 좋아한다고 고백도 한다. 그리고 둥관을 떠나자고 한다. 어디로? 리엔롱이 질문을 하더니, 이어서 말한다. "우리 업소엔 사랑 같은 건 없어…. 너 나에 대해 잘 알아…?" 리엔롱에겐 광저우에 세 살 난 딸이 있다. "난 그 애를 키워야 해…." 둘은 말이 없다.

둘의 관계는 쉽게 막을 내린다. 혁명 시기 마오주석용 전용열차를 흉내 내어 주석 전용 열차처럼 꾸며 놓은 방에 들어온 한 남자가 여성에게 간호사(역할) 말고 열차승무원(역할)으로 바꿔 달라고 한다. 이 업소는 여성에게 여러 가지 직업의 복장을 입히고 손님의 취향에 따라 성매매할 여성을 선택하게 한다. 여성은 철저하게 상품으로 포장되고 관리되어 팔려 나간다. 샤오후이는 손님에게 과일접시를 가져다주고 승무원 복장을 한 리엔롱은 샤오후이가 나온 열차칸을 향해 걸어간다. 둘은 아무 말 없이 스쳐 지나간다. 남자가 리엔롱에게, 주석이라고 불러, 한다. 어디로 모실까요? 리엔롱의 물음에, 뭐 새로운 거 없냐? 애무 시작해… 한다. 몸을 숨기고 창밖에서 이를 지켜보고 있는 샤오후이. 그리고 잠시 후, 그는 아무 말 없이 오락성을 떠난다. 달리 갈 곳이 없는 그는 둥관의 푸른 제복 친구에게 다시 간다. 그리고 친구가 다니는 회사의 견습생으로 들어간다. 8개의 철침대가 겹겹이 놓인 남루하고 좁은 숙소, 흰 모자에 흰 작업복. 작업장 책임자는 견습생들에게 말한다. 세계 오백대 기업에 온 걸 환영한다. 우수사원이 되면 타이완 본사 참관도 할 수 있다. 그가 들어간 공장은 타이완 회사의 둥관 공장이었던 것. 둥관은 1980년대 개혁·개방 이후 경제특구로 지정된 선전 인근 도시로, 값싼 노동력을 제공하는 세계 제조업의 공장 지대이자 소비와 오락의 도시가 된 지 이미 오래다. 농업에서 제조업 및 서비스업으로 전환하게 되는 공업화, 산업화의 과정은 사회적 부가 도시로 집중되도록 했으며,* 이 부를 중심으로 온갖 독버섯처럼 향락산업이 번창하게 된다.

　샤오후이의 비애는 좋아하던 소녀와의 헤어짐에서 오는 것뿐만이 아니다. 시도 때도 없이 걸려오는 엄마의 전화. 왜 송금을 빨리 안 하냐고 채근한다. 일자리를 옮겨 월말이 되어야 돈이 나온다. 지금 나도 돈 없어, 내가 왜 거짓말을 해, 내가 무슨 돈을 막 써, 내가 은행 터는 것도 아니잖아, 나 진짜 돈 함부로 안 써…. 급기야 샤오후이는 울먹인다. 그래도 어머니의 모진 잔소리는 이어진다. 엄마의 쇳소리와 같은 날카로운 톤의 매정한 추궁은 이어지고 샤오후이는 핸드폰을 귀에서 멀리 떨어뜨린다. 객지에 나가 고생하는 어린 아들에 대한 사랑이나 연민이 전혀 없는 듯한 엄마와 그런 엄마의 어

---

* 자본주의와 공간 변화, 도시와의 관계에 대해서는 데이비드 하비, 『데이비드 하비』, 최병두 옮김, 커뮤니케이션북스, 2016.를 참조.

　　　　　　　7장 폭력과 복수의 리얼리즘

린 아들. 샤오후이의 생존 여건이 얼마나 열악하고 견디기 어려운 것인지를 짐작케 한다. 그리고 급기야 창링이 찾아온다. 다른 남자 4명과 함께. 쇠파이프 같은 것을 들고 다리 밑에서 샤오후이를 불러 위협한다. "어딜 도망가려고?" 이들은 단체로 샤오후이에게 위협만 가하고 떠나가지만 그 다음은 상상할 수 있다. 샤오후이가 회사 손실금을 내지 않을 수 없는 상황이 되었음을.

숙소로 돌아온 샤오후이는 한동안 침대에 걸터앉아 생각에 잠긴다. 그러고는 갑자기 부언가를 깨달은 듯이 걸어 나가 복도 난간 위로 오른다. 그는 조금의 주저함도 없이, 망설이지 않고 아래로 몸을 날린다. 마치 새가 날아가는 듯 그렇게. 순식간에 벌어진 일이고 그의 곁에는 아무도 없었다화보 사진 32, 33(111쪽). 다른 어떤 여성노동자가 위에서 복도의 창으로 목을 빼고 추락한 샤오후이를 내려다볼 뿐이다. 원경으로 잡히는 샤오후이의 추락한 몸은 아무 움직임이 없다. 이를 내려다보는 여성노동자는 놀라지도 않는다. 허둥대지도 않고, 어딘가로 급하게 연락을 하거나 하는 시늉조차 없다. 그냥 가만히 내려다본다. 마치 무슨 새 한 마리가 떨어져 죽어 있는 것을 보는 것처럼 그렇게 본다. 이러한 죽음이 얼마나 일상화되어 있는지를 반증하는 처참한 광경이다. 샤오후이는 일자리를 위해 이동하고 이동하고 다시 이동하고, 그리고 최종적으로 자살의 길을 택함으로써 자신의 삶을 마감한다. '물을 찾는 고기'는 물을 찾지 못하고 '작은 새'는 자유롭게 날 수 있는 공간을 잃어버렸다.

2001년을 시대 배경으로 한 영화 〈임소요〉에서 어린 샤오지들을 수없이 핍박했던 차오싼이 교통사고로 사망했다는 소식을 듣고 무직 소년이던 빈빈과 샤오지가 나누는 대화는 이랬다. "……많이 살면 뭐해." 2013년 〈천주정〉에서는 그들의 삶이 자살로 귀결되는 시대의 질곡, 여기에 중국의 깊은 비극이, 대국굴기 이면의 참혹한 진실이 자리하고 있는 것이다. 〈플랫폼〉에서 잠시 광저우를 다녀온 장쿤이 그토록 선망하며 묘사한 적 있는('번화한 세계가 정말 좋아' 花花世界眞好), 광저우 인근의 선전 경제특구. 낙후한 지역의 소년소녀가 가고 싶어 하였던 선전 경제특구의 바로 옆 도시 둥관에서 제2의 장쿤은 스스로 삶을 마감한 것이다. 〈임소요〉에는 수갑을 찬 빈빈이 부동 자세로 경찰서에서 심문을 받다가 경찰관의 강압에 못 이겨 노래를 부르는 장면이 있다. 그는 이렇게 노래했었다. "슬퍼도 괜찮아. 후회해도 괜찮아. 힘들어도 괜찮아. 피곤해도 괜찮아. 영웅은 빈천한 출신을 부끄러워하지 않네 …… 바람 따라 표표히 천지를 소요하고 싶어……"'푸른 하늘이 미워'(恨蒼天), 이 책 제2장 4절 참조. 천지를 소요하고 싶은 소년의 꿈은 도시의 공장, 남루한 기숙사의 난간에서 스스로 생을 접는 비극으로 마감된다.

자존심을 지키는 길, 그리고 자살에 대한 대화는 이미 앞 샤오위의 이야기에서 한 번 나온다. 애인을 떠나보내고 애인의 부인 일당으로부터 구타를 당한 뒤 일터로 다시 돌아온 샤오위가 안마소 라운지 입구의 접수대에 앉아 TV를 본다. '동물도 자살할 수 있을까?'라는 프로그램이다. TV에서는 지구상의 유일한 고등생명체라고 생각하는 인간은, 동물들은 절대 자살할 수 없을 거라고 생각한다고 말한다. 업무 교대를 위해 출근하는 동료 여성에게 샤오위가 묻는다. "동물도 자살하는 거 알아?" "자살할 줄 알면 그게 동물이야? 동물이 어떻게 그런 생각을 해?" 동료의 무심한 대답이다. "동물은 그런 생각 안 할걸." 다시 샤오위의 대답이다. 인간도 동물도

7장 폭력과 복수의 리얼리즘

어떤 상황에선 자살의 가능성이 있다고 샤오위는 생각한다. 이것은 샤오위가 자살에 대해 깊이 생각하고 있는 것을 암시하는 것이기도 하다. 사는 일이 참고 참아야 하는 것의 연속이라면, 미래가 나아질 거란 희망이 없다면, 이렇게 사는 것은 동물보다 나을 것이 없다고 생각하는 지경에 이르게 된다면, 인간은 자기 스스로 자기의 목숨을 거두는 것이 현명한 것이라고 생각할 수 있다. 그것은 어떤 의미에서 지옥 같은 세상에 대한 저항이자 복수이기도 하다. 그런 의미에서 〈천주정〉의 폭력 리얼리즘은 복수의 리얼리즘이기도 하다. 더이상 나아갈 데 없는 존재들의 복수이기도 하다.

루쉰식 복수와 식인 구조

중국 현대문학사에서 루쉰만큼 처절한 복수의 글을 쓴 사람도 없다. 그의 작품에서 보이는 복수는 어떤 것은 매우 희극적인 방법으로(「복수」復讐, 「복수·2」, 「하늘을 땜질한 이야기」補天), 어떤 것은 매우 그로테스크하게 처절한 살인으로(「검을 벼린 이야기」鑄劍) 수행된다. 루쉰식 복수는 크게 보면 두 가지로 나눌 수 있다. 첫째는 적들의 방식으로 적들에게 되돌려주는 방법이다. 사람을 죽이는 교활한 적에게는 고도의 지혜로운 방법과 살인의 방법으로 복수하고(「검을 벼린 이야기」), 폭력적인 적에게는 폭력으로 복수하고, 속물적인 적에게는 철저하게 속물적인 방법으로 복수하며(「고독자」), 타인의 고통에 무감하고 타인의 고통을 즐겨 구경하는 적들에게는 무료함, 심심함으로, 구경꾼의 재미를 무화시키는 방법으로 복수한다(「복수」).

그리고 또 다른 복수는 자기 자신을 철저하게 몰락, 패배시키는 방법이다. 그것은 자살이다. 「고독자」에서의 웨이렌수의 죽음이나 친구 판아이눙의 석연치 않은 죽음 등에서 그것은 감지된다.* 루쉰 문학의 매우 중요한 부분은 폭력과 복수의 서사이며 여기서 적들은 현실적, 정치적으로 나의 외부에 존재하는 적이기도 하지만 루쉰이 사랑하고 혐오해 마지않던 민중 내부의 어떤 모습이기도 하였다. 백 년여의 근대화 과정에서도 사라지지 않고 똬리를 틀고 있는 전통의 무거운 인습, 봉건시대의 찌든 폐해 속에 마비되어 있는 민중의 어떤 모습이기도 하다. 물론 루쉰식 유머가 그 폭력은 물론, 때론 복수의 순간조차 희화화하여 복수의 격한 정감을 희석시키고 있으며 때로는 실소마저 나오게 만들기도 하지만 말이다.**

샤오후이의 자살은, 소극적인 의미에선 개인 삶의 포기지만 적극적인 의미에선 비인간적 사회에 대한 저항의 방법이기도 하다. 세상에 대한 복수, 엄마에 대한 복수다. 학교 진도로 못하고 고향을 떠나 멀리 돈벌이에 나선 소년. 몇 가지의 우연한 사건으로 계속 일자리를 전전하지 않을 수 없었고 끝내는 추락하게 되고 만다. 샤오

---

* 「복수」, 「복수·2」는 루쉰의 산문시집 『들풀』(루쉰전집 제3권)에, 「고독자」는 단편소설집 『방황』(루쉰전집 제2권, 공상철 옮김, 서울:그린비, 2010)에, 역사소설 「하늘을 땜질한 이야기」, 「검을 벼린 이야기」는 『새로 쓴 옛날이야기』(루쉰전집 제3권, 유세종 옮김, 서울:그린비, 2010)에, 판아이눙(范愛農)에 대한 자료는 「판군을 애도하는 시 세 수」, 『집외집습유』(루쉰전집 제9권)에 수록되어 있다.

** '악의 평범성'이란 개념으로 유명해진 한나 아렌트는 악의 평범성을 발견하게 된 계기에 대해 이렇게 말한다. 유대인 학살 책임자인 루돌프 아이히만의 심문조서를 읽으면서 자신도 모르게 여러 차례 웃었다고, 그것도 아주 크게. 아이히만이 읊어 대는 진술의 상투성, 엉뚱한 의미 부여, 생각 없음에서 '어릿광대'들의 어떤 모습을 포착해 내었고, 악이 이토록 평범함과 동거하는 것이 도저한 '생각 없음' 혹은 '상투성의 추정'에서 비롯된 것임을 알게 된 것이다. 그것이 현대적 악의 진면목임을, 그래서 자신이 기존에 학습하였던 악의 관념에서 탈출하게 되었음을 그녀는 발견하고 있다.(마리 루이제 크노트, 『탈학습, 한나 아렌트의 사유방식』, 배기정·김송인 옮김, 부산:산지니, 2016.)

7장 폭력과 복수의 리얼리즘

후이의 자살은 선전, 정저우, 우한, 청두 등지에 공장을 둔, 애플 아이폰을 조립하는 폭스콘 노동자들의 자살을 연상케 한다. 중국·타이완·홍콩 지역 20개 대학의 조사에 의하면 2010년 한 해만 14명의 노동자가 자살했다. 소년소녀 노동자들의 자살은 2018년에도 계속되고 있다. 저임금에 2~3배에 달하는 초과 근무, 인격 모독 등 강압적 운영체계가 그 원인이다. 소년의 짧은 삶은 현 중국의 극심한 경제 불평등 구조와 도시 삶의 물신성과 오락성, 이윤을 위한 생명 경시와 인격 모독의 도지한 편새성에서 기인한다. 악의 편재성이다. 여기에 무방비로 노출된 하층노동자의 고통과 존재의 가벼움에 대한, 조용하지만 그러나 충격적인 테러이자 항거다. 이러한 폭력의 전시와 폭로는 이미 위화余華의 장편소설 『제7일』문현선 옮김, 파주:창비, 2013.에서 믿을 수 없을 만큼 사실적으로 서사/기록된 바 있다. 지아장커의 〈천주정〉이나 위화의 『제7일』이 모두 중국 현실에서 실제 일어난 사건들을 제재로 하여 만들어졌다는 점*, 제작 시기(2013)가 비슷한 점 등은 소외된 하층 타자들의 비명이 더 이상 참을 수 없는 지점에 이르렀음을 시사하고 있다. 대국으로 나아가는 중국 사회의 이면에 '사람을 죽이는食人 숨은 구조'가 자리하고 있음을 두 작가는 폭로하고 있다.

샤오후이는 죽지만 샤오위는 신분을 숨기고 다른 지역을 유랑

---

* 〈천주정〉이 실제 사건을 토대로 스토리를 구성하고 있지만, 영화가 실제와 얼마나 다른 것인지에 대한 비판은 이정훈, 「쟈장커 영화의 궤적과 〈천주정〉의 새로운 시도」, 『중국어문학지』 제60집, 2017를 참조할 수 있다. 영화 서사가 실제 사건과 똑같을 필요가 있다, 없다는 중요하지 않다고 생각한다. 실제 사건이 함의하고 있는 사회적 의미와 내용이 작품의 주제로 고스란히 드러나는 것이 중요하다.

한다. 영화 마지막에서 그녀는 여기저기 구직을 위해 떠돈다. 구직의 과정에서 신원을 숨겨야만 하고 취업은 되지 않는다. 샤오위가 찾아간 곳은 산시의 거대한 공장. 면접을 보러 간 샤오위는 회사 복도에 내걸린 사진들을 본다. 영화는 그 사진을 통해 이 회사가 다하이에게 살해된 우진산 탄광개발사 성리그룹의 자오 사장의 아내가 운영하고 있는 곳임을 슬며시 드러낸다. 자오성리 사장의 부인이자 현직 이사장인 자오 부인이 면접관이다. 정샤오위? 네. 신분증은요? 신분증을 건넨다. 후베이 출신이로군요. 네. 성리그룹에 대해 알고 있어요? 인터넷에서 알게 되었어요. 왜 산시까지 일하러 왔어요? 여기 친척 있어요? 없어요…. 전에 무슨 일을 했죠? 광저우 의류공장에서 일한 적 있어요. 광저우요? 근데 왜 일을 그만 두었죠? 변화를 주고 싶어서요. 당신 이름을, 흠… 어디선가 본 것도 같은데…. 고향에선 별 문제 없었죠? 이 부분에서 샤오위는, 약간의 뻔뻔함으로 당당하게 대답해야만 취업에 '성공'한다. 그러나 그녀는 맑고도 힘없는 목소리로 아주 덤덤하게, 없어요, 한마디 한다. 거짓말의 힘겨움이 그대로 묻어나는 자세다. 그리고 다음 장면에서 그녀는 산시의 오래된 성곽 아래를 혼자 걸어간다. 잠시 후 수많은 '평범'한 인파가 화면 오른쪽에서 왼쪽으로 이동을 하고 있고 샤오위는 그 한가운데를 왼쪽에서 오른쪽으로 역주행하여 이동한다. 일부러 안배된 듯한 이 장면을 통해 감독은 샤오위가 중국 사회의 거대한 물결에 역행하고 있음을 암시하고자 한 것은 아닌지, 자기를 위장하기 위한 거짓말과 당당함, 진실을 가장한 위선적인 모습, 취업을 위한 연기와 연출을 하기에는 아직 자기 진실과 양심의 가책에 갇힌 노동자의 '순수한' 모습이 군중 속에서의 역주행으로 은유된다. 혼자만 역행하면서 인파를 헤치고 나가는 그녀의 모습은 힘겹고 외로워 보인다. 샤오위가 도달한 곳은 성벽 아래 전통 창극이 연출되고 있는 가설 야외무대 바로 앞이다.

산시 지방의 전통극인 진극晋劇이 공연 중이다. 샤오위는 무대 바로 앞쪽으로 다가가, 무대 위에서 들려오는 배우의 사설에 귀 기울인다. 배우의 노래다. "탐관오리가 법정에서 태도가 돌변하여 쑤산을 범인으로 지목하니, 입이 열 개라도 변명을 못하누나. 무고한 사람에게 죄를 뒤집어씌우려 하니, 눈물이 하염없이 흘러내리누나." 무대 위 여자배우는 무릎 꿇고 꿇어앉아 애처로이 흐느낀다. 탐관오리의 추궁이 이어진다. "쑤산, 네 죄를 네가 알렷다!" "네 죄를 네가 알렷다!" 무죄이면서 죄를 추궁당하는 쑤산의 처지, 울음이 터질 듯한 표정으로 바라보던 샤오위는 이 지점에서 괴로운 듯 고개를 숙인다. 그리고 감독은 인파 속에 파묻혀 보이지 않는 샤오위를, 작은 점 같은 샤오위의 존재를 멀리서 멀리서 보여 주며 영화를 끝낸다화보 사진 35(112쪽).

다시 잠시, 첫번째의 다하이 이야기로 돌아가 반추해 보자. 권총강도 쑨얼을 색출하려는 경찰이 탄광 인부들을 소집한다. 경찰이 인부들 한 명 한 명 불러내며 신분증을 검사한다. 그리고 갑자기 한 청년이 도주하기 시작한다. 앞에서 살핀 바 있다. 초췌하기 이를 데 없는 청년은 쓰촨四川에서 온 위장취업자다. 나중에 이에 대한 탄광 인부들의 말이 들린다. "도주범이래. 두 명을 죽이고 여기로 왔대." 이를 들은 다하이가 내뱉는 무심한 말이다. "그 사람 붙잡혔어. 도망갈 데가 어디 있겠어?" 도망 갈 곳도 숨을 곳도 없지만, 그러나 생계를 위해 일을 해야만 하는 떠돌이 범법자와 위장취업자들은 현재 중국에서 통계로도 잡히지 않는다. 도망친 쓰촨 청년의 얼굴을 보면 자살한 샤오후이의 얼굴과 마찬가지로 어리고 어리다. 이른바 '떠도는 천사'들이다. 샤오위와 샤오후이처럼 정주할 수 없는 유랑하는 노동자들이다. 샤오후이처럼 자멸의 길로 가거나 샤오위처럼 희망 없이 여기저기를 전전해야 하는 것이 이들 앞에 놓인 미래다. 그들은 자본시장의 먹이사슬인 '식인' 구조와 '폭력'의 구조 속에 내던져진 존재들로 다시 필연적으로 폭력의 가해자가 되거나 희생자가 되는 연결고리 속에서 자유로울 수 없다. 그것이 목하 대국으로 굴기하고 있는 중국 사회의 어둡고 절망적인 뒷모습, 현실이다. 감독 지아장커는 이것을 전 중국을 향해, 전 세계를 향해 폭로하고 있는 것이다.

7장 폭력과 복수의 리얼리즘

8장

낡은 이름,

리얼리즘

1. '느린 미학'의 리얼리즘

1980년대 한국사회에서 리얼리즘을 이야기할 때는 그것이 창작방법론으로서의 리얼리즘인가, 아니면 정신·세계관으로서의 리얼리즘인가 라고 하는 '고전적인 논쟁'을 하곤 했으며 이 둘을 아우르는 이념형으로서의 미학적 테제를 지칭하는 것으로 확장하여 말하기도 했다. 이 해묵은 논쟁은 리얼리즘이라는 기표記表, Signifiant, Signifier 를 가지고 수없이 확산되는 기의記意, Signifie, Signifield를 향해 확장되고 미끄러져 갔고, 그 과정에서 리얼리즘은 낭만주의와도 만나고 상징주의와도 교차하며 모더니즘과도 포옹하였다. 그러나 종적을 잡기 어려웠던 기의를 좇아가는 모든 과정은 언제나 '사회 총체성'에 대한 인식 가능성을 지향하는 궁극적이고 철학적인 암묵을 그 전제로 하고 있었다. 미국식 삶의 패턴이 전 지구적으로 강제되고 정착된 목하의 세계는, 이른바 포스트 모던의 시대이며 포스트 식민주의의 시대라고 칭해진 지 오래되었다. 모던과 식민의 시대를 극복의 대상으로 비판하고 반성하고 있으며, 근대성 비판과 더불어 시작된 '총체성 신화'에 대한 비판과 리얼리즘 유일원칙에 대한 비판 역시 '어느 정도' 충분하게 이루어진 것으로 보인다. 이성의 무한한 인식/앎의 능력과 과학의 무한한 발전에 대한 믿음에 뿌리를 둔

'사회 총체성'론은 근대성 비판과 더불어 포스트마르크시즘의 영역에서 운위되거나 무화의 길을 걷고 있다. 그리고 이제 '사회 총체성' 인식론은 21세기적 삶과 더불어 거론하는 것조차 의혹의 눈길을 받기 십상이다.이 책의 2장 4절, '허무 리얼리즘' 참조.

지아장커는 2002년 한 인터뷰에서 5세대 영화감독들에 대한 불만을 토로하며 이렇게 말하고 있다. "현실에 대한 무관심과 현실을 보고도 묵과하는 태도에 우린 실망하기 시작했고, (그래서) 불만이 쌓이기 시작"했다.장기철, 『지아장커, 중국 영화의 미래』, 26~27쪽. 그는 자신이 "찍고자 하는 것은 중국이며, 중국 사람들이 살아가는 방식"이라며 그 "자신이 살아가는 모습을 찍는 것"이라는 점을 분명하게 언명하고 있다. 즉 그는 "중국의 현실"장기철, 앞의 책, 145쪽.을 찍겠다고 하는 것이다. 문제는 그 현실을 어떻게 재현하는가의 문제다. 즉 미적 장치의 문제가 관건으로 놓여 있는 것이다. 지아장커를 포함한 이들 6세대 감독들과 다큐멘터리 기법의 연관성에 대해서는 이미 기존에 충분한 연구들이 진행되었다. 그러므로 여기서는 주로 지아장커만의, 그가 가진 고유의 리얼리즘 기법을 논하는 것으로 이 책의 작은 결론에 대신하고 싶다.

한우충동, 호여연해와 같은 리얼리즘 이론을 재론한다는 것은 마치 많은 물건이 쌓인 낡은 창고 안에서 '낡은 도구(이론)'를 다시 가져오는 듯 '위험하다'. 그럼에도 불구하고 이 책에서는 리얼리즘을 지아장커 영화와 중국 사회를 읽는 가장 높은 상위개념으로 놓지 않을 수 없었으며 '리얼리즘 재론再論'을 피해 갈 수 없었다. 앞의 각 장에서 거론한 여러 하위 단위개념들은 모두 '리얼리즘'이라는 대전제 아래에서 재론되고 재구성된 것이라 하겠다. 다만 이 책에서의 리얼리즘은 기존 논의에서의 '정신, 태도로서의 리얼리즘', '기법으로서의 리얼리즘'을 아우르되, 궁극적으로는 예술 경지가 총섭하는 어떤 총체적 예술효과로서의 '미학적 리얼리즘'과 그 심미 특성을 말하는 것이기도 하다.

2장과 3장에서 지아장커 영화의 리얼리즘을 논하면서 리얼리즘이 도달한 심리적 결에 주목하여 '허무 리얼리즘'을 논하기도 하였고 그의 회화적인 화면 풍격을 논하면서 렘브란트적 미학의 성취에 대해 논한 바 있다. '허무 리얼리즘'이 '고향삼부곡'의 도저한 지역성과 그 지역 사람의 정서를 반영하면서 그것이 도달한 궁극의 파토스가 '허무'에 이른 것을 지칭한 것이라고 한다면 렘브란트 미학의 성취는 〈세계〉와 〈스틸 라이프〉에 나오는 노동자들의 육체미와 노동의 고단함과 그들의 고독이 만들어 낸 미적 풍격을, 노동하는 일상에 대한 묘사와 빛과 어둠의 배치에 능한 렘브란트의 그림과 비교하여 정리해 본 것이다. 또 4장에서 거론한 〈무용〉이 표현하고 있는 노동, 예술, 일상의 리얼리즘을 분석해 본 결과는, 가히 '흙의 리얼리즘'이며 '황토 리얼리즘'이라고 부를 만한 것 외에는 달리 표현할 길이 없었다. 그것은 펀양 탄광노동자들의 일상과 삶의 터전인 땅과 흙의 정신, 그들의 몸과 노동복에 오랜 시간 스며들어 배어 버린, 흙의 자연성과 그것들이 보여 주는 아름다운 화면 미학, 그런 미학의 빛과 정신이 만들어 내는 황토성에 대해, 그 시각적이며 동시에 정신적이고, 물질적이며 동시에 감정적인 화면에 주목하지 않을 수 없었던 결론이기도 했다. 그리고 그러한 리얼리티를 드러내는 방식에 있어서 '조근조근 이야기하는 방식'도 더불어 지적하였다.이 책 4장 4절. 조근조근 이야기한다는 것은 무엇인가? 그것은 과도한 집약과 압축의 서사를 통해 가능한 어떤 '전형'의 창조가 아니며, 영웅 인물이 만들어 내는 감동의 서사가 아니며, 가능한 한 평범하게 있는 일상의 현실 그대로를 담담하게 쫓아가는 듯한, 그대로 보여 주는 듯한, 가능한 인위적인 가위질과 편집의 형식을 비켜간 듯한 형식을 취하는 것이 아니겠는가. 지아장커의 이러한 형식이 도달한 정점에는 지아장커 영화의 리얼리즘이 만들어 낸 그만의 고유 미학이 자리하고 있다. 그것을 필자는 긴 시간을 견디면서 드러내는 '**느린 미학**'이라고 부르고자 한다.

〈샤오우〉 이후 〈해상전기〉까지의 지아장커 영상 미학의 리얼리즘이 갖는 특징은 여러 관점에서 논할 수 있다. 그러나 그것들을 관통하는 공통의 특징을 들라고 한다면 '**긴 시간을 견디는 리얼리즘**', '느린 리얼리즘'이라고 할 수 있다. 리얼리티를 가만히 드러내는 방법, 사건과 인물이 변화하는 시간을 현실 시간 그대로 내보내는 촬영 기법, 다 보여 주지는 않으나 선택과 집중을 통해 리얼리티의 본질적인 부분을 롱테이크로 가만히 드러내는 방법이다. 그리고 이것은 관객에게 어떤 경우에, 많은 인내를 요구한다. 삶의 질곡과 굴곡, 자존과 비루함의 일상과 누추함, 바로 그러한 누추함 속의 작은 떨림과 흔들림, 내면의 정동을 예민하게 간파할 수 있는 사람들에게 제시되는 영상의 문법은 긴 시간을 견딤으로 인해서 도달 가능한 모종의 미학적 성취라고 볼 수 있다. 그것은 지아장커 영화에서 보이는 **루쉰적 미학**의 맥락이기도 하다. 루쉰적 리얼리즘 서사의 방법과 상통하는 것이기도 하다. 우리들은 이미 루쉰 소설을 통해 당시 리얼리티에 다가가는 통로에서 발견되는 불편한 감정, 그 불편함을 견뎌 내야만 도달하게 되는 당시 어떤 리얼리티의 진수를 만나 본 경험이 있다. 아Q의 누추한 일상은 물론 그를 둘러싼 웨이촹 마을 인물들의 숨 막히게 답답한 위선적이고 이중적이고 야비한 인간성, 그것들이 만들어 내는 먹이사슬의 구조, 그 식인 구조의 맨 하층에 자리한 쿵이지의 몰락과 비애, 그것을 '가만히' 드러내는, 잔인할 정도로 타인의 고통에 무심한 루전魯鎭 셴헝咸亨 주점의 인간 군상들 등등. 이들 서사가 말하는 모종의 주제 혹은 핵심에 다가가기 위해서는 재미없을 정도로 지루하고 지저분한 일상성의 긴 시간과 천천히 진행되는 주제 인물의 몰락의 시간을 견뎌 내야만 한다. 그것은 '날것으로 그대로 드러내기 식의 기법'이기도 하다. 독자는 그 지루함을 견디고 긴 시간을 견뎌 낸 후에야 그 끝에 도달하게 된다. 그 끝에는 황당한 인간들의 꼬질꼬질한 일상과 마비된 정신세계, 이를 토대로 세워진 누추하고 부조리한 시대의 모순성, 약자의 처절한 몰락과 억울함, 죽음과 사라짐, 해원의 방법 없음이 절망처럼 자리하고 있다. 그것이 그 시대의 리얼리티였음을 작가는 굳이 그러한 방법으로 드러내고자 하는 것이다. 독자 혹은 관객은 이 긴 시간을 인내하는 대가로 작가가 의도하는 바의, 적나라한 시대 진실에 다가갈 수가 있었던 것이다.

필자는 앞의 각 장에서 지아장커 역시 이러한 리얼리즘 수사의 기법을 쓰고 있으며 그것은 루쉰의 비판적 리얼리즘의 정신 혹은 그 기법을 계승하고 있는 것이라고 보았다. 그래서 루쉰과 지아장커의 미학적인 유사성을 논한 바 있다. 그런데 앞서 7장에서 고찰한 〈천주정〉에 이르면 지아장커는 자신이 견지했던 이전의 미학을 버린다. 〈천주정〉에서 사라진 미학은 무엇이고 달라진 미학은 무엇인가? 〈천주정〉의 이야기는 인내와 시간의 유예가 필요 없이 속전

속결로 전개된다. 처음 이 영화를 보고 든 느낌은 이 영화가 지아장 커의 영화가 맞는가 할 정도로 낯선 것이었다. 거칠고 빠르고 성마른 이야기가 전개되는 서사 구조, 미학적 장치를 배제한 듯한 이 영화는 마치 신문에 보도되는 사건의 뉴스 모음집과 같은 느낌조차 든다. 물론 실제로 일어난 사건을 바탕으로 재구성한 것임은 우리가 이미 고찰한 것과 같다. 오랫동안 유지해 온 지아장커 고유의 '느린 미학'은 〈천주정〉에서 실종되었다. 그리고 '느린 미학'이 실종된 자리에는 달라진 미학이 그를 대체하고 있었다. 폭력과 복수의 리얼리즘을 위해 감독은 동물로 상징되는 몇 가지 은유 장치를 이용하고 있었고 이를 통해 현실과 인물의 리얼리티 재현을 압축적으로 제시하고 있다.

2. '느린 미학'의 실종, 은유

〈천주정〉은 66회 칸영화제에서 최우수 극본상을 수상했을 뿐 아니라 여러 국제영화제에서도 수상을 했다. 주 이야기는 산시, 충칭, 후베이, 광둥 등 4개 지역에서 일어난, 폭력을 당하고 폭력을 가하는 생활 곤경에 처한 하층 타자들의 이야기다. 이들 이야기의 상세 서사는 앞에서 이미 언급하였다. 〈천주정〉에 이르러 이전 영상문법과 달라진 점은 '느린 미학'의 실종과 더불어 나타난 은유라고 할 수 있다. 극한의 인간 소외 현실 속에서 하층 인물들이 처한 부조리, 폭력적 한계 상황, 인내의 한계를 벗어난 자존감 훼손과 모멸감의 극대화 등은 다섯 마리의 동물로 은유된다.[*] 물론 이 은유는 인물의 정신 상태나 분노, 저항의식 등 내면풍경만을 은유하는 것이 아니라 그 인물이 처한 시대의 성격도 압축적으로 은유하고 있어 주목할 필요가 있다. 물론 이러한 은유가 '도식적 은유'라는 평가를 받을 수도 있겠으나, 은유는 대체로 일견 도식적이기도 하고 일견 비약적이기도 하여 때로 해석의 깊이를 요구하기도 한다. 우리가 사는 세

---

[*] 이하 동물 은유 분석은 周雨蕾, 「論人的異化與反叛—從電影〈天注定〉的動物隱喩出發」, 『山花』, 2014. 10. 참조.

상, 인간 삶의 일상과 그 환경이 익숙하고도 도식적이기 때문에 그 세계에서 따온 은유라는 것 자체가 이미 도식적 카테고리에 속하기 십상이긴 하다.[**] 그러나 〈천주정〉에서의 은유는 도식적이면서도 동시에 무척 '느린 시간의 미학' 속에서 회화적인 것으로서 은유된다는 점에서 여타의 다른 은유와 변별되고 있다.

우선 말馬이다. 말은 인간의 노동을 대신한다. 무거운 짐수레를 끈다. 〈천주정〉에서 말은 노동의 피로감에 멈추어 서 있다. 말은 평소 순종적으로 주인의 요구에 모두 따랐다. 마치 우진산의 다하이와 다하이 주변의 시골 인물들이 관료나 자본가에게 한 번의 이의제기도 없이 순종적으로 따른 것과 같다. 하지만 잔인하고 모진 마부의 채찍질로 말은 쓰러져 일어나지 못한다. 이윤 극대화에만 혈안이 되어 있는 목하 중국 자본가의 잔인함과 과로와 부조리 속에서 몰락해 가고 있는 중국 하층노동자에 대한 은유다. 물론 철저한 리얼리스트인 지아장커는 십여 년 전에는, 현실에서 멀리 벗어나는 관객들의 과도한 상상력을 냉정하게 차단하곤 해왔다. "나는 어떤 이미지가 상징적인 의미를 갖는 것을 원치 않습니다. 내 영화에서 상징적인 장면이란 없습니다. 그건 감정입니다. 그건 말 그대로의 고독입니다."정성일, 「問 ─ 지아장커와의 대화」, 『언젠가 세상은 영화가 될 것이다』, 164쪽.

그럼에도 그의 영화 곳곳에 배치되는 어떤 '사물'들은 강렬한

[**] "중국의 현실을 직시하려는 지아장커의 태도는 여전히 신중하지만, 영화에 도입한 과감한 형식들이 문득 도식적 은유에 닿는 순간은 피하지 못하고 있어서, 〈천주정〉은 걸작보다는 괴작이 되었다."(정한석, 「폭력의 표식들 〈천주정〉」, 『씨네 21』 947호, 2014. 3. 26.)

8장 낡은 이름, 리얼리즘

상징과 은유의 역할을 해온 것 역시 부인할 수 없다. 대표적인 예를 들자면 〈스틸 라이프〉에서의 한 장면이다. 굳이 배치하지 않아도 되는 이미지로 보이지만 그것이 상징하는 바는 역시 강렬하다. 여주인공 선홍이 남편을 찾던 중 남편 친구인 동밍의 집을 방문하게 된다. 그의 남루한 방의 벽 한쪽에는 줄이 걸려 있다. 그 긴 줄 위에 일렬로 여러 가지 형태의 낡은 손목시계들이 죽 걸쳐져 있는 장면. 마치 죽어 버린 시간들의 전시와 같다. 이 화면은 초현실주의 화가 달리의 늘어진 시계 그림을 연상케 하면서 동시에 선홍이 찾아간 창장 수몰 지구의 급변하는 환경 속에서 사라져 가는 삶의 터전과 역사 유적지, 과거의 시간들을 축 '늘어진 시간', '죽어 버린 시간'으로 날카롭게 은유하고 있다. 그림이자 영상으로서의 은유의 명장면이다. 그러니까 선홍은 사라져 버린 시간, 죽어 버린 과거의 시간을 찾아간 것이고 이는 결국 무망한 일로 끝날 것임을 미리 '암시'하고 있는 것이 아니겠는가? 이러한 상징은 지아장커 영화에 종종 등장해 온 것이 사실이다. 〈천주정〉에서는 네 개의 이야기에 다섯 가지 동물 이미지가 등장하여, 사라진 '느린 미학'을 대체하는 주도적 미학 장치의 역할을 하고 있는 것이 다를 뿐이다.

〈천주정〉의 두번째 은유 동물은 호랑이다. 호랑이는 이미 앞에서 설명한 것처럼 『수호전』 고사에 등장하는 무송의 호랑이를 말한다. 하늘을 대신하여 정의를 실천한다는 은유다. 다하이의 살인과 복수는 다하이의 의식세계 안에선 하늘의 도를 실천하는 것이자 악인을 제거하는 정의로운 행위가 되는 것이다. 그가 엽총의 총신에 호랑이 그림을 두르고 '출정'하는 순간, 다하이 자신은 맹호로 변신하는 것이다. 호랑이가 갖고 있는 무서운 용맹과 패기, 쉬이 분노하는 성품은 이 순간 다하이와 완전히 일체가 된다. '하늘을 대신하여 정의를 세우는' 일을 '성공적'으로 해치울 수 있음을 넌지시 알려주는 이미지다.

세번째 동물은 뱀이다. 뱀은 유약하면서도 탄력성이 있고 또 차가우면서도 위험한 동물이다. 마치 세번째 이야기의 주인공 샤오위처럼. 사랑 앞에 한없이 약하고 상대를 배려하고 기다려 주기도 하며, 어머니에게 순종적이며 착한 샤오위이지만 자신의 인격을 모독하고 모든 것을 돈으로 해결하려는 졸부 앞에선, 수없이 참는 자신에게 계속 매질을 하는 졸부 앞에선, 자존감이 훼손되고 인격적 모멸감을 느끼는 극한의 상황 속에선, 치명적인 살인자로 돌변한다. 여기서 샤오위가 얼마나 참는가 하면, 마치 마부의 계속된 매질에도 말이 꿈쩍하지 않고 버티는 것처럼 오랫동안 참는다. 보는 관객이 답답할 정도로, 저렇게 참아야 하나, 바보 아닌가 하는 생각이 들 정도로 참고 또 참는다. 그러고 나서 순식간에 돌변한다. 그래서 그 돌변은 관객에게 너무도 당연한 처사처럼 보이기조차 한다. 샤오위는 냉정하고 이성적이고 아름답지만, 어느 순간 무서운 뱀으로 돌변하여 자신을 해치는 상대에게 독침을 날린 것이다. 그 독침은 생명을 앗아갈 만큼 치명적이다.

네번째, 다섯번째 동물은 물고기와 새다. 네번째 이야기에서 샤오후이의 인터넷상 이름은 '작은 새'이고 여자 친구 리엔룽이 비닐봉지에 기르고 있는 것은 금붕어다. 물고기와 새가 살아야 하는 곳은 너른 바다와 창공이다. 속박된 협소한 공간에 갇힌 그들은 이 공간을 벗어나길 갈망한다. 샤오위와 리엔룽이 처한 환경, 그들의 내면세계를 그대로 은유하고 있다. 리엔룽이 물고기를 방생하는 행위는 현실 속에서 이룰 수 없는 자기 희망을 방생이라는 종교 행위를 통해 대리 실현하고 있는 것이다. 물고기가 찾는 물은 그녀의 이상 세계지만, 그녀는 돌봐야 할 어린 아기도 있고 생활비가 필요하기 때문에 굴욕적인 성매매라 할지라도 견딜 수밖에 없다. 인격도 주체도 다 내려놓아야 하는 지옥일지라도 견뎌야 한다. 그녀는 그곳에서 도망갈 수가 없다. 그 지옥에서 깨달음의 연꽃을 피워 올리거나 조만간 몰락을 하거나 둘 중 하나의 길만이 어린 소녀 리엔롱 앞에 놓여 있는 듯하다. 그러나 샤오후이는 여자친구도 잃게 되고 채권자인 친구의 압박도 조여 오고 있으며, 더욱이 고향 어머니의 냉혹한 '송금' 잔소리는 고문처럼 끝없이 이어진다. 그는 이 지옥을 참아야 할 이유도 없고 기댈 수 있는 마음의 의지처도 없어졌다. 그는 힘없이 무너진다. 아니 차라리 가벼운 마음으로 한없이 날아오르는 듯 무너진다. 마치 새 한 마리가 옥상에서 떨어져 바닥에 추락하는 것처럼, 그는 스스로 삶을 마감한다. 지옥을 견디는 물고기와 지옥에 저항하는 몸짓으로 추락하는 새다.

3. 리얼리즘의 '외부성'

지아장커의 영화에 대한 리얼리즘 논의는 많지 않으나 지속적으로 있어 왔고 다큐와의 연관성 및 친연성에 대한 논의는 수없이 많이 있다. 지아장커 리얼리즘과 관련하여 주목할 평론은 영화평론가 이왕주의 글이다. 그는 지아장커의 리얼리즘을 외부성과 함께 논하고 있다. 그는 전통적 리얼리즘의 입장에서 지아장커의 리얼리즘이 어떻게 다르고 어떻게 '진화'하였는가에 주목하고 있다. 그의 요점은, 지아장커의 영화에서 리얼리티는 미장센이나 서사가 아닌 상황 자체로 날것으로 드러나며, 감독에 의해 만들어지는 것이 아니라, 저절로 드러나게 하는 기다림의 시간성 속에 실현되고 있다는 것이다. 인물의 전형성과 서사의 재현 과정에 의해 획득되는 리얼리티가 아닌, 숨겨진 가능성의 존재자로서 어떤 리얼리티가 스스로 사건화·현실화되도록, 감독은 주체 무화의 방법으로 리얼리티의 드러남을 기다린다는 것이다. 그는 이것을 리얼리즘의 '외부성'으로 명명하고 있다.[*] 이런 관점은 바로 위에서 거론한 루쉰과 지아장커

---

[*] 이하는, 국내에 처음으로 〈천주정〉이 상영되었던 2013년 부산국제영화제(2013. 10. 9)의 '지아장커 영화 특별세션(2-4)'에서 발표된 이왕주의 「지아장커와 리얼리즘의 진화」와 이에 대한 필자의

8장 낡은 이름, 리얼리즘

식 리얼리즘의 '느린 미학' 기법이라는 필자 논의와 겹치기도 하면서 약간 다르기도 하다.

그런데 이러한 '외부성'은 지아장커 리얼리즘의 또 다른 전략이기도 하다. 즉, 리얼리티의 상황 자체를 날것으로 프레임 안으로 들어오게 하며 그것이 '저절로' 드러나게 하는 지아장커의 방법은 이왕주의 논의처럼 감독이 자신의 주체성, 목적, 의도, 욕구를 주도적으로 그 상황에 개입시키지 않는 것이 아니라, 지아장커 특유의 고도로 계산된 리얼리즘적 전략에 의한 또 다른 재현의 방법이다. 기존의 대상을 변형하고 재구성해 드러내던 것에서 드러내지 못했던 것을 적극적으로 드러내는 또 다른 '재현're-presentation의 방법인 것이다. 주체의 무화, 무목적, 무욕망, 무위적인 듯한 카메라 기법은 고도로 계산된 지아장커 고유의 리얼리즘 기법이라고 볼 수 있다. 그래서 이왕주가 말한 지아장커 영화에서 '지아장커는 없다'는 다른 의미에서 또 다른 영상 전략의 역설이 아닌가 하는 것이다. 즉 리얼리즘의 외부성은 또 다른 전통적 리얼리즘과 차별화된, 고도의 미학적 전략으로도 볼 수 있다는 것이 필자의 생각이다.

이 책 여러 곳에서 언급한 바 있듯 지아장커 감독에게 다큐와 픽션의 구분은 아무 의미가 없다. 더 나아가, 앞에서 고찰한 바와 같이 영상언어와 문자언어의 구분, 회화와 음악의 구분 같은 것 역시 큰 의미가 없다. 그는 자신이 드러내고 싶은 어떤 리얼리티를 위해서, 그것을 드러내는 가장 적실하다고 생각되는 방법을 동원함에 있어 매우 자유자재하다. 특히 화면에 수많은 문자가 동영상의 이

토론문 「낡은 이름, 리얼리즘을 위하여」를 수정 보완한 것이다.

미지를 대신할 때라든가 정지된 듯한 화면이 한 장의 그림처럼 흔들림 없이 긴 시간 관객의 눈앞에 제시될 때, 과연 영화란 무엇인가 하는 의문조차 들 정도다. 다양한 예술 방법을 자유자재로 넘나들며 운용하는 지아 감독의 이러한 '트랜스 미디어'적인 기법은 이미 다큐 〈동〉을 찍을 때 감지되었고, 이후 〈24시티〉에 오면 극대화된다. 지아장커의 '매체 운용의 자유로움'跨媒介은 감독이 스스로 자각한 상황에서의 의도적 운용이란 점에서 더 주목이 요구된다. 그는 자신이 만들고 싶은 영화가 있으면 어떤 방법을 동원할지를 고민하고 그리고 나름의 적합한 결론에 이르는 것 같다. 사실 이러한 '인터 미디어'Inter Media적인 기법은 〈스틸 라이프〉, 〈무용〉 등에서 이미 충분하게 선을 보이기 시작했다. 회화적 기법에서 설치 미술적 기법에 이르기까지 이미 그는 다양한 실험을 통해 자신이 말하고 싶은 것을 말하고 있다. 감독의 말을 다시 인용해 본다. "나는 이 영화를 만들 때 이 영화가 매체를 넘나들 수 있기를 원했다. 영화의 시간성과 영화 시각의 연속성은 '인터 미디어'의 가능성을 줄 수 있기 때문이다. 언어를 빌린 대량의 인터뷰 부분과 문자를 빌린 시와 노래 부분, 초상의 부분과 음악 부분을 포함해서 말이다. 사실 출발점은 가장 간단한 것이기도 하였다. 즉, 여러 형식의 혼합을 통해 여러 측면의 복잡한 것을 드러내고 싶었던 것이 그 출발점이다."賈樟柯, 『賈想 1996~2008－賈樟柯電影手記』, 258쪽. 즉 이 감독에게 중요한 것은 어떤 매체를 쓰는가에 있는 것이 아니라 무엇을 드러내고자 하는가에 있다. 영화든 음악이든, 그림이든 문학이든 그 모든 것은 수단이며 도구일 뿐이다. 도구가 담고자 하는 것은 '진리를 드러내는 일'載道이다. 그리고 그 영화적 진리는 리얼리티를 통해 그 모습을 드러낸다.

이 책 5장 3절. 지아장커 영화에서 동영상, 다큐멘터리, 시, 미술, 음악은 자유롭게 변주되면서 그가 드러내고자 하는 리얼리티 재현에 참여하고 있다.

이왕주는 지아장커가 오랜만에 출시한 〈천주정〉에서 이전과 달리 강화된 서사성에 주목하였고 지아장커 영화가 가진 다큐멘터리적 성격이 이 영화에 이르러서 시네마 리얼리즘의 가능성을 보여주고 있다고 평했다.이왕주, 「지아장커와 리얼리즘의 진화」. 사실 기록의 방법에서 픽션적 서사로의 변화 가능성에 무게를 둔 발언이다. 그럼에도 불구하고 필자는 이것 역시, 지아장커의 '영화 작업'에서 큰 의미가 없는 것 아닌가 하는 생각이 든다. 누보로망nouveau roman에서 서사가 무화되었듯 역으로 지아장커의 영화에서 시네마틱한 서사와 구성은 필요할 때 운용하는 하나의 방편일 뿐임을 그는 이미 그의 영화들에서 그 가능성을 충분하게 보여 주었기 때문이다. 같은 의미선상에서 〈천주정〉이 "'기록'의 주체에서 '스토리텔러'로서의 변모 가능성을 충분히 드러냈다"임대근, 「천주정―'하늘이 정한 운명' 혹은 중국적 범죄와 '인정투쟁'의 투사」, 『부산국제영화제에서 만나는 중국영화 2013』, 동서대학교 공자아카데미, 2013, 49쪽.고 하는 이왕주의 평가에도 선뜻 동의할 수가 없는데, 그것은 지아장커가 이미 〈플랫폼〉, 〈세계〉 등에서 부분적인 서사 능력을 충분하게 보여 주었다고 생각하기 때문이다. 그러므로 지아장커 리얼리즘의 '외부성'은 고전적인 리얼리즘 논의에서의 '외부성'을 지칭하는 것에 다름 아님을 인정하지 않을 수 없다.

4. 리얼리즘과 장소

이왕주는 지아장커의 카메라가 공간을 환대하는 서정적인 것이라고 지적하면서 "공간을 느끼려 한다"는 감독의 말에 주목하고 있다. 그리고 그때 그 공간은 순수한 공간Space이 아니라 사건들의 중첩과 삶의 질감이 누적된 다중시제의 장소Place임을 논하고 있다. 이러한 논의에 전적으로 동의한다. 이는 이 책의 2장에서 논한 바, 장소의 로컬리티적 진실성이 현현하는 장소이자 리얼리티의 준열峻烈함이 현현하는 장소이기도 하다. 앞의 4장에서 논한, 영화 〈무용〉에서 보여 준 다중시제와 장소감 역시 그러하다. 지아장커에게 있어 펀수이汾水가 지나가는 산시성의 펀양을 중심으로 한 다퉁 등의 지방 도시들은 그의 모든 상상력의 원천이자 인간에 대한 외경과 정서가 궁극으로 회귀하는 성소와 같은 곳이기도 하다. 고대 유대 종교의 마콤makom 같은 곳으로 기능하고 있다고 보이기까지 한다. 영화 〈무용〉은 광둥성 주하이의 의류 가공 공장지대에서 시작하여 프랑스 파리의 패션쇼 무대를 거쳐 먼지가 풀풀 날리는 펀양으로 되돌아온다. 펀양에서도 시내가 아닌 탄광의 노동자들, 그들의 집과 일터, 그들의 몸과 육신 위에서 영화가 막을 내린다. 지아장커는 이 '성스러운 장소'를 황색의 리얼리즘 기법으로 조용하게 비추기도 하고, 젊은 남녀가 죽어간 새벽 동토의 푸른 공간을 오랫동안 말없이, 음악 없이 비추기도 한다. 경건할 정도로 아주 긴 시간 조용히 비추고 있는 것이다. 이러한 장소들은 지아장커 영화의 곳곳에서 윤리적인 화면을 극대화시키는 것으로 작동하고 있다. 그리고 그 순간 관객으로 하여금 리얼리즘의 궁극 가치에 대해 깊이 숙고하지 않을 수 없게 만든다.

또 그의 어떤 영화에서는, 혹은 적어도 어떤 프레임 안에서는 종종 장소가 영상의 주인공이 되기도 한다. 그것이 지아장커 영화의 리얼리즘에서 장소가 차지하는 중요성을 웅변해 준다. 그 시작은 지아장커 영화의 출발점이 된 천카이거의 영화 〈황토지〉(1984)로 거슬러 올라간다(화보 사진 17(105쪽). 지아장커는 영화감독으로의 자신의 출발지점에 천카이거의 〈황토지〉가 있음을 곳곳에서 말한 바 있다. 그림을 잘 그렸던 그는, 펀양에서 고등학교 시절 공부를 못했고 그래서 미술로 전공을 바꿔 타이위안의 산시대학 입시 준비반에 들어갔다. 그는 거기서 미술 공부를 시작했다. 당시 그는 산시대학 옆 마을에 있던 영화관에서 천카이거의 영화 〈황토지〉를 처음 보았는데 그것이 그의 인생 행로를 결정해 버렸다. 영화를 찍으며 살겠다고 결심한 것이다. 지아장커 리얼리즘과 펀양, 지아장커 영화와 황허로 대변되는 장소의 필연성은 이미 이때 '운명적으로', '태생적으로' 결정된 것이다. 그의 말을 다시 인용해 본다. 저는 "이미 그 영화(〈황토지〉)를 객관적으로 평가할 수 없어져 버렸어요. 그것이 표현하는 황허黃河 유역과 **황토고원은 내게 있어 감정 그 자체**(강조—인용자)입니다. 나는 산시 사람이고 거기서 자랐습니다."지아장커와 린쉬둥의 대담, 「一個來自中國基層的民間導演」, 『賈樟柯電影─〈小武〉』, 104쪽.

천카이거의 〈황토지〉를 본 사람들은 누구나 느낄 수 있다. 그 영화의 주인공은 황허 기슭 황토고원에 깃들어 사는 사람들이기도 하지만 황토고원 그 자체가 주인공이기도 하다라는 것을. 어떤 장면에서 관객은 땅과 흙이 이 영화의 주인공이구나 하는 착시현상을 느끼게 된다. 붉은빛이 감도는 고원 지대의 황토평원과 그 깊고 깊은 계곡과 땅의 주름들을, 감독은 수시로 이야기 줄거리와 관계없이 관객 앞에 거대한 그림으로 전시한다. 그럴 때 카메라 앵글의 각도는 가히 혁명적이기까지 하다. 화면 위쪽 아주 작은 부분만 하늘로 남겨 놓고 나머지는 화면 가득 황토를 잡는다. 하늘은 사라지고 거의 땅만 남는다. 그 순간, 인간은 그 광활한 땅의 주름 속에 깃든 벌레와도 같은 존재, 이蝨와 같은 미물로 변한다. 그런 영상 미학의 압도적인 느낌은 무거운 '장소감'으로부터 가능하다. 수천 년 황허 민족의 긴 역사 무게를 상징하면서, 황토를 실어 나른 물길에 의해 형성된 황허 고원의 광활한 평원이 영화의 주인공이 되는 순간이다. 같은 맥락에서 지아장커 영화에서의 산시성 ─좁게는 편양현은 황허의 중류가 산맥을 끼고 흘러가는 그의 고향으로, 그의 모든 애환과 애증이 시작하는 지점이면서 귀환하는 지점이다. 장소를 달리하는 영화에서조차 주인공 인물들은 그곳으로 돌아가거나 그곳에서 오거나, 그곳을 **통과 '해야만'** 하는 것이다. 〈스틸 라이프〉에서는 창장 싼샤 댐 공사로 인한 수몰 지역이, 〈24시티〉에서는 혁명기의 선양과 충칭, 상하이가, 〈천주정〉에서는 산시를 포함한 다른 네 지역의 '장소'들이 인물들의 서사 배경 이상으로 앵글 안으로 확대돼 들어와 '삶의 질감이 누적된 다중 장소'로 기능한다. 관객은 그 장소가 전달하는 느낌과 감성에 젖지 않을 수 없으며 모종의 사색에 빠

8장 낡은 이름, 리얼리즘

겨들지 않을 수 없게 된다.

지아장커 영화의 "감동의 힘은 감독이 낯빛 하나 바꾸지 않는 냉정한 시선과 진실 재현에서"劉桂茹,「尋找與舍棄之間─評賈樟柯電影『三峽好人』」, 10쪽. 나온다고 할 수 있다. 그는 현실을 직면하길 원하며, 고요히 응시하길 원하며, 아무리 불결하고 엄혹한 현실일지라도 그것을 계속 보아 낼 힘이 자신에게 있다고 믿고 있는 듯하다. 그래서 그는, 그 모든 것을 회피하지 않을 용기가 있다고 자신 있게 말하고 있다.胡彦殊,「困境中的舞者─以幾個"舞蹈"段落爲例探討賈樟柯電影的表達策略」, 19쪽. 그의 이러한 생각은 이미 지아장커 고유의 영상 철학이 되었으며 그의 영상 윤리가 되었다. 그리하여 그의 영화는 현재 중국 사회, 하층 민중들, 육체노동자 계층의 실상과 삶에 다가갈 수 있는 가장 정직한 창과 거울이 되었다. 이에 대해서는 이미 여러 차례 언급했다. 한 평론가는 "지아장커 영화는 내가 작금의 중국 현실을 이해하는 특수한 한 방법, 하나의 경로가 되었다"고『讀書』, 9쪽. 말하고 있다. 거대한 변화 속에 놓인 중국의 현실, 목하 'G2'로서 대국으로 굴기한 중국의 다른 이면, 불편한 현실, 중국 최하층을 떠받치고 있는 민중의 질곡과 애환과 현실을 이해하는 데 있어, 필수불가결한 경로이자 정직한 창이 되었다.

현실의 리얼리티를 재현하는 정신으로서의 리얼리즘, 재현하는 바의 내용으로서의 리얼리즘, 미학적 장치로서의 리얼리즘 등 리얼리즘의 제 범주에서 필자는 늘 첫번째에 주목하는 편이다. 정신, 내용, 방법/형식 이 세 영역은 상호 독립적이라기보다는 상호 긴밀한 구속과 영향 관계 아래 있다. 그럼에도 정신에 우선 주목하는 것은 그 정신이 내용과 형식을 규정하는 강력한 토대로 자리하고 있음에 췌언이 필요치 않다. 이는 지아장커의 영화를, 세계를 읽는 정직한 창 혹은 거울로 대하는 태도에 기인하는 것이기도 하지만 그의 리얼리즘이 궁극으로 지향하는 가치에 주목하는 것이기 때문이기도 하다.

지아장커가 비록, 나는 영화를 통해 낙후된 것으로 보이는 것을 바꾼다든가 혹은 전복시킨다는 생각을 한 적이 없다, 나는 무엇을 반대하면 무엇이 될 수 있다는 생각을 계속 경계해 왔다, 우리가 어떻다는 것을 증명하기 위해 영화를 찍는 것이 아니며, 단지 관심 있는 것을 찾아 찍으면 그만장기철,『지아장커, 중국영화의 미래』, 79쪽.이라고 말하고 있지만, 그의 영상 미학의 승리는 리얼리티의 준열함 앞에 겸허한 작가 정신과 그 준열함을 회피하지 않고 응시하려는 용감한 작가 정신, 숨기지 않고 그대로 드러내려는 영상 문법에 의해 가능한 것이다. 나아가, 보다 더 근본적으로는 그러한 소재素材의 소재所在를 찾아가고 그 소재素材를 대면하고, 그것을 조용히 드러내는 감독의 윤리적 태도ethics가 이루어낸 것이다. 그리고 그 소재素材의 소재所在에는 중국의 대다수를 차지하고 있는 하층 타자subaltern들이 살아가고 있다.

그런 의미에서 대체적으로, 아직도, "오늘날의 영화가 특수한 경우에는 사회적 상황, 심지어는 소유 질서에 대한 혁명적인 비판을 촉진할 수 있다는 것을 부인하지 않는다"신기섭, 「'영화'도 아닌 것의 운명」,『한겨레』, 2006. 4. 26에서 재인용.고 하였던 발터 벤야민의 말이 여전히 지아장커의 영화를 읽는 데 있어 시사하는 바가 크다고 생각한다.

참고문헌

Jia Zhangke

| 영상자료 |

賈樟柯, 비디오작품 〈어느 날 베이징에서〉(有一天, 在北京), 1994.

____, betacam(단편) 〈샤오산의 귀가〉(小山回家), 1995

____, 비디오작품 〈뚜뚜〉(嘟嘟), 1996.

____, 영화 〈샤오우〉(小武, '고향삼부곡'), 1997.

____, 영화 〈플랫폼〉(站臺, '고향삼부곡'), 2000.

____, DV 다큐(단편) 〈공공장소〉(公共場所, In Public), 2001.

____, DV 다큐(단편) 〈개들의 처지〉(狗的狀況, The Dog Condition), 2001.

____, 영화 〈임소요〉(任逍遙, Unknown Pleasures, '고향삼부곡'), 2002.

____, 영화 〈세계〉(世界, The World), 2004.

____, 영화(단편. 옴니버스) 〈집중의 시간〉(Focus: This Moment), 2005.

____, 영화 〈스틸 라이프〉(三峽好人, Still Life), 2006.

____, 영화 〈동〉(東, Dong), 2006.

____, 영화 〈무용〉(無用, Useless), 2007.

____, 영화(단편) 〈우리의 십년〉(我們的十年, Ten Years), 2007.

____, 영화(옴니버스) 〈인권에 관한 이야기〉(Stories on Human Rights), 2008.

____, 영화 〈24시티〉(二十四城記, 24City), 2008.

____, 영화(단편) 〈물 위의 사랑〉(海上的愛情, Cry Me A River), 2008.

____, 영화 〈해상전기〉(海上傳奇, I wish I knew), 2010.

____, 영화 〈천주정〉(天注定, A Touch of sin), 2013.

____, 영화 〈산하고인〉(山河故人, Mountains May Depart), 2015

| 저서 |

賈樟柯, 『賈想1996~2008──賈樟柯電影手記』, 北京:北京大學出版社, 2009.

____, 『中國工人放談錄──二十四城記』, 濟南:山東畵報出版社, 2009.

賈樟柯·格非, 『一個人的電影』, 北京:中信出版社, 2008.

呂新雨, 『紀錄中國:當代中國新紀錄運動』, 北京:三聯書店, 2003.

林旭東 外, 『故鄕三部曲之「小武」』, 北京:中國盲文出版社, 2003.

____, 『故鄕三部曲之「任逍遙」』, 北京:中國盲文出版社, 2003.

____, 『故鄕三部曲之「站台」』, 北京:中國盲文出版社, 2003.

楊東平, 『城市季風──北京和上海的文化精神』, 北京:新星出版社, 2006.

王曉明, 『近視與遠望』, 上海:復旦大學出版社, 2012.

程靑·松黃鷗, 『我的攝影機不撤謊』, 北京:中國友誼出版社, 2002.

가오밍루, 『중국현대미술사』, 이주현 옮김, 서울:미진사, 2009.

강내영, 『중국 영화의 오늘』, 부산:산지니, 2015.

곽정연 외, 『폭력을 관통하는 열 가지 시선』, 서울:소명출판, 2013.

그랜트, 데이미언, 『리얼리즘』, 김종운 옮김, 서울:서울대학교출판부, 1979.

김언하 외, 『부산국제영화제에서 만나는 중국영화 2015』, 부산:동서대학교공자아카
데미, 2015.

김왕배, 『도시, 공간, 생활세계』, 서울:한울, 2005.

나카무라 유지로, 『토포스』, 박철은 옮김, 서울:그린비, 2012.

노보그라츠, 재클린, 『블루 스웨터』, 김훈 옮김, 서울:이른아침, 2009.

니체, 『짜라투스트라는 이렇게 말하였다』(『세계의 대사상 10』), 강두식 옮김, 서울:휘문
출판사, 1972.

다이진화, 『무중풍경 중국영화문화 1978~1998』, 이현복·성옥례 옮김, 부산:산지니,
2007.

드라이스마, 다우베, 『기억의 메타포』, 정준형 옮김, 서울:에코리브르, 2006.

딜릭, 아리프, 『포스트모더니티의 역사들』, 황동연 옮김, 파주:창비, 2005.

라이히, 빌헬름, 『파시즘의 대중심리』, 황선길 옮김, 서울:그린비, 2006.

라펠리, 파올라, 『세계미술관기행──반 고흐 미술관』, 하지은 옮김, 서울:마로니에북
스, 2007.

랑시에르, 자크,『영화우화』, 유재홍 옮김, 고양:인간사랑, 2012.

루카치, 게오르크,『루카치 미학』1~4, 반성완 외 옮김, 서울:미술문화, 2000~2002.

———,『소설의 이론』, 김경식 옮김, 서울:문예출판사, 2007.

———,『우리시대의 리얼리즘』, 문학예술연구회 옮김, 서울:인간사, 1986

———,『현대리얼리즘론』, 황석천 옮김, 부산:열음사, 1986.

리더, 존,『도시, 인류 최후의 고향』, 김명남 옮김, 서울:지호, 2006.

모방푸 외 엮음,『시장』, 최수나 옮김, 파주:한울, 2007.

박서보·오광수 감수,『렘브란트』, 서울:도서출판 개원, 2003.

백승욱,『세계화의 경계에 선 중국』, 파주:창비, 2008.

벤야민, 발터,『발터 벤야민의 문예이론』, 반성완 편역, 서울:민음사, 1983.

———,『역사의 개념에 대하여/ 폭력비판을 위하여/ 초현실주의 외』, 최성만 옮김, 서
    울:도서출판 길, 2009.

보통, 알랭 드,『일의 기쁨과 슬픔』, 정영목 옮김, 파주:도서출판 이레, 2009.

사카모토 히로코 외,『역사』, 박진우 옮김, 파주:한울, 2007.

———,『중국 민족주의의 신화』, 양일모 외 옮김, 서울:지식의 풍경, 2006.

소렐, 조르주,『폭력에 대한 성찰』, 이용재 옮김, 파주:나남, 2007.

신영복,『강의 : 나의 동양고전 독법』, 파주:돌베개, 2004.

실천문학편집위,『다시 문제는 리얼리즘이다』, 서울:실천문학사, 1992.

심광현,『맑스와 마음의 정치학』, 서울:문화과학사, 2014

아렌트, 한나,『폭력의 세기』, 김정한 옮김, 서울:이후, 2008.

아스만, 알라이다,『기억의 공간』, 변학수 외 옮김, 대구:경북대출판부, 2003.

아우어바흐, 에리히,『미메시스』, 김우창·유종호 옮김, 서울:민음사, 2012.

알튀세르, 루이,『아미엥에서의 주장』, 김동수 옮김, 서울:솔, 1991.

야마기와 주이치,『폭력은 어디서 왔나』, 한승동 옮김, 고양:곰출판, 2015.

오가타 이사무,『중국역사기행』, 이유영 옮김, 서울:시아출판사, 2002.

오카 마리,『기억 서사』, 김병구 옮김, 서울:소명출판, 2004.

이글턴, 테리,『성스러운 테러』, 서정은 옮김, 서울:생각의나무, 2007.

이상섭,『말의 질서』, 서울:민음사, 1976.

이윤영 엮고옮김,『사유 속의 영화—영화이론 선집』, 서울:문학과지성사, 2011.

이진경,『근대적 시공간의 탄생』, 서울:푸른숲, 2002.

이토 쓰토무,『리얼리즘이란 무엇인가』, 이현석 옮김, 서울:도서출판 세계, 1987.

이효덕,『표상 공간의 근대』, 박성관 옮김, 서울:소명, 2002.

인지난,『홀로 문을 두드리다』, 김태만 옮김, 서울:학고재, 2012.

임철규,『우리 시대의 리얼리즘』, 파주:한길사, 2009.

임춘성·왕샤오밍 엮음,『21세기 중국의 문화지도—포스트사회주의 중국의 문화연구』, 서울:현실문화, 2009.

자젠잉,『80년대 중국과의 대화』, 이성현 옮김, 서울:그린비, 2009.

장기철 기획,『지아장커, 중국 영화의 미래』, 이병원 자료정리, 현실문화연구회 편집부 편집, 서울:현실문화연구, 2002.

전형준,『현대 중국의 리얼리즘 이론』, 서울:창비, 1997.

정성일,『언젠가 세상은 영화가 될 것이다』, 서울:바다출판사, 2010.

정한석,『지아장커』, 부산:동서대학교 임권택영화연구소, 2010.

제닝스, 켄,『맵헤드』, 류한원 옮김, 서울:글항아리, 2013.

제임슨, 프레드릭,『보이는 것의 날인』, 남인영 옮김, 서울:한나래, 2003.

지젝, 슬라보예,『폭력이란 무엇인가』, 이현우·김희진·정일권 옮김, 서울:난장이, 2011.

진중권,『진중권의 현대미학 강의』, 서울:아트북스, 2003.

차봉희,『루카치의 변증—유물론적 문학이론』, 서울:한마당, 1987.

크리스테바, 줄리아,『공포의 권력』, 서민원 옮김, 서울:동문선, 2001.

토도로프, 츠베탕,『일상 예찬』, 이은진 옮김, 서울:뿌리와이파리, 2003.

투안, 이-푸,『공간과 장소』, 구동회 외 옮김, 서울:도서출판 대윤, 2005

플루서, 빌렘,『그림의 혁명』, 김현진 옮김, 서울:커뮤니케이션북스, 2004.

하비, 데이비드,『데이비드 하비』, 최병두 옮김, 서울:커뮤니케이션북스, 2016.

하스, D,『루카치의 현재성』, 대구:문예미학사, 1999.

한중기 편저,『렘브란트·르누아르·마이욜』, 서울:이종문화사, 2002.

후자오량,『중국의 문화지리를 읽는다』, 김태성 옮김, 서울:휴머니스트, 2005.

| 논문 |

賈樟柯,「〈三峽好人〉导演闡述」,『大众电影』, 北京:中国电影家协会, 2006年 19期.

＿＿＿,「我特別痛恨將勞動浪漫化」,『世界觀』, 新周刊 主編, 上海:文匯出版社, 2010.

＿＿＿,「〈海上傳奇〉是一部長篇小說」,『SCREEN』.

賈樟柯·申文峰,「我爲什麼要用電影描述我們的不堪」,『AMUSEMENT』

賈樟柯在滬答問錄,「吸引我的不是黃金的光澤而是好人的尊嚴」,『電影新作』, 2007.
  01期.

盧兆旭,「賈樟柯電影中的音樂符號,背景符號和語語符號」,『樂産師範學院學報』,
  2011.

邓馨·王楠,「影画交流: 刘小东. 贾樟柯访谈」,『东方艺术. 大家』, 郑州:河南省艺术研
  究院, 2006年 第1期.

馬文猛,「電影〈天注定〉的人物形象解讀」,『戲劇之家』, 2014.

萬佳歡,「賈樟柯,讓歷史變成傳奇」,『中國新聞周刊』, 2010.

樊璐,「現實主義筆觸下底層人物的話語缺失」,『藝術品鑒』, 2016.

步長磊,「淺談紀錄片〈海上傳奇〉的價値選擇」,『電影評介』.

謝曉霞,「論賈樟柯電影的底層形象」,『影視畫外音·當代文壇』, 2008.

舒可文,「向"情节"靠近」,『三联生活周刊』, 北京:生活·读书·新知三联书店, 2006年
  第46期.

徐紅姸,「從"邊緣"到末路——論賈樟柯電影中的人物命運」,『成都理工大學學報(社
  會科學版)』第17券 第1期(2009.3.).

蘇星,「七導演坐而論道:最商業的導演也希望有個人化表達」,『國産·新片』.

新浪四川,「北美多地上映 口碑反響不錯」(http://sc.sina.com.cn/news/z 2013.10.30.)

新浪四川,「傳〈天注定〉被禁 北美上映口碑好評」(http://sc.sina.com.cn/news/z 2013.10.30)

吳冠平,「當代中國電影創作述評」,『二十一世紀』, 香港中文大學, 中國文化研究所, 2005.

吳晶 外,「在產業化潮流中堅持自我──賈樟柯在香港浸會大學的演講」,『電影藝術』, 第312期, 2007年 第1期.

汪琳,「賈樟柯：命運本身難道是天注定?」,『紐約時報國際生活』, 2013. 10. 30.

王琳 ,「缺席的"在场"──試析〈東〉中的現實观」,『中央美术学院第四屆青年艺术批評奖获奖论文集』, 北京:中央美术学院, 2008.

王蒙蒙 外,「電影〈天注定〉筆談」,『海南師範大學學報』, 2014.

王曉平,「〈天注定〉：精英視覺下的當代社會矛盾」,『藝苑』, 2014.

王婷婷,「〈天注定〉：時代鏡像三重奏」,『中國電影評論』第7期, 2014.

王暉,「賈樟柯的世界與中國的大轉變」,『鄉土中國與文化研究』, 上海書店出版社, 2008.

熊文醉雄,「螻蟻世界構築眞實美學──城市化視角中的邊緣人物在賈樟柯電影中的呈現」,『戲劇之家』.

衛西諦,「從上海到海上」,『董事文化』.

魏天無,「類型化及其意義──論受衆對古裝片的消費與再生產」,『藝術評論』.

劉桂茹,「尋找與舍棄之間──評賈樟柯電影〈三峽好人〉」,『藝苑』, 2007. 2期.

刘小东,「每个人都需要一张温床」,『北京青年周刊』, 北京: 北京青年报社, 2006. 4. 6. 总第550期.

劉昌奇,「拼貼的歷史與暴力的魔幻呈現」,『文化藝術研究』, 2016.

李陀·崔衛平·賈樟柯·西川·歐陽江河·王暉 대담자료,「『三峽好人』：故里變遷與賈樟柯的現實主義」,『讀書』, 北京：三聯書店, 2007. 2月.

林友桂,「'有情'的書寫：論賈樟柯的記錄電影」,『藝術評論』.

林旭東 外,『賈樟柯電影──〈小武〉』, 北京:中國盲文出版社, 2003.

張江南,「『三峽好人』：賈樟柯告別青春期」,『中國新聞周刊』, 2006. 35期.

張詩嫄,「電影審查制度下中國"地下電影"的生存壓力-以賈樟柯電影〈天注定〉管窺」,『視聽解讀』, 2014.

蔣安·李曉蓓,「數字化背景下的眞實感動與藝術電影」,『電影新作』, 2007.1期.

張曉舟,「K歌之王賈樟柯」,『南方人物周刊』, 2007.5期.

張旭東,「消逝的詩學:賈樟柯的電影」,『現代中文學刊』, 2011.第1期.

張浙妍,「符號語言在電影中的運用─電影〈天注定〉分析」,『青年文學家』, 2016.14號.

钱颖,「无能为力的力量─賈樟柯〈东〉」,『开放时代』, 广州: 广州市社会科学院, 2010年08期.

錢翰,「詩性的記錄和記錄的詩性-從『二十四城記』到『海上傳奇』」,『文化與詩學』.

鄭劍,「〈天注定〉:冷峻的平靜與殘酷的眞實」,『中國電影評論』, 2014第13期.

郑殿辉,「賈樟柯与金基德电影的纪实性与半抽象性特征比较研究:以《三峡好人》《漂流欲室》为例」,『한국중어중문학회 학술대회 자료집』, 2016.

周麗娣,「賈樟柯電影的聲音敍事分析」,『電影文學』, 2011.第10期.

周楊,「生命, 在不知不覺中流失─賈樟柯電影敍事美學識小」,『蘇州教育學院學報』第25券 第1期, 2008.3.

周雨蕾,「論人的異化與反叛─從電影〈天注定〉的動物隱喩出發」,『山花』, 2014.10.

周志凌,「賈樟柯電影的文化風格」,『電影評介』, 2009.2.

曾美蘭,「歷史, 都市與現代性的反思─『海上傳奇』三題」,『電影評介』.

秦洪亮,「〈天注定〉:極限解構景觀暴力的衆生相」,『社會科學論壇』, 2016.3.

焦勇勤,「從符號到大碼:賈樟柯的轉變」,『天涯』, 2006.5.

崔小雲·李迪,「上海故事從老建築開始講」.

韓琛,「"電影民工"的"游民電影"─賈樟柯電影與底層中國」,『電影評介』, 2006.19期.

胡彦殊,「困境中的舞者─以幾個"舞蹈"段落爲例探討賈樟柯電影的表達策略」,『電影文學』, 2007.3下期.

黃望莉,「口述歷史·紀實性·底層敍事」,『電影新作』, 2010.5.

侯丹丹, 「《天注定》電影聲音藝術分析」, 『視聽解讀』, 2016. 1.

侯晨業, 「賈樟柯電影的人類學色彩」, 『安徽文學』, 2011. 第4期

侯衛敏, 周杰, 「影片『海上傳奇』對話國際名都的紀錄文本」, 『電影文學』, 2011. 第7期.

Jason Mcgrath, "The Independent Cinema of Jia Zhangke : From Postsocailist Realism to a Transnational Aesthetic", *The Urban Generation*(Zhang Zhen Editor, Duke University Press, 2007)

Jung Koo Kim, 박사학위논문, *Cinema of Paradox : The Individual and the Crowd in Jia Zhangke's Films*, Goldsmiths College University of London, 2016. 8.

Manohla Dargis, "Livng and Killing in a Materialist China", *The New York Tims*, 2013. 10. 3.

김영미, 「'지금' 중국의 일반 노동자를 그리다 자본주의로 파괴된 주체적 삶의 잔영」, 『Chindia plus』103권, 포스코경영연구원, 2015.

김정수, 「쏸샤의 공간학──지아장커 〈둥〉과 〈삼협호인〉 중첩하여 읽기」, 『중국현대문학』 제67호, 한국중국현대문학학회, 2013.

노정은, 「'어느 노동자'를 기록하는 양식: 지아장커 〈24시티〉의 글쓰기」, 『중국학연구』 제63권, 중국학연구회, 2013.

박민수, 「자본주의의 폭력과 진화에 대한 성찰 : 지아장커의 〈천주정〉을 중심으로」, 『동북아문화연구』 53권, 동북아시아문화학회, 2017.

박은혜, 「지아장커(賈樟柯)의 〈플랫폼〉(站臺)에 나타난 시간의식과 기다림의 의미」, 『외국문학연구』 제56호, 한국외국어대학교 외국문학연구소, 2014.

박정희, 「지아장커의 영화로 본 중국문화사」, 『동북아문화연구』 제13집, 동북아시아 문화학회, 2007.

서대정, 「〈스틸 라이프〉(三峽好人)의 사운드 분석을 통한 지아장커(賈樟柯)의 드라마 투르기 연구」, 『동북아문화연구』 53권, 동북아시아문화학회, 2017.

서원태, 「지아장커 영화, 중국 사회에 대한 비판적 성찰과 실험적 기록」, 『현대영화연구』 9권, 한양대학교 현대영화연구소, 2010.

신형철, 「『百의 그림자』에 부치는 다섯 개의 주석」; 황정은, 『百의 그림자』, 서울:민음사, 2010.

심은진, 「지아장커의 〈동〉(東) : 세계를 바라보는 두 개의 시선」, 『문학과영상』 13권 2
　　호, 2012.

안영은, 「새로운 예술작품 기획에 대한 고찰──지아장커 영화 〈동〉(東)을 중심으로」,
　　『중국연구』 51권, 한국외국어대학교 중국연구소, 2011.

─────, 「지아장커 영화 〈세계〉 속의 세 개의 세계」, 『중국연구』 48권, 한국외국어대학
　　교 중국연구소, 2010.

유경철, 「지아장커(賈樟柯)의 〈샤오우〉(小武) 읽기──현실과 욕망의 '격차'에 관하
　　여」, 『중국학보』 52권, 한국중국학회, 2005.

유세종, 「'웨이좡'(未莊)에서 '펀양'(汾陽)까지──지아장커(賈樟柯)의 '고향삼부곡'
　　론」, 『중어중문학』 제38집, 한국중어중문학회, 2006.

─────, 「도시를 인터(inter) 뷰(view)하다──지아장커(賈樟柯) 〈해상전기〉(海上傳奇)
　　론」, 『중국현대문학』 제59호, 한국중국현대문학회, 2011.

─────, 「소문자 '역사들'의 복원을 위하여 ── 지아장커(賈樟柯)의 〈24시티〉론」, 『중국
　　현대문학』 제51호, 한국중국현대문학회, 2009.

─────, 「지아장커 〈무용〉(無用)의 숨은 구조──노동, 예술, 일상의 '황토리얼리즘'」,
　　『중국현대문학』 제56호, 한국중국현대문학회, 2011.

─────, 「현 중국 사회를 읽는 하나의 거울──지아장커(賈樟柯)의 〈세계〉, 〈스틸 라이프〉
　　론」, 『중국연구』 제42권, 한국외국어대학교 중국연구소, 2008.

유정아·김미정, 「중국 산샤댐 공정을 둘러싼 재현의 정치학」, 『미술사학』 제36호, 미
　　술사학연구회, 2011.

이시활, 「현대중국의 대변화와 인간문제에 대한 인문학적 성찰과 기록」, 『중국학』 제
　　29호, 대한중국학회, 2007.

이정훈, 「쟈장커(賈樟柯) 영화의 궤적과 〈천주정〉의 새로운 시도」, 『중국어문학지』 60
　　권, 중국어문학회, 2017.

이치한·이성철, 「중국 노동자들의 기억과 전망 : 영화 〈24시티〉를 중심으로」, 『중국어
　　교육과 연구』 11호, 한국중국어교육학회, 2010.

임대근, 「지아장커 : 육체와 자본이 결정하는 '중국적' 존재에 대한 탐구」, 『오늘의 문예비평』 제74호(2009, 가을).

임춘성, 「포스트사회주의 중국의 도시화와 도시영화의 정체성」, 『중국현대문학』 제64호, 한국중국현대문학학회, 2013.

전혜인, 「지아장커 영화에서 사실주의 미학」, 『동북아문화연구』 49권, 동북아시아문화학회, 2016.

정병언, 「공간의 자본화와 장소상실 : 지아장커의 〈소무〉, 〈세계〉, 그리고 〈스틸 라이프〉」, 『문학과영상』 12권 2호, 문학과영상학회, 2011.

조혜영, 「사실의 시인, 영화의 민공 지아장커가 그린 중국의 현대화─『小山回家』, 『小武』, 『站臺』, 『任逍遙』, 『世界』에 대한 작가론적 고찰」, 『중국학연구』 제36호, 중국학연구회, 2006.

한기욱, 「야만적인 나라의 황정은씨 ─ 그 현재성의 예술에 대하여」, 『창작과비평』 (2015, 봄).

| 기타 |

「賈樟柯〈东〉今晩黄河边举行中国首映」, 『文汇报』, 上海:文汇新民联合报业集团, 2006. 9. 29.

「賈樟柯苦笑面對10萬收成〈海上傳奇〉體驗殘酷市場」, 『勞動報』.

「北京電影學院畢業生著名青年導演賈樟柯携影片〈三峽好人〉與師生交流創作體會」, 北京 :『北京電影學院學報』, 2007. No1.

「由一组画引发的艺术事」, 『艺术新闻』, 上海:上海麟驾艺术品信息有限公, 2006. 9. 28.(http://www.cnarts.net/cweb/news/readnews.asp?id=93446)

「聽賈樟柯講述〈海上傳奇〉」, 策劃 陽天東, 2010. 05.(http://i.mtime.com/926069)

『21世紀經濟報道』 第032版(2007. 9. 17.)

『經理日報』 第C04版(2009. 8. 23.)

『廣州日報』第012版(2007. 9. 11.)

부산대 한국민족문화연구소 외, 「재난과 근대성은 일란성 쌍생아의 운명을 타고 태어
　　났다」, 『교수신문』, 2014. 11. 3.

정한석, 「폭력의 표식들 〈천주정〉」, 『씨네 21』 947호. 2014. 3. 26.

http://www.cl2000.com/reports_detail.php?iInfoID_10944.html

http://www.cnarts.net/cweb/news/readnews.asp?id=93446

http://www.news365.com.cn/xwzx/gn/200609/t20060929_1121600.htm

찾아보기